▶ 普通高等院校体育单项精品教材

主　编　汤信明
副主编　徐德智　唐　进　张朝轶
编　者　（以姓氏笔画为序）
　　　　汤信明　刘剑桥　李　尧
　　　　汪均山　张宇清　张　洁
　　　　张朝轶　唐　进　徐德智
　　　　鲍　磊　戴红焰

足球运动教学与训练

华中科技大学出版社
http://press.hust.edu.cn
中国·武汉

内 容 提 要

本书按照初级、中级、高级的体系和结构,对足球运动的起源与发展、特点与规律、发展趋势与主要特点、比赛中技战术运用与分析,进行了深入浅出的阐述。

针对青少年青春期的特点,本书介绍了足球运动损伤的预防、如何进行体能训练、如何正确应对在足球运动中所受到的心理挫折,以及如何依据足球比赛规则来开展足球运动。为了使青少年足球运动能够更好、更规范地开展起来,还将足球规则(11人制、5人制规则)系统地纳入本书中,以便培养青少年对足球运动的整体意识。

本书可作为普通高等学校足球选项课程的实用教科书,同时也可作为不同层面足球爱好者、体育教师及企事业单位业余教练员教学与训练用书。

图书在版编目(CIP)数据

    足球运动教学与训练/汤信明主编. —武汉:华中科技大学出版社,2012.1(2024.8重印)
    ISBN 978-7-5609-7059-2

    Ⅰ.足… Ⅱ.汤… Ⅲ.①足球运动-体育教学-高等学校-教材 ②足球运动-运动训练-高等学校-教材 Ⅳ.G843.2

    中国版本图书馆 CIP 数据核字(2011)第 074122 号

足球运动教学与训练   汤信明 主编

策划编辑:陈培斌
责任编辑:刘　竣
封面设计:刘　卉
责任校对:张　琳
责任监印:徐　露

出版发行:华中科技大学出版社(中国·武汉)　　电话:(027)81321913
　　　　　武汉市东湖新技术开发区华工科技园　　邮编:430223
录　　排:华中科技大学惠友文印中心
印　　刷:广东虎彩云印刷有限公司
开　　本:710mm×1000mm　1/16
印　　张:20.25
字　　数:370 千字
版　　次:2024 年 8 月第 1 版第 7 次印刷
定　　价:48.00 元

本书若有印装质量问题,请向出版社营销中心调换
全国免费服务热线:400-6679-118　　竭诚为您服务
版权所有　侵权必究

前言
Foreword

随着中国足球反腐工作进一步深入发展，中国足球迎来了一个全新的时代，足球必将重新唤起中国球迷的信心和热情。

青少年的业余生活是丰富多彩的，而足球运动以它独有的魅力赢得了众多青少年的青睐。足球运动已成为青少年最重要的锻炼手段。中国足球的希望在于广大的青少年参与到足球运动中来。在这样一个大背景下，我们编写了《足球运动教学与训练》。

本书是按照足球初级、中级、高级班的思路来对足球技战术进行编写的。教学内容由易到难，由浅入深，图文并茂，便于初学者学习理论并根据书中相关方法进行练习。编者对足球文化与历史、足球的竞赛组织和裁判、足球竞赛规则、足球基本技术训练、足球场上的体能水平、心理因素、运动损伤的预防和处理、技战术运用意识等都有独特的阐述与见解，对提高足球意识水平可以起到抛砖引玉的作用。

本书在参考多种足球运动教材的基础上，考虑到青少年的文化层次和较强的理性思维认知特点，结合他们的情感体验和行为特征，力求突出足球运动的知识性、观赏性、趣味性、实用性等特色，从而满足青少年这一群体开展足球活动的需要。

本书在编写过程中得到了国际足联高欢讲师、武汉大学方云教授、北京工业大学王爱国教授等专家学者的支持，感谢他们提出的宝贵意见和建议。

编写一本教材是一项艰巨的工作，由于编写人员的水平有限，书中难免有疏漏和不妥之处，真诚希望广大读者批评指正、不吝赐教。

编　者
2011 年 6 月

目录

第一章 足球运动概述 / 1
第一节 足球运动的起源与发展 / 1
第二节 中国足球运动概貌 / 4
第三节 足球运动的特点与规律 / 6
第四节 现代足球运动发展趋势与主要特点 / 8
第五节 世界高水平足球赛事 / 10
第六节 女子足球运动概述 / 36
第七节 中国大学生足球运动 / 46
思考题 / 47

第二章 足球初级班基本技术教学 / 49
第一节 无球技术 / 49
第二节 运球 / 56
第三节 踢球 / 62
第四节 掷界外球 / 67
第五节 守门员技术介绍 / 69
思考题 / 77

第三章 足球中级班基本技术教学 / 79
第一节 运球及运球过人 / 79
第二节 传接球 / 84
第三节 射门 / 92
第四节 抢截球 / 95
第五节 头顶球技术运用 / 98
第六节 假动作 / 102
思考题 / 106

第四章　足球中、高级班进攻战术教学　　　/ 107
第一节　比赛阵形　　　/ 107
第二节　个人进攻战术　　　/ 109
第三节　接应的技巧　　　/ 111
第四节　局部进攻配合　　　/ 112
第五节　创造和利用空间　　　/ 115
第六节　定位球的进攻　　　/ 116
第七节　常见的进攻方法　　　/ 118
思考题　　　/ 121

第五章　足球中、高级班防守技战术教学　　　/ 122
第一节　防守技战术基本概念　　　/ 122
第二节　控制和封锁空间　　　/ 128
第三节　紧逼与保护　　　/ 133
第四节　定位球的防守　　　/ 137
思考题　　　/ 138

第六章　比赛中战术运用分析　　　/ 139
第一节　足球比赛中决定胜负的因素　　　/ 139
第二节　个人技战术意识培养与运用　　　/ 143
第三节　集体战术意识培养与运用　　　/ 156
第四节　守门员攻守战术的运用　　　/ 164
第五节　攻守战术运用的一般原则与方法　　　/ 168
思考题　　　/ 178

第七章　足球比赛的指导工作　　　/ 179
第一节　足球比赛指导工作的意义　　　/ 179
第二节　足球比赛前的准备　　　/ 179
第三节　足球比赛中的临场指挥　　　/ 182
第四节　足球比赛后的总结　　　/ 186
思考题　　　/ 187

第八章　院(系)足球队训练　　　/ 188
第一节　足球队的训练计划　　　/ 188
第二节　足球训练课计划制订与组织实施　　　/ 190
第三节　足球运动员的体能与营养　　　/ 192
第四节　足球运动中损伤的预防　　　/ 200

第五节　足球运动中疲劳的预防与消除　　　　　　　/ 205
　　第六节　足球运动中的挫折及其心理分析　　　　　　/ 210
　　思考题　　　　　　　　　　　　　　　　　　　　　/ 216

第九章　足球竞赛的组织工作　　　　　　　　　　　　　/ 217
　　第一节　足球运动竞赛的意义和种类　　　　　　　　/ 217
　　第二节　足球运动竞赛的组织工作　　　　　　　　　/ 218
　　第三节　足球运动竞赛制度、编排与成绩计算方法　　/ 221
　　思考题　　　　　　　　　　　　　　　　　　　　　/ 226

第十章　足球竞赛裁判法　　　　　　　　　　　　　　　/ 227
　　第一节　足球裁判员的基本要求　　　　　　　　　　/ 227
　　第二节　裁判工作的分工和配合　　　　　　　　　　/ 229
　　第三节　场地与设备　　　　　　　　　　　　　　　/ 238
　　思考题　　　　　　　　　　　　　　　　　　　　　/ 246

第十一章　足球竞赛规则　　　　　　　　　　　　　　　/ 247
　　第一节　主要内容介绍　　　　　　　　　　　　　　/ 247
　　第二节　如何理解裁判员的判罚尺度　　　　　　　　/ 262
　　思考题　　　　　　　　　　　　　　　　　　　　　/ 263

第十二章　室内 5 人制足球　　　　　　　　　　　　　　/ 264
　　第一节　室内 5 人制足球运动历史起源　　　　　　　/ 264
　　第二节　5 人制足球运动的特点与作用　　　　　　　/ 265
　　第三节　5 人制足球与 11 人制足球的区别　　　　　　/ 266
　　第四节　室内 5 人制足球基本技战术　　　　　　　　/ 268
　　思考题　　　　　　　　　　　　　　　　　　　　　/ 279

第十三章　室内 5 人制足球竞赛规则及裁判法　　　　　　/ 280
　　第一节　比赛场地　　　　　　　　　　　　　　　　/ 280
　　第二节　球　　　　　　　　　　　　　　　　　　　/ 283
　　第三节　队员人数　　　　　　　　　　　　　　　　/ 284
　　第四节　队员装备　　　　　　　　　　　　　　　　/ 285
　　第五节　裁判员　　　　　　　　　　　　　　　　　/ 286
　　第六节　助理裁判员　　　　　　　　　　　　　　　/ 288
　　第七节　比赛时间　　　　　　　　　　　　　　　　/ 290
　　第八节　比赛开始和重新开始　　　　　　　　　　　/ 291
　　第九节　比赛进行及死球　　　　　　　　　　　　　/ 292

第十节 计胜方法 / 292
第十一节 犯规与不正当行为 / 292
第十二节 任意球 / 295
第十三节 罚球点球 / 296
第十四节 踢界外球 / 297
第十五节 掷球门球 / 297
第十六节 角球 / 297
第十七节 5人制裁判法 / 298
思考题 / 308

第一章
足球运动概述

　　足球运动是以脚为主支配球的运动。足球比赛对抗性强,运动员在比赛中采用规则所允许的各种动作,包括奔跑、急停、转身、倒地、跳跃、冲撞等,与对手进行激烈的争夺。足球运动已成为人们生活中不可缺少的组成部分。据不完全统计,现在世界上经常参加比赛的球队约80万支,登记注册的运动员约4 000万人,其中职业运动员约10万人。

第一节　足球运动的起源与发展

一、足球运动起源于中国

　　关于足球运动的起源可谓众说纷纭。在中国古代史料中曾有"蹴鞠"运动的记载,当时的"蹴鞠"运动有两种活动方式:一种是不用"蹴域",以一个人或几个人控制球表演为主的游戏,类似于今天的颠球表演;另一种是有一定场地和规则的"蹴鞠"比赛。国际足联主席布拉特在《世界足球发展史》的报告中明确指出"足球发源于中国,由于战争而传入西方"。1985年国际足联前主席阿维兰热在北京举行的首届16岁以下世界青少年足球锦标赛上致词说:"这项体育运动起源于中国,它在贵国已有千年的历史。"

　　（一）我国古代的足球游戏

　　我国古代就有足球游戏,从殷墟出土的文物中,可以考察到殷代就创造了"足球舞",这是古代足球游戏的前身。殷代的"足球舞"被刻在甲骨上。一直到东汉在石牌上也有"足球舞"的记载。

　　（二）战国时期的足球游戏

　　在《战国策》和《史记》中,对古代足球游戏的名称和球的制造方法都有较明确的解释。足球游戏称为"蹴鞠"或"踢鞠","蹴"和"踢"都是脚踢的意思,"鞠"就是球。"蹴",足蹴之也,"鞠",以革为之,中实以物,蹴踢为戏乐也。

(三)汉代的足球游戏

西汉刘邦曾在宫廷内大规模修建"蹴域",专供竞赛之用,还有专门论述足球游戏的《蹴鞠铭》等图书出版。《蹴鞠新书》和《射法》、《速弩》、《剑道》、《手搏》等著作一并列入《兵技巧十三家》之内。

(四)唐代的足球游戏

在唐代,场地器材设备逐渐完善,此时有了两种创造。一是有了灌气的球。在徐坚的《初学记》里具体地说明了用嘴吹动物的尿泡使之成为"球"。由于吹气很费力,后改为"打揎法"。"打揎者,添气也,事虽易,而实难,不可太坚,坚则健色浮急,蹴之损力;不可太宽,宽则健色虚泛,蹴之不起;须用九分着气,乃为适中。"健色指的是球,打揎指用一种鼓风箱来打气。二是球门的设立。有球门成队的比赛叫"筑球",比赛时两队隔门站立,踢过球门落入对方场区。如果球在本方场区落地,就算输一"筹"。比赛几筹赛前由球头商定。

(五)宋代的足球游戏

从宋代开始,出现了以表演踢球为职业的踢球艺人,有官、私两种。官家主要是在宫廷中表演,私人主要在瓦子(城市中的大街小巷、娱乐场所)以卖艺为生。宋代诗人陆游也是一位蹴鞠迷,他在许多诗中都有对"蹴鞠"的记载,如:在《剑南诗稿·春晚往事》中说"寒食梁州十万家,秋千蹴鞠尚豪华";在《残春》中描写"乡村年少那知此,处处喧呼蹴鞠场";在《晚春感事》说"少年骑马入咸阳,鹘似身轻蝶似狂;蹴鞠场边万人看,秋千旗下一春忙"。在胡廷晖所绘《宋太祖蹴鞠图》中,有太祖、赵普、石守信等人。图中太祖在与一人对踢,其他人为观看状。

(六)元、明、清时期的足球游戏

元、明、清时期足球活动逐渐衰落,元代以后蹴鞠游戏由直接对抗转变为射门比赛或技巧表演,失去了练武、增强意志的特点,降低了其社会功能,逐渐演变为街头艺人借以谋生的手段。明代虽然也有几个皇帝喜欢蹴鞠,但没有像唐、宋时期那样开展起来。到了清代,顺治帝入关以后,经常举行狩猎、骑射、摔跤、滑冰等活动,对流行于中原地区的蹴鞠、相扑、赛龙舟、武术等体育活动严令禁止,此举加速了蹴鞠活动的衰败。

(七)1840年至1949年前的足球运动

1840年鸦片战争以后,随着英帝国主义侵略中国,现代足球运动开始传入中国。香港和上海是中国最早开展足球运动的城市。最初的足球运动是从教会学校中开始发展的。

1910年,在南京南洋劝业场举行的全国学校分区队第一次体育同盟会(即"中华民国"第一届全国运动会,第一届为辛亥革命后追认)中,竞赛项目只有足球、网球和田径三个项目。这次比赛是中国各地球队接触的开始,以后一直到1948年的近40年内,举行了七次全国运动会,每次都有足球比赛。

二、现代足球运动的起源与发展

(一)起源

1863年10月26日,在英国伦敦成立了世界上第一个足球运动组织——英格兰足球协会,并统一了规则,现代足球运动正式确立。英格兰足球协会在伦敦召开了现代足球史上十分重要的会议。草拟了比赛规程,但规程中有些条文离今天的规则相距甚远。如当时有这样一条:当球从球门柱之间进入或在上面的空间越过,不论高度如何,只要不是被手扔、击、运进去的,都算赢一球。当时球员的位置与阵形也不同于今天。当时规定每队有一名守门员、一名后卫、一名前卫和八名前锋。制定规则不久,阵形有所改变:一名守门员、两名后卫、三名前卫和五名前锋。掷界外球,最初只用一只手,但有些球员能巧妙地把球从四五十码(1码等于0.9144米)以外掷入球门,因此规则又作了变动,必须双手掷界外球。最早的球门也不同于今天,1883年球门的横梁还是用一根绳子代替。由于绳子太细,一些球从上面过去还是从下面过去,一时很难判断,直到1890年才设置了球网。比赛由每队各出一名副裁判和主裁判担任"执法官",1891年,才出现持中立态度的现在意义上的裁判:一名裁判和两名助理裁判员。早期的球队均是业余球员组成的,而现代足球有了职业球员,即以踢球为职业的运动员。

(二)发展

现代足球运动诞生时,英国正处于世界头号强国的巅峰期,国内的退伍军人、商人向英联邦国家如新西兰、印度、澳大利亚和南美洲移居,并同当地人进行足球比赛。由于足球的开展不需要特别的设备和器材,所以很容易被这些国家的民众所接受。如当时阿根廷所有的地方足球俱乐部都是由英国人开办的铁路公司的英国雇员组成的,而且,阿根廷足球协会也是由一名英国人创建的。

1857年,英国成立了世界上第一个足球俱乐部。1885年,英格兰又成立了第一个足球职业俱乐部。1872年11月30日,英格兰和苏格兰在苏格兰西部板球俱乐部进行了现代足球史上第一场国际比赛,比赛结果为0比0。1884年,英格兰、苏格兰、威尔士和爱尔兰四个队开始比赛以争夺"不列颠冠军"。

1892年,英国人在意大利成立了足球俱乐部,但由于对手极少,因此没有很多正规的比赛。1896年,俱乐部听取多方意见,吸收了50多名当地居民参加俱乐部,使球队增加,比赛增多。1897年,意大利都灵市民成立了自己的俱乐部,即当时还不显赫的尤文图斯俱乐部。之后,各地俱乐部相继成立,意大利足球协会也随之宣告成立。

(三) 国际足球联合会的成立

在英国的带动下,到19世纪末,荷兰、丹麦、新西兰、阿根廷、比利时和意大利等国相继成立了足球协会。随着世界足球运动的发展,建立一个国际性的组织以协调各国足球运动的开展,组织国际的足球竞赛活动显得非常必要。为适应足球发展的需要,1904年5月21日,法国、比利时、丹麦、荷兰、西班牙、瑞典、瑞士七个国家的足协代表在法国巴黎聚会,发起成立了"国际足球联合会"(简称国际足联),法文缩写为"FIFA",并决定将国际足联总部设在瑞士苏黎世。1909年,英国足协各会员也相继加入国际足联,使得国际足联成为真正意义上的国际单项体育组织。国际足联的宗旨是促进世界足球运动的发展,加强各国足球协会之间的联系。

第二节 中国足球运动概貌

1949年至今,中国的足球运动经历了一条起伏曲折的发展道路。

一、20世纪50年代中国足球概貌

1951年,在天津市举办了新中国成立后首届全国足球比赛。1954年,我国的一些省市逐步建立了足球集训队,相继开始了专门正规的足球训练。国家还先后选派两批优秀青年足球运动员赴匈牙利学习深造。1955年1月,我国成立了中国足球协会,并从1956年开始在全国举行甲、乙级足球联赛,实行等级运动员和裁判员制度。在1958年全国足球训练工作会议上,首次提出了"勇、快、巧、准"的中国足球风格,明确了我国足球运动的发展方向。在1959年第一届全运会上,足球被列为正式比赛项目。1960年在中国、朝鲜、越南、蒙古四国足球对抗赛中,中国队夺得冠军。

二、20世纪60—70年代中国足球概貌

20世纪60—70年代正是世界足球运动突飞猛进的时期,特别是1974年第十届世界杯赛,足球运动进入了全攻全守的发展阶段。而我国的足球运动,由于受经济和政治的影响,则处于起伏、徘徊、波动之中。

1964年，国家体委向全国发出了"大力开展足球运动，迅速提高技术水平"的决定，还确定了北京、上海等作为全国发展足球运动的10个重点城市。同时倡导"三从一大"（从难、从严、从实战，大运动量）的训练原则，并在全国实行了甲、乙级联赛双循环升降级制度。在此期间，重新组建了国家队，培养了一批优秀足球运动员，足球技术水平回升较快，并取得一些成绩。但正当中国足球再次掀起一个新高潮的时候，"文革"开始了，使足球运动遭到了严重的破坏。

1977年，在北京举办了我国足球运动史上第一次国际足球邀请赛，后改为"中国长城杯国际足球锦标赛"。1978年，开始恢复全国足球甲、乙级联赛双循环升降级制。1979年，国际足联恢复了中国足协在国际足联的合法地位。

20世纪70年代末期，我国女子足球运动已在几个城市有所开展，一批女子足球运动员逐渐步入到各省、市的足球运动员行列之中。

1974年第七届亚运会足球比赛中，中国队失去小组出线权。1976年第六届亚洲杯和1978年第八届亚运会足球比赛中中国队均获得第3名。总之，在此期间，我国足球运动水平仍处于徘徊起伏的状态。

三、20世纪80年代中国足球概貌

20世纪80年代以来，我国足球运动处于改革和探索阶段。1985年末，国家体委成立了足球办公室，形成了统管全国足球训练、竞赛、外事等为一体的综合体制，取得了一定成效，并慎重地向协会制和俱乐部制过渡。

1981年，国家体委在北京召开了全国足球工作会议，会议提出了"振奋精神，勤学苦练，坚持'三从一大'，狠抓在快速运动中的技术，积极培养勇于拼搏、能攻善守的全面型运动员"的要求，并以此作为当时我国足球训练的指导思想。1983年，中国足协得到国际足联和亚洲足联的批准，成功地举办了"广州国际女子足球邀请赛"，这不仅推动了我国的女子足球运动，也为1991年11月在广州成功举办"第一届女子世界杯足球赛"奠定了基础，促进了世界女子足球运动的开展。1985年，我国受国际足联的委托，在北京举办了"第一届国际足联16岁以下柯达杯世界锦标赛"。

20世纪80年代，我国足球队参加了一些重大的国际比赛。1981—1982年间，中国足球队在第十二届世界杯预赛亚太区决赛中获得第3名。1984年获得第八届亚洲杯足球赛亚军。1987年中国足球队参加了第二十四届奥运会足球预选赛，并获小组出线权，从而取得了参加1988年在汉城举行的奥运会决赛权，虽然在决赛中未获小组出线权，但终究实现了冲出亚洲的夙愿。1992年，经中国足协研究，决定从德国聘请著名教练施拉普那执教中国

队。同年,中国队参加了在日本广岛举办的第十届亚洲杯足球赛,获得了第3名。但是,当今足球运动发展迅速,亚洲各队的水平都在提高,就在1993年世界杯预选赛亚洲赛区小组比赛中,中国队虽经努力拼搏,但最终未获小组出线权。

四、20世纪90年代—21世纪初中国足球概貌

1995年,万宝路中国足球甲A联赛是中国足协举行的第七届中国足球甲级A组联赛,从本年度起改用三分制,每队胜一场得3分,平一场得1分,负一场得0分。

从2004年开始中国足球联赛由超级联赛、甲级联赛、乙级联赛和业余(丙级)队联赛(从2002年开始的)组成。2004年超级联赛有12个俱乐部参加,甲级联赛有17个俱乐部参加,乙级联赛有22个俱乐部参加。2005年超级联赛有14个俱乐部参加,甲级联赛有14个俱乐部参加,乙级联赛有16个俱乐部参加。2006年超级联赛有15个俱乐部参加,甲级联赛有13个俱乐部参加,乙级联赛有18个俱乐部参加。

在此期间,由塞尔维亚人米卢率领的中国足球队第一次冲出亚洲,参加了2002年在日本、韩国举行的第十七届世界杯足球决赛。

第三节 足球运动的特点与规律

一、足球运动的特点

(一)集体合作的前提性

足球比赛是以每队11人上场参赛的集体球类项目。场上11人虽位置、职责、分工不同,但必须按照既定的战术策略和要求协同一致,形成一个严密的整体,才能取得比赛的主动权。

(二)对抗的特殊性

(1)一对一的对抗到整体的对抗。
(2)有球的对抗到无球的对抗。
(3)同队的压力、对手的压力、环境的压力、心理的压力都会作用到一次简单的动作中。

(三)个人能力的综合性

个人能力是足球运动的基础,独特的个性特征与个人竞技能力要与集体技战术有机结合,才能充分发挥个人的综合能力。

（四）多变性

技术多样,战术多变,胜负难测是当今足球运动的另一特点。足球比赛攻守转换快速而频繁,运动员位置和职责随着比赛进程的变化而变化,技术能力的全面提高和多变的战术打法,使比赛充满活力和悬念。

（五）艰苦性

研究表明,一场激烈的足球比赛,运动员活动距离长达9000~14000米,快速冲刺距离在2500米以上,完成技术动作近百余次,运动员心率在180次/分以上时间约有32分钟,氧消耗超过300升,热量消耗达1500~2000千卡,体重下降2~5千克。

（六）技战术体能的专项性

技战术体能的专项性主要表现在体能训练的技术化、体能训练的阶段性。体能训练水平与技战术水平的提高必须同步进行。

（七）比赛技术环境的不可重复性

训练中的技术运用不能等同于比赛中的技术运用,许多特定的比赛环境是不容易再现的,某一场比赛的情境是无法还原的。

（八）比赛技术和训练技术的非一致性

训练虽然是为了解决比赛中存在的问题,但训练与比赛有着极大的区别,期间的心理感受模式及情绪体验是不能同日而语的。

（九）对抗中的及时性、准确性

在激烈的比赛对抗中,一切动作都有一个及时性与准确性的问题。传球不及时,得分机会稍纵即逝;回位不盯人,对方就有可乘之机。

（十）易行性

足球比赛器材、设备要求简单,比赛易于开展。一般性足球比赛可以不受时间、人数、场地、器材的限制,是一项深受人们喜爱的群众性体育项目。

二、足球运动的规律

（1）足球运动具有以有氧耐力为基础,以有氧无氧和混合氧供能为特征,突出非乳酸能速度耐力训练的生理变化规律。

（2）足球运动具有以技术、技巧为基础,以战术意识为灵魂,以身体、心理和意志力为保证,突出综合性技战术训练的运动规律。

（3）足球运动具有以变化性、整体性、对抗性为特点,突出高强度对抗性的规律。

（4）足球运动具有以训练为基础，以比赛为目标，以比赛带动训练，突出比赛实用技术运用的规律。

第四节　现代足球运动发展趋势与主要特点

足球技战术发展趋势是更强强对抗，运动员在球场上的任何一个技术动作的完成、战术配合的实施，其所运作的时间越来越少、空间越来越小。

一、足球全球化是足球运动发展的必然趋势

所谓足球全球化，是指足球运动突破国家和地区的界限和局限，逐渐融为一体的漫长发展进程，也可以称为全球足球一体化。其包括足球人才的全球化、职业俱乐部的全球化及足球技战术的全球化等。

二、足球人才的全球化

足球人才包括优秀的球员、教练员、经纪人等，其中起主导作用的是球员。球员作为一支球队的主体，现已不仅作为赢得比赛胜利的条件，而且已逐渐成为俱乐部经营的重要砝码。足球全球化的发展促进了各国优秀球员的广泛交流。而适时更换球员对于一个职业足球俱乐部的生存和发展来说非常重要，只有通过不断的人员流动，优化组合，才能组建最理想、最强大的阵容。据意大利足协不完全统计，在意大利，球员的转会率每三年一个周期为75%～80%。在另一方面，俱乐部明星球员越多，与一个俱乐部竞赛成绩不成正比，但与俱乐部经济效益成正比的现象也随之产生。这是全球化带给世界足坛的鲜活特色。

教练员的交流也日益频繁。依靠外力提高本国水平，这已经是包括足球在内的体育领域的一大通行做法。不仅足球落后的国家如此，连强大的英格兰队也不例外，埃里克森是现代足球发源地英格兰的首任外籍主教练。日韩世界杯上，表现甚佳的塞内加尔队的主教练是法国人。希丁克的例子应该是最生动的，在他的带领下，一群从未获得过世界杯赛一场胜利的韩国球员变成了战斗力极强而且纪律严明的勇士，这可以被看作是亚洲足球聘请外籍教练后球队产生巨变的最成功例子。

足球经纪人这项职业也正在蓬勃发展起来。随着足球的职业化、商业化的进程，足球产业的规模日益庞大，经纪人逐渐成为职业足球必不可少的人才。

三、足球文化的交融

随着世界经济的发展和信息时代的到来,足球文化也随之相互交融,取长补短。欧洲文化容纳了南美文化的激情和创造性,造就了英格兰的新形象,其打法不再是呆板与单调的"力量"型足球,大打技术足球的变革使之充满了生机。南美文化也在逐步吸纳欧洲文化的理性和纪律。以阿根廷为代表,在保持原有技术特色的同时,讲究足球规律,遵守整体纪律,以更加务实的精神来改变南美足球的形象。他们既拥有杰出的个人技巧,又提高了整体战术;既保持个人的即兴发挥,又遵守足球规律和纪律。

四、足球经营管理国际化

各国足球联赛是足球运动发展的基础,足球俱乐部是联赛的主体,经营管理是俱乐部运作的主要环节。如果经营管理得当,全球化将为这项运动在足球设施曾经寥寥无几、足球天才被埋没的国家提供更多的发展机会。足球产业化是未来足球发展的必由之路,现在足球产业已经成为世界上最有前途的产业之一,在意大利、英国、法国、西班牙等国家中,这一产业已经成为资本市场的重要成员。

五、全球化发展的不均衡性及区域化倾向

尽管足球全球化在世界范围内广泛发展,但由于历史和文化的差异,它的发展仍有很大的不均衡性和区域化倾向。英格兰俱乐部球员的国际化趋势与不受约束的全球化进程并不吻合。英格兰的足球俱乐部更偏重于吸纳不列颠三岛、北欧和英联邦国家的球员,因为这些国家在文化取向、天气、语言及足球风格上都与英格兰颇为相近。在欧洲大陆和南美,也许是因为大西洋两岸传统的殖民关系,西班牙和葡萄牙长期以来一直是南美球员出国踢球的首选之地;而顶级的非洲球员则纷纷效力于欧洲各大联赛,特别是在法国、比利时、荷兰和西班牙等;而巴西和阿根廷,则继续吸收一些来自乌拉圭等周边小国的足球精英。这种区域性的倾向减少了各国足球间的交流,在一定程度上限制了足球运动的发展。因此,必须加大区域间的合作,使各国优秀球员能在更大的范围内交流。

六、足球全球化的"马太效应"

"马太效应"是经济学界经常提及的,它的原创者是美国著名科学家罗伯特·默顿。自从足球进入商业化时代以来,大量资金的投入将这项运动的发展推向一个新的时代。在足球经济的带动下,足球全球化的发展出现

了不平衡性，依据经济发展的规律，资金只涌到能够赚钱的地方。世界上一些足球环境欠佳的国家和地区乏人问津，都有逐渐被边缘化的危险。甚至在一个国家里面，足球运动开展较好的、经济发达的地区越来越"繁荣"，而那些经济落后的地区的足球运动则越来越难以生存。欧洲联赛已成为世界最高水平联赛的代名词，本国联赛甚至本国球员都有被边缘化的趋势。随着资金投入的不平衡，这种差距越来越大，形成了所谓的"马太效应"。

足球全球化既是机遇也是挑战。足球全球化的发展和其他领域的全球化进程一样，它是世界足球运动发展的一个新阶段。对于足球落后的国家和地区来说，足球全球化是它们快速成长的机遇，国外的高水平联赛为它们提供了更开放的交流平台，使它们的水平有机会在这个环境中得到成长；同时，借鉴国外足球的管理经验和联赛的运行机制，可以迅速提高本国足球运动管理水平，从而帮助本国足球运动健康发展。

第五节　世界高水平足球赛事

在国际足联的领导下，世界足球运动蓬勃发展。世界性的高水平足球比赛主要有以下几种。

一、世界杯足球赛

世界杯足球赛的创始人是国际足联第三任主席米尔·里梅。早在1904年国际足联成立时就决定要在1906年举办第一届世界杯足球赛，但由于种种原因，经过24年的周折，于1930年才在乌拉圭举办了第一届世界杯足球赛。以后每四年举行一届（"二战"时停办两届），最初这个新的足球大赛称为"世界足球锦标赛"。

（一）第一届乌拉圭世界杯足球赛

1930年7月13日—30日在乌拉圭举行了首届世界杯足球赛。没有预选赛，由于远隔重洋及经济大萧条的影响，大部分欧洲国家不愿派队参加。在雷米特的斡旋下，最终参加比赛的有13个国家：阿根廷、巴拉圭、比利时、玻利维亚、罗马尼亚、巴西、乌拉圭、智利、美国、法国、南斯拉夫、墨西哥、秘鲁。乌拉圭获得冠军。图1-1所示为第一届世界杯比赛用球。

图1-1　第一届世界杯比赛用球

(二) 第二届意大利世界杯足球赛

意大利是在申办 1930 年世界杯时输给乌拉圭的国家之一，但这个遗憾在四年后得到了弥补，它如愿获得了第二届世界杯赛的主办权。本届世界杯足球赛于 1934 年 5 月 27 日—6 月 10 日进行，与第一届比赛相比，这次的规模大了许多。32 支球队参加了分组预选赛（主办国意大利也参加了预赛），获胜的 16 支队伍进入了决赛阶段的比赛。由于对四年前多支欧洲球队退出首届世界杯耿耿于怀，几个南美国家并未派出其最强阵容前往意大利，其中包括巴西和阿根廷，而第一届冠军乌拉圭更是没有派队参赛。

在 1934 年意大利世界杯的背后，有一个挥之不去的阴影——大独裁者墨索里尼。世界杯第一次成为政治的工具，凭借全体国民办好一件事的"举国体制"，以及墨索里尼的亲自指挥，意大利的世界杯办得很成功，展示了所谓"大罗马帝国"的团结和强大。图 1-2 为墨索里尼与获得本次世界杯足球赛冠军意大利球员合影。

图 1-2　墨索里尼与意大利球员合影

(三) 第三届法国世界杯足球赛

当国际足联决定第三届世界杯于 1938 年在法国举行时，西班牙忙于内战，德国吞并了奥地利，危机四伏的欧洲正在做相互敌对的准备。出于比赛需要，法国扩建了哥伦布体育场，修缮了波尔多和马赛的体育场。在这次世界杯上，东道主法国队和上届冠军意大利队自动取得决赛资格。意大利在本次世界杯赛卫冕冠军。

(四) 第四届巴西世界杯足球赛

由于第二次世界大战，时隔 12 年之后，世界杯足球赛再次踏上南美大陆。这次世界杯预选赛成为一出闹剧：一些已经出线的球队退出了比赛，而一些已经被淘汰的球队又重新获得了进入决赛阶段的资格。相隔12年,首届冠军乌拉圭重返世界杯舞台,2次参赛,2次夺冠,创造了世界杯早期的奇迹。

以倾国之力争夺世界杯的巴西队,在马拉卡纳17400名观众的注视下,在领先一球的情况下,不可思议地被乌拉圭队反超了比分,此举震惊了整个巴西,以致在赛后,组委会甚至没有举办颁奖仪式。

(五)第五届瑞士世界杯足球赛

1954年在阿尔卑斯山脚下的瑞士举行的世界杯达到了新的高度。参加预选赛的国家总数比以往有了大幅增加,因为随着亚洲足联于1954年建立,一些亚洲球队(日本和韩国)和非洲球队(埃及)也参加了预选赛,使这项赛事真正扩展到了全球范围。16支球队参加了决赛阶段比赛。亚洲只有韩国打进了决赛阶段(第一支参加世界杯比赛的亚洲球队是荷属东印度,参加了1938年世界杯比赛)。

选择瑞士承办1954年世界杯,是因为国际足联总部在该国的苏黎世,而且适逢国际足联成立50年庆典。36支国家队参加了预选赛,16支球队晋级决赛圈,本届世界杯采取了新规则,16支球队分4组,小组出线后进行淘汰赛,赛制基本接近如今的大赛。本届世界杯决赛西德队3比2战胜匈牙利队获得冠军。

这也许是世界杯历史上最不可思议的决赛。1954年7月4日,伯尔尼的万克多夫体育场里,6万名观众目睹了奇迹的诞生。因为两周前的小组赛中,西德队曾以3比8惨败给匈牙利队,但那是该队主帅赫尔贝格的"阴谋"之一,那场比赛中他派出的多为替补,决赛中,5张新面孔出现在西德队阵容中,他们给了匈牙利人一个措手不及。

(六)第六届瑞典世界杯足球赛

瑞典成为1958年第六届世界杯赛的主办国。巴西队第一次赢得了世界杯冠军,而巴西队17岁的小将贝利成为本届比赛最为耀眼的明星之一,他在同威尔士队的比赛中打进一球——创造了迄今为止在世界杯上进球队员年龄最小的纪录。在半决赛5比2击败法国队的比赛中,贝利上演帽子戏法。而在最后同东道主瑞典队的决赛中,他又有两次进球入账,帮助巴西队以5比2战胜对手。

1954年世界杯赛的实况录像开始通过电视进入千家万户,而本届世界杯赛更是引入了电视直播,足球的发展进入了一个新的时代。巴西队在八年前里约热内卢惜败于乌拉圭队之后,终于圆了世界杯之梦。有了贝利的巴西队势不可当,成为本届世界杯无可争议的霸主。另外还有一名球员不应被忘记——马里奥·扎加洛,他在1962年随同巴西队获得了第二个世界杯冠军,1970年他又作为巴西队的教练再次获得成功,将"雷米特杯"永久地留在了巴西。

在这次世界杯赛上,球场上的阵形经过英国的"WM"和匈牙利改良"3-3-4"的演变后,到了1958年巴西人手中,变得面貌一新。"4-2-4",一种全新的阵形诞生,四后卫体系首次登堂入室,巴西凭此称雄天下,瑞典世界杯赛后引得全球效仿。图1-3为冠军队巴西球员合影。

图1-3 冠军队巴西球员合影

（七）第七届智利世界杯足球赛

在连续两次于欧洲(1954年的瑞士和1958年的瑞典)举办之后,世界杯终于在巴西担当东道主12年之后重返南美洲。然而国际足联此次选择智利却引起了不小的争议,因为许多人认为智利在体育场馆、交通与观众容量等许多方面都非常欠缺,无力主办如此大规模的一项赛事。

第七届智利世界杯足球赛共有56支球队参加预选赛,创下历史纪录。在智利安第斯山脚下,巴西队在贝利缺阵的情况下,连续第二次获得了世界冠军称号。不过,第七届世界杯赛同时也因为比赛变得更加粗野而让人记忆深刻。足球的丑陋一面头一次在本届世界杯赛场上抬头:当世界冠军巴西队在卫冕之路上一路跌跌撞撞,无法真正展现那些炫目的精彩配合时,所有这些丑陋行为都再明显不过了。贝利在对南斯拉夫队的比赛中受伤出局,但这并未能改变紧张的事态。这位1958年的世界杯巨星在对捷克斯洛伐克队的比赛中肌肉拉伤之后,便完全退出了1962年的世界杯赛。

巴西失去了受伤的贝利,但仍笑到了最后,因为他们还有加林查。在1962年世界杯中,加林查在6场比赛中打进4球,获得了最佳球员和最佳射手(并列)两项荣誉,这一届世界杯属于加林查。图1-4所示为巴西队球员加林查。

(八)第八届英格兰世界杯足球赛

1966年,第八届世界杯足球赛在英格兰举行,东道主英格兰队最终夺冠,历史上首次捧起世界杯。

现代足球回到了它的发源地英国,但立刻碰到了一个小尴尬,1966年3月,"雷米特"杯在英国巡回展出时被盗,几天后被一只名叫"皮克勒斯"的狗在伦敦南部的一处灌木丛下

图1-4 巴西队球员加林查

找到,世界杯初登英国便遭遇一惊。本届世界杯中,更强调防守的整体性占据了上风,个人天赋更多地让位于战术安排。

7月30日,决赛在温布利打响,这是世界杯历史上汇集了各类要素的一场决战。杰夫·赫斯特成为决赛历史上唯一一个上演帽子戏法的人,德国人在即将倒下、英国球迷已唱起《大不列颠统治之歌》时,在第89分钟奇迹般地扳成2平。加时赛第101分钟,赫斯特的射门击中横梁后弹在球门线处,主裁判丹斯特无法确定是否进球,苏联巡边员巴克拉莫夫告诉他,球进了,3比2! 随后,赫斯特打进了锁定胜利的进球,英格兰4比2赢得了决赛。

(九)第九届墨西哥世界杯足球赛

1970年,第九届世界杯足球赛在墨西哥举行,贝利奠定了球王的地位。这是一届优美的世界杯,其观赏性被很多人认为是历史上最好的一届。前两届中暴力横行的场面消失,取而代之的是多场赏心悦目的经典比赛。足球规则中首次引进了红黄牌制度,但本届大赛中没有一人被罚下(与1950年相同),同时,每场比赛可以换2人的规则也首次被确定。

这是第一次由欧洲和南美之外的国家承办世界杯。墨西哥世界杯期间掀起了桑巴热潮。很多人认为,巴西队是世界杯历史上最伟大的一支球队,巴西同意大利的决赛是历史上最伟大的决赛之一,贝利的头球首开纪录,雅伊尔津霍将比分改写为3比1,他也成为世界杯历史上唯一一个每场比赛都有进球的人,阿尔贝托最后的抽射将比分定格为4比1,巴西队第三次夺冠,永久占有了"雷米特"杯。

"雷米特"杯是国际足联为得胜者特制的奖杯,是由巴黎著名首饰技师弗列尔铸造的。其模特是希腊传说中的胜利女神尼凯,她身着古罗马束腰长袍,双臂伸直,手中捧一只大杯。雕像由纯金铸成,重1.8千克,高30厘米,立在大理石底座上。此杯为流动奖品,谁得了冠军,可将金杯保存4年,

到下一届世界杯赛前交还给国际足联，以便发给新的世界冠军。此外，有一个附加规定是：谁连续三次获得世界冠军，谁将永远得到此杯。巴西队连续三次夺冠，永久占有了"雷米特"杯。图1-5所示为"雷米特"杯。

为此，国际足联还得再准备一个新奖杯，以发给下届冠军。1971年5月，国际足联举行新杯审议会，经过对53种方案评议后，决定采用意大利人加扎尼亚的设计方案——两个力士双手高捧地球，这个造型象征着体育的威力和规模。新杯定名为"国际足联世界杯"。此杯高36厘米，重5千克，当时价值2万美元。1974年第十届世界杯赛，联邦德国队作为冠军第一次领取了新杯。联邦德国队的队长弗朗茨·贝肯鲍尔成为第一个举起大力神杯的人。从第十届世界杯赛起，国际足联规定新杯为流动奖品，不论哪个队获得多少次冠军，也不能占有此杯了。图1-6所示为"国际足联世界杯"。

图1-5 "雷米特"杯

图1-6 "国际足联世界杯"

（十）第十届联邦德国世界杯足球赛

1974年，第十届世界杯足球赛在联邦德国举行，东道主联邦德国队在贝肯鲍尔的带领下，一路过关斩将，并在决赛中2比1击败荷兰队，第二次捧起世界杯。在本届大赛中，贝肯鲍尔踢起了自由人的位置，防守时与中卫并肩作战，进攻时又冲到前场参与，这种全新的踢法令人耳目一新。

1974年7月7日联邦德国队与荷兰队展开了决赛，开场仅56秒，荷兰队克鲁伊夫突破获点球，内斯肯斯一蹴而就，在此之前，联邦德国队员甚至没有碰到足球。不过和4年前肩膀脱臼后继续奋战一样，贝肯鲍尔拒绝放弃，布莱特纳随后点球扳平。"轰炸机"穆勒在半场结束前进行了世界杯生涯最后也是最关键的一次"投弹"，2比1，联邦德国队首捧大力神杯，"足球皇帝"贝肯鲍尔宣告登基。

（十一）第十一届阿根廷世界杯足球赛

1978年，第十一届世界杯足球赛在阿根廷举行，东道主阿根廷队一路挺进，历史上第一次捧起世界杯。在1978年6月25日的决赛中，阿根廷队的肯佩斯首开纪录，荷兰队的纳加宁在终场前头球破门，将比分扳成1比1。在后来的加时赛中，肯佩斯和贝托尼的进球帮助阿根廷3比1取胜。

在布宜诺斯艾利斯的纪念体育场，每当主队亮相，阿根廷人总要把大把的纸片撒下看台，犹如雪花漫天飘舞，场面极为壮观。1978年6月25日，阿根廷队和荷兰队在这里踢了一场堪称经典的世界杯决赛。肯佩斯和纳加宁的进球使得90分钟战成1比1，补时阶段伦森布林克射中门柱错过了最后的机会。加时赛中，已经没有人能够阻挡肯佩斯，他打进个人本场第二个球，并助攻贝托尼破门，3比1，阿根廷人自从1930年以来一个长达48年的愿望实现了！

图1-7 1978年阿根廷世界杯最佳射手、最佳球员肯佩斯

在阿根廷足球的历史上，马拉多纳第一，谁排第二？答案不是巴蒂斯图塔、不是贝隆或其他什么人，而是马里奥·肯佩斯，1978年的世界杯传奇射手。在阿根廷队首次捧起世界杯的征程中，肯佩斯是最光彩照人的英雄，他的进球是打开胜利之门的钥匙。在球王马拉多纳的自传中，甚至将肯佩斯称为"将阿根廷足球写入世界版图的人"。图1-7所示为1978年阿根廷世界杯最佳射手、最佳球员肯佩斯。

（十二）第十二届西班牙世界杯足球赛

1982年，第十二届世界杯足球赛在西班牙举行，意大利队夺取了冠军，继巴西之后成为历史上第二支三夺世界杯的球队。7月5日，在巴西同意大利的关键一战中，罗西上演了帽子戏法，巴西以2比3被意大利淘汰。图1-8所示为参加该场比赛的意大利队主力阵容：后排左一为佐夫、左三为贝尔戈米；前排左一为孔蒂、左二是罗西、右二为卡布里尼、右一是塔尔德利。

1982年世界杯的主题是"复活"，关于一支球队，也关于一个人。意大利队在小组赛阶段对波兰队、秘鲁队和喀麦隆队三战皆平，只打进2球，靠进球数多1个勉强晋级，丝毫没有冠军相。但进入第二阶段，意大利突然间犹如脱胎换骨，后4场共打进10球，尤其是力阻头号热门巴西队，令全世界震惊。"复活"的另一层含义是，在世界杯前的那个赛季，意大利足球陷入空前的低

图 1-8　参加第十二届西班牙世界杯足球赛的意大利队主力阵容

谷,欧洲三大杯八强中竟无一支意甲球队。1980年欧洲杯上,意大利队又显得进攻乏力不思进取,没人能想到他们能夺取接下来的世界杯。

"金童"罗西的复活则是一个奇迹。1979年在一场意甲联赛中,佩鲁贾和阿维利诺战平,效力前者的罗西涉嫌与假球有染被意大利足协禁赛2年。1982年4月27日,罗西赶在世界杯前解禁复出,主教练贝阿尔佐特果断召他入队。世界杯前4场,罗西悄无声息,意大利媒体疯狂炮轰主帅用人不当,但"烟斗"教练顶住了压力,用人不疑。最后3场比赛,罗西终于爆发:对巴西队上演帽子戏法;半决赛2比0胜波兰队,包办全部2球;决赛3比1擒联邦德国队又首开纪录,力夺最佳射手殊荣。世界杯后意大利媒体又力捧贝阿尔佐特料事如神、用兵如神,罗西在冷笑中体味着世态炎凉。图1-9所示为1982年西班牙世界杯最佳射手、最佳球员"金童"罗西。

图 1-9　1982年西班牙世界杯最佳射手、最佳球员"金童"罗西

(十三)第十三届墨西哥世界杯足球赛

1986年,第十三届世界杯足球赛在墨西哥举行,阿根廷队在马拉多纳的率领下夺取了冠军,历史上第二次捧起世界杯。

6月29日,在阿根廷队和联邦德国队的决赛中,阿根廷球星布鲁查加接马拉多纳妙传,突入禁区后单刀破门,这个球将比分变为3比2,阿根廷最终夺取了世界杯冠军。图1-10所示为参加决赛的阿根廷队主力阵容。

图1-10中,后排从左到右依次为巴蒂斯塔、库西福、奥拉尔蒂奇亚、门将彭皮多、布朗、鲁杰里、队长马拉多纳;前排从左到右依次为布鲁查加、朱斯

图1-10　阿根廷队主力阵容

蒂、恩里克、巴尔达诺。

1986年世界杯是一个人的世界杯,它属于马拉多纳。4年前,詹蒂莱曾用凶狠的犯规制服了21岁的马拉多纳。但在墨西哥,即使各队像韩国人那样,无数次"如砍倒大树一般踢倒他"(贝利语),马拉多纳仍是不可阻挡的。

2比1击败英格兰队的比赛也许是马拉多纳一生的浓缩,天才和争议集于一身。第51分钟,他用"上帝之手"打进一球。3分钟后,马拉多纳一个人突破了英格兰队的整个防线,世界杯历史上最伟大的进球诞生。关于"上帝之手",马拉多纳回忆说:"当时我管它叫'上帝之手',实际上完全是胡说,应该是迭戈的手!那种感觉就像是对英国人进行了扒窃!赛前采访我们都说足球和政治无关,那是谎言,我们满脑子想的都是马岛战争。"关于那个无与伦比的进球,英格兰队主帅老罗布森说:"我们保持着队形,没有犯错误,但对手是一个天才,这是个该死的奇迹。"

图1-11所示为一代球王马拉多纳获得冠军后亲吻"大力神杯"。

图1-11　一代球王马拉多纳

(十四)第十四届意大利世界杯足球赛

1990年世界杯足球赛在意大利举行,最终由马特乌斯领衔的联邦德国队获得了该届世界杯冠军,这也是联邦德国队历史上第三次捧起大力神杯。图1-12所示为1990年世界杯时联邦德国队的主力阵容。

图1-12中,后排从左到右依次为贝特霍尔德、伊尔格纳、普夫卢格勒(主力为布雷默)、布赫瓦尔德、沃勒尔、鲁特尔(主力为科勒)、奥根塔勒;前排从左到右依次为哈斯

图1-12 联邦德国队的主力阵容

勒、克林斯曼、拜恩（主力为利特巴尔斯基）、队长马特乌斯。

贝肯鲍尔的联邦德国铁军势不可当。来自国际米兰的"三驾马车"是他们的主要构架，另外，在马特乌斯、克林斯曼和布雷默身边，还有沃勒尔、利特巴尔斯基、贝特霍尔德等一批实力型球员，在前两次打进决赛均告失利后，德国人这一次势在必得。

决赛是一场一边倒的较量，阿根廷最犀利的箭头卡尼吉亚被禁赛，前面只剩不会进球的德索蒂，带着脚伤的马拉多纳率领球队顽强周旋，试图拖到点球大战。实力高出一筹的联邦德国队牢牢控制着局面，他们要做的就是打破僵局，最终，阿根廷队的两张红牌和第85分钟一个引发争议的点球终结了一切，马特乌斯让出了点球权，理由是鞋底出现了裂纹，布雷默操刀一蹴而就，戈耶切亚的扑救只差一个手掌……赛后，克林斯曼捧着大力神杯像个孩子一样的哭泣，另一个流泪的人是马拉多纳，在10亿电视观众面前，他没有去握国际足联主席阿维兰热伸出的手。

图1-13所示为1990年意大利世界杯最佳射手、最佳球员斯基拉奇。

1990年世界杯前，意大利队主教练维奇尼几经犹豫做出了一个决定，22人的阵容已经挑满了21人，在最后一个空额处，维奇尼写上了一个名字，后来，这被证明是这位老帅一生中最英明的决定……维奇尼写下的名字是：萨尔瓦托雷-斯基拉奇。

图1-13 意大利球员斯基拉奇

1990年，斯基拉奇刚刚加盟尤文图斯，不到1年前才刚开始踢意甲，参加世界杯前，他只有过1场国家队比赛的经历。将这样一个毫无名气的小子召进意大利队，维奇尼冒着不小的风险。不过最后的结果是，在世界杯上，这个矮个子瞪圆双眼狂奔庆祝进球的镜头一连出现了6次，他成了意大利在那一年的最大发现。

这次世界杯赛后斯基拉奇再也没有像人们所期望的那样代表国家队征战，成为一代巨星。在俱乐部生涯中斯基拉奇也是昙花一现。1989—1990赛季，他为尤文图斯打进15个联赛球，总共参赛50场，进球21个，成绩相当不错。世界杯后，神奇小子的光环突然变得黯淡，第二个赛季，斯基拉奇在尤文图斯的成绩单是42场进8球（其中联赛29场进5球），第三个赛季40场进7球（联赛31场进6球），尤文图斯也迅速意识到了他的滑落，将他转卖给国际米兰。在那里，斯基拉奇继续沉沦，最终为了钱加盟日本联赛的盘田喜悦，从此在人们的视线中消失。

（十五）第十五届美国世界杯足球赛

1994年，第十五届世界杯足球赛在美国举行，罗马里奥领衔的巴西队夺取了冠军，这是巴西队历史上第四次捧起世界杯。

1994年7月17日，在意大利和巴西的决赛中，意大利队球星巴雷西和巴乔先后在点球大战中失手，巴西最终获胜夺取冠军。图1-14所示为参加决赛的巴西队主力阵容。

图1-14　巴西队主力阵容

图1-14中，后排从左到右依次为门将塔法雷尔、尤尔津霍、阿尔代尔、毛罗-席尔瓦、桑托斯、布兰科；前排从左到右依次为马津霍、罗马里奥、队长邓加、贝贝托、津霍。

贝利曾经预言，"90年代属于罗马里奥"，这次他没说错。巴西晋级美国世界杯的道路并不平坦,在预选赛最后一战必须击败乌拉圭的情况下,中途入队的罗马里奥踢进了关键的两个球。美国世界杯上,巴西是八强中唯一的非欧洲球队,但他们却是"历史上最接近欧洲风格的一支巴西队",邓加、桑托斯等人组成的中后场异常坚固,卡福后来甚至称这是1970年后最强大的巴西队。

从小组赛开始,罗马里奥就和他的搭档贝贝托一道开始了征程。直至决赛,他在6场比赛中打进5个球,在唯一没有破门的一场,他还助攻贝贝托击败了美国队。对荷兰队一战是本届大赛的经典,罗马里奥用他的闪电弹射震惊了世界。

1994年7月17日,在美国酷热太阳的灼烤下,世界杯历史上最经典的一次命运对抗上演。两个各自球队中的王者——罗马里奥与巴乔一同站在了玫瑰碗球场的草坪上。在此之前,两人各打进5球。忧郁王子几乎以一己之力将意大利带进了决赛,如果夺冠,他的成就将直追1986年的马拉多纳。而"独眼狼"的5个进球也是个关键。这场决战将决定,谁是第十五届世界杯真正的王者。

在沉闷的120分钟里,带着腿伤的巴乔苦苦支撑,罗马里奥也失去了往日的从容,最终的判决是在点球点上进行的。几乎成为马拉多纳的巴乔在最后一刻倒下,命运在1986年和1994年做出了两个决定,马拉多纳在决赛中传出了那脚制胜的妙传,因此,他是马拉多纳;8年后当足球以1米的差距擦出横梁飞向天空时,巴乔便仍只能是巴乔。而在此之前,罗马里奥的点球击中立柱后弹入网窝,正是这咫尺间的差别决定了谁是此届世界杯的王者。

罗马里奥强,还是巴乔强?不同的人有不同的答案,但命运的回答是:罗马里奥。1994年,罗马里奥不仅率巴西队夺取了世界杯,个人成为大赛最佳球员,年底还当选了世界足球先生,1994年是属于罗马里奥的一年。

其他的几届世界杯,命运却没有垂青罗马里奥。1990年世界杯前,他右腿骨折,伤愈后只替补参加了对苏格兰的比赛。1998年大赛前他突然受伤退出,2002年则因性格冲突遭斯科拉里封杀。继1994年身披巴西国旗亲吻世界杯后,罗马里奥第二次哭了,在宣布退出1998年世界杯的发布会上,他的泪水令很多人为之动容,而更多人则为看不到"罗罗组合"(罗马里奥、罗纳尔多,1997年为巴西夺取美洲杯)而遗憾。

1994年美国世界杯最佳球员罗马里奥如图1-15所示。

忧郁王子巴乔的背影如图1-16所示。

图 1-15　1994年美国世界杯最佳球员罗马里奥　　图 1-16　忧郁王子巴乔的背影

（十六）第十六届法国世界杯足球赛

1998年世界杯足球赛来到了浪漫的国度——法国，这是国际足联决定扩军后举办的第一届世界杯，最后的决赛在东道主法国队与巴西队之间展开，最终法国队在决赛中凭借着齐达内的出色发挥以3比0战胜了巴西队，法国人也迎来了历史上第一座世界杯冠军奖杯。图1-17所示为参加决赛的法国队主力阵容。

图 1-17　参加决赛的法国队主力阵容

图1-17中，后排从左到右依次为齐达内、德塞利、勒伯夫（顶替禁赛的主力中卫布兰克）、图拉姆、吉瓦什、佩蒂特；前排从左到右依次为卡伦布、德约卡夫、队长德尚、巴特斯、利扎拉祖。

自从1930年以来，本届世界杯之前，世界杯冠军被六个国家瓜分，1998年则诞生了新的王者。主教练雅凯打造出了一支防守稳固的法国队，德尚、佩蒂特和卡伦布组成的后腰体系极大地保护了防线，整届大赛中法国队7场只丢了两个球，是历届世界杯冠军失球最少的一支（1934年意大利队也仅失两个球,但只踢了 4 场)。

齐达内是法国队在决赛中最闪亮的巨星,他的两次头球破门打垮了巴西人。小组赛中,齐达内曾因踩踏沙特队员遭禁赛 2 场,不过缺少了他的法国队还有防守,他们先是由布兰克打进世界杯历史上第一个金球、淘汰了巴拉圭队,又与意大利队踢成 0 比 0,靠罚点球淘汰了对手。唯一被牺牲的是法国队的前锋们,亨利在小组赛中打进 3 个球,但由于齐达内禁赛,雅凯增加一名后腰改踢 451,并一直沿用到决赛,亨利在进入八强后就失去了首发机会。至于吉瓦什等人,他们只是在牵制方面作出了贡献。

世界杯前,雅凯和法国《队报》的矛盾激化,他将坎通纳、吉诺拉等大牌排除在外的做法一度受到抨击。最终,法国队捧起了世界杯,雅凯成为胜利者,《队报》总编亲自撰文向其道歉,"固执己见者"终为法国赢得了足球历史上最重要的一次胜利。

(十七)第十七届日韩世界杯足球赛

2002 年世界杯是第一次踏上亚洲的土地,并且是第一次由两个国家联合主办的。由两个国家联合主办的世界杯这是第一次,也成为最后一次。国际足联承诺,由于沟通和组织等方面可能存在的问题,今后将不再允许两个或多个国家联合主办世界杯。

在轻松战胜比利时队后,巴西队迎战英格兰队。在先失一球的情况下,罗纳尔迪尼奥在关键时刻挺身而出拯救了球队。他先以一系列眼花缭乱的突破成功助攻里瓦尔多将比分扳平,随后又踢出一记弧度诡异的任意球,帮助巴西队进入四强。半决赛对阵土耳其队,留着"阿福"头的罗纳尔多一记令人不可思议的脚尖捅射将巴西队带入决赛。决赛中面对德国队的世界最佳门将卡恩,罗纳尔多独中两球,帮助巴西队第五次捧得世界杯。

早在 19 岁就获得世界足球先生的巴西射手罗纳尔多在半决赛和决赛中包办了巴西队的 3 个入球,最终本届世界杯赛中一人独进 8 球,是 1970 年以来进球最多的射手。罗纳尔多的 8 个入球也打破了从 1978 年以来的连续 6 届世界杯最佳射手只能进 6 个球的"魔咒"。目前,罗纳尔多在已经参加过的两届世界杯中共计进球 12 个,已经与他的同胞球王贝利持平。

2002 年日韩世界杯最佳射手罗纳尔多如图 1-18 所示。

图 1-18　2002 年日韩世界杯最佳射手罗纳尔多

本届世界杯是一届冷门迭爆的世界杯赛。早在预选赛阶段，橙衣军团荷兰队未能出线似乎预示了本届世界杯赛冷门的基调。齐达内的赛前受伤让卫冕冠军法国队在小组赛中步履维艰，揭幕战上法国队0比1输给了塞内加尔队，最终拥有当年意甲英超最佳射手的他们在3场比赛中一球未进，小组垫底；实力强大的阿根廷队在最后一战中被瑞典队逼平，惨遭淘汰，阿根廷射手巴蒂斯图塔用一个失望的结果结束了自己的国家队生涯，而他在比赛尚未结束时便流出眼泪，这也宣布了他悲剧英雄的命运。

有冷门就有黑马。两个东道主之一的韩国队成为本届赛事最大的黑马，他们先是在小组赛中力克欧洲强旅葡萄牙队获得小组第一。八分之一决赛对阵世界劲旅意大利队，韩国队在落后的情况下凭借薛琦铉终场前的入球将比分扳平，又在加时赛中由安贞焕力压马尔蒂尼顶入了一个"金球"，让意大利人在2年前欧洲杯决赛中的噩梦重演；四分之一决赛对阵西班牙队，在著名的"红魔"拉拉队自始至终声嘶力竭的呐喊助威声中，韩国队在120分钟内与对方战成0比0，最终韩国人依靠过硬的心里素质点球五罚全中，成功闯入四强。尽管他们的胜利中有一些偶然的因素，但韩国队已经打破了他们的同胞朝鲜队在1966年世界杯中创造的进入八强的纪录。继连续有非洲球队获得奥运会冠军后，韩国队在世界杯中成功闯入四强也正式标志着传统的足球落后地区亚洲和非洲进入了世界足球列强的行列。本届世界杯之后，亚洲球员引起了欧洲俱乐部的足够重视，以韩国人朴智星、伊朗人卡里米为代表的众多亚洲球员频繁出现在五大联赛和欧洲两大杯赛的赛场上，这将对亚洲足球的发展起到不可估量的巨大作用。

本届世界杯足球赛中国队首次进入决赛。拿破仑说过，东方的中国是一只睡狮。但中国人自己却经常用巨龙来比喻自己。在六次冲击世界杯未果后，在塞黑教练博拉·米卢·蒂诺维奇的率领下，东方巨龙中国队终于在2002年参加了世界杯。但即使是有"神奇教练"之称的米卢也未能带领中国队小组出线。和巴西队、土耳其队与哥斯达黎加队同组的中国队被国内舆论认为抽了一个不错的签，但本组的巴西队和土耳其队最终分别获得冠军和季军。首场与哥斯达黎加0比2的失利让中国队的出线没有了任何希望，次战0比4输给巴西更是让中国队出线丧失了理论上的可能。末战士气全无的中国队0比3负于土耳其队。在与小组中3个对手的比赛中，中国队三战三负，一球未进，净失9球，仅领先于同样来自亚洲的沙特阿拉伯队，在32强中排名第31。本届世界杯后，隐藏在中国足球内部的问题逐渐暴露出来，中国足球因为世界杯的出线陷入了又一次危机。

（十八）第十八届德国世界杯足球赛

第十八届世界杯足球赛决赛在德国柏林的奥林匹克体育场举行。最终,意大利队与法国队在120分钟内战成1比1平,经过点球大战,意大利队以总比分6比4战胜法国队,获得冠军。意大利队4次获得世界杯冠军,仅次于巴西队的5次冠军。意大利成为世界杯历史上夺冠次数第二的国家。图1-19所示为意大利队球员法·卡纳瓦罗在领奖台上高举大力神杯。

图1-19 第十八届世界杯足球赛冠军意大利队阵容

本届世界杯成为许多巨星的告别舞台,齐达内、内德维德、菲戈等人带着遗憾离开了世界杯舞台,罗纳尔多则在告别世界杯之时留下了总进球纪录。意大利队在"电话门之后完成救赎,第四次夺冠"。齐达内在前场故意顶撞马特拉齐胸部,主裁判在咨询了边裁之后给予红牌,这是齐达内职业生涯中第13张红牌。齐达内以这样的方式结束了足球生涯,成为本次世界杯上的一大热点。马特拉齐究竟对齐达内说了什么引发了齐达内如此的反应,也成了赛后全世界关注的焦点。图1-20所示为恼怒的齐达内。

（十九）第十九届南非世界杯足球赛

2010年第十九届世界杯足球赛于2010年6月11日至7月11日在南非的十个城市举行,世界32强将首次在非洲大地向大力神杯发起冲刺。

此前一直备受关注的亚洲最终在澳大利亚加入之后依旧仅仅有4.5个参赛名额,但总算争取到第五名同实力较弱的大洋洲进入附加赛的资格。具体分配名额如下:东道主南非、欧洲13席、非洲5

图1-20 恼怒的齐达内

席(不包括南非)、亚洲和大洋洲5席(4.5+0.5,打附加赛)、南美和中北美8席(4.5+3.5,打附加赛)。

此前一直被外界认为是夺冠大热门的巴西队、阿根廷队、德国队,被淘汰出局。尤其是阿根廷队在主帅马拉多纳的指挥下,在梅西的强有力的组织协调下,一路过关斩将进入淘汰赛。但在对阵德国队的比赛中,却以0比4的大比分负于德国队,不得不使人感到遗憾和蹊跷,也许这就是足球的魅力所在。

在本届世界杯上,意大利队成为历史上第四支在小组赛中折戟的卫冕冠军,同时也是第二支无缘16强的卫冕冠军。而且,由于法国队此前已经遭到淘汰,本届比赛也因此成为第一次上届冠亚军同时被淘汰出16强的世界杯。

巴西队五次加冕,被誉为五星巴西队(1958年、1962年、1970年、1994年、2002年),意大利队四次称雄(1934年、1938年、1982年、2006年),德国队三次问鼎(1954年、1974年、1990年),阿根廷队两次抡元(1978年、1986年),乌拉圭队两次夺魁(1930年、1950年),法国队(1998年)英格兰队(1966年)各自夺冠一次。如今,西班牙队光荣地成为历史上第八支世界杯冠军球队。这个世界冠军对于西班牙队来说,意味着两层含义:第一,耻辱时代的终结;第二,王朝时代的开启。

本届世界杯赛,西班牙队七场比赛六胜一负,唯一输掉的比赛是小组赛首轮对阵瑞士队。那场比赛前斗牛士们保持着两年20场正式比赛19胜1负的战绩,显然志在夺冠的他们没把瑞士人放在眼里。可是西班牙队在完全占据场上优势,控球率高达74%,射门25次的情况下,被对手在第52分钟打进制胜球,爆出了本届世界杯第一个大冷门。赛后西班牙队士气一度非常低落,外界纷纷猜测这支夺标大热门队将在小组赛阶段出局。

小组赛第二场比赛,西班牙队背水一战,迎来的对手是洪都拉斯队。比利亚在第17分钟漂亮地连过三人为西班牙队先拔头筹。在随后的比赛中西班牙队又打出了2008年欧洲杯时的华丽配合。下半场比利亚远射帮助球队锁定胜局后,还错失点球失去了上演帽子戏法的机会。整场比赛西班牙队23次射门,控球率达64.5%。

在小组赛第三场比赛中,西班牙队依然只有胜利一种选择,面对被外界赞誉为踢着最攻势足球的智利队,西班牙人在上半场依靠比利亚的超级远射和伊涅斯塔的射门以2比0领先。下半场尽管智利人扳回一分,但是斗牛士还是依靠娴熟的控球技术将比赛完全掌控,最终以2比1战胜对手,在小组赛先输一场后取得两连胜成功以小组第一出线。值得一提的是本场比赛西班牙队控球率依然高达69.3%。

1/8决赛迎来了两支堪称欧洲技术最好的球队,西班牙对阵葡萄牙。在这场比赛中,西班牙人依靠技术优势将葡萄牙人打得毫无办法,C罗的单打独斗面对西班牙的防线没有制造出任何威胁。"葫芦娃"比利亚在搭档托雷斯状态不佳的情况下,继续扮演着西班牙关键先生的角色,他在第63分钟用一个有越位争议的补射帮助本队战胜了对手。这场技术大战以西班牙人64.5%的控球率,18次射门8次射正,葡萄牙人35.5%的控球率,9次射门仅3次射正而告终。

1/4决赛西班牙队迎来了一个难缠的对手——有着"南美意大利"之称的巴拉圭队。上半场巴拉圭队的密集防守,令华丽的西班牙队也没有任何办法,双方0比0进入到中场休息。下半场第57分钟场上却风云突变,中卫皮克在一次角球防守中拉人犯规,西班牙队被判罚点球极刑。不过"圣卡西"再一次拯救了西班牙队,他将对手卡多索的点球牢牢抱住。一分钟后比利亚突入禁区被对手放倒,西班牙队戏剧性地获得点球,阿隆索第一次主罚命中但是却因队友提前进入禁区被要求重罚,第二次阿隆索的点球被对手门将比拉尔奋力扑出。关键时刻站出来的还是比利亚,他在第83分钟佩德罗的射门踢中门柱后补射进球,帮助西班牙人绝杀挺进四强。斗牛士们本场比赛的控球率达71.8%,优势依旧非常明显。

半决赛时西班牙队的对手是本届比赛踢出精彩技术足球的年轻德国队,全场比赛西班牙队56.8%的控球率首次低于60%,而且德国人还制造了一些威胁。不过与西班牙队相比,德国队毕竟还年轻,在一次角球防守中漏掉了巴萨大将普约尔,狮王用一记势大力沉的头槌破门,帮助西班牙队历史上首次挺进世界杯决赛。

决赛中,西班牙人面对的是本届世界杯上保持全胜的荷兰队。上半场荷兰队以盯人防守为主,双方都没有打开进攻,下半场罗本、比利亚、拉莫斯都获得了绝对的得分机会但都未能把握住,两队0比0战平进入加时赛。加时赛里海廷加两黄变一红被罚下,第116分钟法布雷加斯助攻伊涅斯塔破门,西班牙队1比0取胜,成为新科世界冠军。本场比赛中,双方都踢得很粗暴,两队分享了14张黄牌、1张红牌。不过西班牙人依旧掌握着比赛的绝对优势,他们全场控球率依旧在60%以上,达到了62.9%,全场612次传球的成功率高达84.2%。他们不但获得了场上的绝对控制权,在防守中也不曾松懈,西班牙人全场的抢断成功率高达89.3%,这一数据在历届世界杯上也是令人瞠目结舌的。

历届世界杯足球赛成绩如表1-1所示。

表 1-1　历届世界杯赛成绩

届　次	年份	举办国	历届世界杯决赛冠亚军
第一届	1930	乌拉圭	乌拉圭 4 比 2 阿根廷
第二届	1934	意大利	意大利 2 比 1 捷克斯洛伐克
第三届	1938	法国	意大利 4 比 2(加时)匈牙利
第四届	1950	巴西	乌拉圭 2 比 1 巴西
第五届	1954	瑞士	联邦德国 3 比 2 匈牙利
第六届	1958	瑞典	巴西 5 比 2 瑞典
第七届	1962	智利	巴西 3 比 1 捷克斯洛伐克
第八届	1966	英格兰	英格兰 4 比 2(加时)联邦德国
第九届	1970	墨西哥	巴西 4 比 1 意大利
第十届	1974	联邦德国	联邦德国 2 比 1 荷兰
第十一届	1978	阿根廷	阿根廷 3 比 1 荷兰
第十二届	1982	西班牙	意大利 3 比 1 联邦德国
第十三届	1986	墨西哥	阿根廷 3 比 2(加时)联邦德国
第十四届	1990	意大利	联邦德国 1 比 0 阿根廷
第十五届	1994	美国	巴西 0 比 0(4 比 2)意大利
第十六届	1998	法国	法国 3 比 0 巴西
第十七届	2002	日本、韩国	巴西 2 比 0 德国
第十八届	2006	德国	意大利 1 比 1(6 比 4)法国
第十九届	2010	南非	西班牙 1 比 0 荷兰

二、奥运会足球赛

1896 年第一届现代奥运会到 1908 年第四届奥运会,足球只是表演项目。到 1921 年第五届奥运会时,足球才成为正式比赛项目。奥运会足球赛与"世界杯"足球赛的主要区别是参加过世界杯赛的运动员一律不能参加奥运会,后改为允许 3 名年龄超过 23 岁的队员参加奥运会足球决赛。

三、欧洲足球锦标赛(欧洲杯)

欧洲足球锦标赛(欧洲杯)从 1960 年开始四年一届。1953 年,国际足联在巴黎举行的特别代表大会上批准举办欧洲联赛,1954 年 6 月 15 日,欧足联成立。1955 年,开始举办欧洲冠军俱乐部杯联赛。1956 年,开始筹备举行由欧洲各国国家队参加的比赛。两年后,第一届欧洲国家杯(欧洲杯前身)资格赛开始举行。

1960年,第一届欧洲国家杯决赛阶段比赛在法国举行,共有16支代表队参加。决赛最后在苏联队和南斯拉夫队之间进行,双方90分钟内打成1比1平,最后进入加时赛,苏联队最终凭借终场前7分钟的进球,以2比1险胜南斯拉夫队,夺得冠军。著名球星勒夫-雅辛因本届比赛而声名大振。

1964年,第二届欧洲国家杯决赛阶段比赛在西班牙举行。最后决赛在东道主西班牙队和卫冕冠军苏联队之间举行。在主场79115名观众的大力支持下,西班牙队最后以2比1的比分夺取冠军奖杯。

1968年,欧洲国家杯正式更名为欧洲足球锦标赛(欧洲杯)。有31个国家参加了资格赛。决赛阶段比赛在意大利举行。本届比赛首次实施种子队制度,参加决赛阶段比赛的队伍共分为8个组,每组安排一个种子队,小组前两名进入八分之一决赛。小组赛中,阿尔巴尼亚队大爆冷门,通过加时赛将夺冠热门联邦德国队淘汰。决赛在南斯拉夫队和东道主意大利队之间进行,意大利队最后以2比0获胜。

1972年,第四届欧洲杯决赛阶段比赛在比利时举行。决赛在联邦德国队和苏联队之间进行,联邦德国队最后以3比0大胜苏联队夺冠。两年后,这支队伍又夺得了世界冠军。

1976年,第五届欧洲杯决赛阶段比赛在南斯拉夫举行。决赛在捷克斯洛伐克队和联邦德国队之间进行,捷克斯洛伐克队最终以4比3力克对手,举起了冠军奖杯。

1980年,第六届欧洲杯决赛阶段比赛再次在意大利举行。本届比赛的规程有所变化,规定经过小组赛后,8支队伍进入下一轮,然后分成两个小组捉对厮杀,每组的第一名将自动获得决赛权。冠军决战在联邦德国和比利时两队之间进行,德国人成为最后的赢家。

1984年,第七届欧洲杯决赛阶段比赛在法国举行。东道主法国队在天才球星普拉蒂尼的率领下一路高歌猛进,并在决赛中以2比0干净利索地击败西班牙队,夺得冠军。

1988年,第八届欧洲杯决赛阶段比赛在联邦德国举行,拥有古力特和范-巴斯滕等足球天才的荷兰队一路势不可当,他们在决赛中击败苏联队后第一次举起了冠军奖杯。

1992年,第九届欧洲杯决赛阶段比赛在瑞典举行。因南斯拉夫队退出而获得比赛资格的丹麦队出人意料地杀入决赛,并以2比0击败德国队夺冠。

1996年,第十届欧洲杯决赛阶段比赛在英国举行,此前,史无前例地共有48个国家参加了资格赛。16个进入决赛阶段比赛的队伍被分为4个小

组,小组前两名晋级。决赛首次以"金球"决出胜负,德国队最后凭借比埃尔霍夫的一粒进球第二次夺冠。

2000年,第十一届欧洲杯决赛阶段比赛由荷兰和比利时联合承办。世界冠军法国队在决赛中凭借一粒"金球"获得冠军,成为首支获得世界杯后又再次获得欧洲杯冠军的球队。

2004年,第十二届欧洲杯决赛阶段比赛由葡萄牙承办。由黄金一代领衔的东道主葡萄牙队在决赛中一球不敌本届杯赛大黑马希腊队,饮恨而归。希腊队惊人地首夺冠军。

2008年第十三届欧洲杯决赛阶段比赛由瑞士和奥地利联合承办。冠军决赛在西班牙队与德国队之间进行,最终西班牙1比0战胜德国,"金童"托雷斯打入唯一进球,时隔44年西班牙人第二次夺得欧洲杯冠军。

历届欧洲杯冠军概况如表1-2所示。

表1-2 历届欧洲杯冠军概况

届 次	决赛阶段主办国	年 份	冠 军
第一届	法国	1960	苏联
第二届	西班牙	1964	西班牙
第三届	意大利	1968	意大利
第四届	比利时	1972	联邦德国
第五届	南斯拉夫	1976	捷克斯洛伐克
第六届	意大利	1980	联邦德国
第七届	法国	1984	法国
第八届	联邦德国	1988	荷兰
第九届	瑞典	1992	丹麦
第十届	英国	1996	德国
第十一届	荷兰、比利时	2000	法国
第十二届	葡萄牙	2004	希腊
第十三届	瑞士、奥地利	2008	西班牙

四、欧洲冠军联赛

欧洲冠军联赛有许多种中文翻译和简称,如欧冠、冠军杯、欧洲冠军杯、欧洲足球冠军联赛,但是欧洲冠军联赛才是欧足联对其正式的中文翻译。

第二次世界大战结束后,足球运动在世界范围内全面复兴,但这项运动仅仅是通过国家队的比赛在各国普及的。1953年,在温布利大球场进行的由英格兰队 3 比 6 负于匈牙利队的友谊赛竟然全场爆满。俱乐部之间的跨国较量也是如此,但欧洲俱乐部之间不存在国际性赛事。这时,法国人加布里埃尔·亚诺提出了创立欧洲冠军杯的构想,亚诺的计划得到了皇家马德里队、安德莱赫特队、维也纳快速队等数家俱乐部及匈牙利足协的热烈响应。

1955 年 4 月,法国《队报》发出了 18 封邀请函,邀请欧洲各国足球俱乐部开会,其中只有两家俱乐部代表没有与会。一家是苏格兰的爱丁堡爱尔兰人队,不过它同意参加新赛事;另一家是苏联的莫斯科迪纳莫队,其解释的理由是正值苏联严冬,难以赴会。在这次历史性的会议上,各家俱乐部对赛制达成了协议:比赛由各国联赛冠军参加;采用主客场淘汰赛制,或两队积分和净胜球都相同,则在第三者球场上举行一场附加赛;冠军杯的决赛须在欧洲足联事先确定的球场上进行;在本队球场比赛时,门票收入、广告费和电视转播费归东道主处理。在这次会议上,还设立了一个执行委员会,圣地亚哥·伯纳乌担任该委员会的第一副主席。委员会负责草拟欧洲冠军杯的要点,并通报了国际足联以求理解。

欧洲足联想举办另外一个杯赛,替代《队报》和欧洲大部分俱乐部所提议举行的欧洲冠军杯。欧洲足联所要举办的杯赛不是要俱乐部队而是要各城市队参加,目的是加强欧洲各城市间的友好联系和体育交往。这项提议得到英格兰足球协会的支持,其当时正对没有参加发起创立欧洲俱乐部杯赛感到不快。这是英格兰足协的惯用手法,英国人对未在它的国土上研究过的事情一律采取轻蔑态度。

形势的发展使国际足联改变了对俱乐部冠军杯赛的看法。另外,参加比赛球队的水平也较高,如比利时的安德莱赫特、奥地利的维也纳快速、葡萄牙的里斯本竞技和西班牙的皇家马德里等队。另一方面,1954 年在瑞士举行的世界杯赛首次进行电视转播并获得成功,使得欧洲电视机构支持欧洲冠军杯可能性增大,而这一点意味着扩大影响并赚钱。

在国际足联的劝告下,欧洲足联开始重新考虑对欧洲冠军杯的反对态度。欧洲足联向欧洲冠军杯的组织者们提出把组织比赛的权力交还给欧洲足联,俱乐部代表队参加比赛须经所在国家足球协会批准等条件。在所提出的条件被接受后,欧洲足联执委会于 1955 年 5 月 21 日在巴黎召开会议,邀请所有对比赛有兴趣的俱乐部参加。会议决定由欧洲足联亲自组织比赛,并将比赛改称为欧洲冠军杯,不再使用原称欧洲俱乐部杯赛。

英国人仍然拒不承认欧洲冠军杯,不准切尔西队参加首届比赛。但首届欧洲冠军杯仍然于 1955 年 9 月开赛,1956 年 5 月结束,地点在巴黎,皇家马德里队获得冠军。

1968 年欧洲足联对比赛规则进行了重大修改,即在预赛阶段设立种子

队,用以避免强队之间过早相遇。另一重大修改是"控制"抽签,以避免那些有政治纠纷的国家(如苏联和阿尔巴尼亚,希腊和土耳其等)碰巧分在同一组。

1969年起取消了比赛中两队积分和净胜球数都相同的情况下进行附加赛的做法,改为在积分和净胜球数都相同的情况下,根据在对方场地进球多少决定胜负,即我们常说的"客场入球双计"。这样做的目的是力图避免参赛队在对方场地采用过分保守的防守型战术。在决赛中如出现平局,则采用加时赛。如果仍不能分出胜负,则再进行一场附加赛。这种情况仅在1974年出现过一次,拜仁慕尼黑队在附加赛中以4比0大胜马德里竞技队,开始了他们三连冠的历程。

1992年,欧洲冠军杯在半决赛中引入了分组循环赛,两个小组的第一名再进行决赛。比赛也因此而改称为欧洲冠军联赛,但人们仍习惯于将其称为欧洲冠军杯。在后来的几年中,冠军杯的赛制又屡有变化,逐渐将分组循环赛制应用到复赛以前的比赛,参赛的球队也不再限于各国的联赛冠军,一些足球强国的联赛亚军也可以参赛。曼彻斯特联队在1999年神奇般地夺冠,他们正是以联赛亚军的身份参加比赛的。而这一切变化,都是为了增加比赛的场次,使参赛的各队能够得到更多的收益。

1998年,为了阻止各大俱乐部建立欧洲超级联赛的设想,欧洲足联决定从1999—2000赛季起对欧洲三大杯赛进行有史以来最大的改革:欧洲优胜者杯赛被取消,而根据欧洲俱乐部比赛成绩的排名,各国可以派出1～4支球队参加欧洲冠军杯赛;在冠军杯赛中进行两个阶段的分组循环赛,第一阶段各小组的第三名还可以继续参加联盟杯。

五、美洲杯足球赛

美洲杯足球赛(America Cup Soccer Championship)诞生于1916年,是美洲、也是全世界历史最悠久的足球赛事。在阿根廷总统伊里戈延的倡议下,设立了这一杯赛。美洲杯足球赛由南美洲10支实力最强的国家队参加,因此是南美洲最高水平的比赛。比赛由南美足协主办,开始时每年举办一次,到1959年改为每4年举办一次。

(一)历届美洲杯足球赛

第一届比赛于1916年在阿根廷首都布宜诺斯艾利斯举行,参加比赛的仅有4个队:阿根廷、乌拉圭、巴西和智利队。其中,阿根廷队6比1胜智利队的比赛成为进球最多的比赛。最终乌拉圭队夺得桂冠。在比赛期间,组委会宣布成立了南美足球联合会。

第二届美洲杯足球赛于1917年在乌拉圭举行,有阿根廷、乌拉圭、巴西和智利队4个队参加。在这届杯赛中对冠军正式颁发"美洲杯",当时的奖杯是以3000瑞士法郎从布宜诺斯艾利斯一家著名的珠宝店购得。这第一个奖杯被乌拉圭队所得。

第三届美洲杯足球赛于1919年在巴西举行,仍只有上述四个队参加,其中巴西以6比0胜智利的比赛成为20世纪10年代美洲杯比分最悬殊的比赛。在决赛中,巴西以1比0点杀前两届冠军乌拉圭队获得冠军。

在美洲杯比赛的前期,比赛时间和地点常常会因为政治原因而搁浅。1928年,由于当时的第一强队乌拉圭队和阿根廷队要组队参加在荷兰阿姆斯特丹举行的夏季奥运会,美洲杯赛推迟两年举行。

20世纪30年代初期,巴拉圭和玻利维亚为争夺大查戈地区而发生的战争使美洲杯停赛5届,直到1935年才恢复比赛,比赛冠军获得参加奥运会的资格。此后美洲杯的比赛时间开始不固定,经常由于政治经济方面的原因改期。

1953年美洲杯足球赛最初定在巴拉圭举行,但是南美足协认为巴拉圭缺少足够的国际标准比赛场地,不同意将所有比赛都放在巴拉圭举行,最终这届比赛改在秘鲁举行。

1975年、1979年和1983年的三届美洲杯足球赛并没有在固定的场地进行赛会制的比赛,当时的比赛全部是通过主客场循环赛来决定名次,相当于国家之间的大联赛。

20世纪80年代中期一些国家对在玻利维亚那样的高原上比赛不满,认为高原反应使得球队根本无法在比赛中发挥正常技战术水平,最后的名次不能反应真正的实力。

1991年和1993年的美洲杯足球赛分别在智利和厄瓜多尔举行,阿根廷队连续两届夺得奖杯。

至2007年,美洲杯足球赛共举行过42次。历史上成绩最好的队是阿根廷队和乌拉圭队,各获14次美洲杯冠军;乌拉圭队和巴西队在本土举行的美洲杯足球赛中保持不败。其中乌拉圭8次主办,8次夺冠;巴西4次主办,4次夺冠。

美洲杯足球赛的参赛队基本由南美的10支球队组成。1993年后,美洲杯足球赛邀请了墨西哥和美国参赛。1999年,因美国队的退出,于是邀请了日本队。

10支南美球队分别是:阿根廷、巴西、乌拉圭、巴拉圭、哥伦比亚、智利、秘鲁、玻利维亚、厄瓜多尔和委内瑞拉。

4支中北美和加勒比海地区球队分别是:美国、墨西哥、哥斯达黎加和洪都拉斯。

1支亚洲球队:日本。

(二)历届"美洲杯"冠军、亚军、季军

历届"美洲杯"冠军、亚军、季军概况如表1-3所示。

表1-3 历届"美洲杯"冠军、亚军、季军概况

届 次	年 份	赛 地	冠 军	亚 军	季 军
第一届	1916	阿根廷	乌拉圭	阿根廷	巴西
第二届	1917	乌拉圭	乌拉圭	阿根廷	巴西
第三届	1919	巴西	巴西	乌拉圭	阿根廷
第四届	1920	智利	乌拉圭	阿根廷	巴西
第五届	1921	阿根廷	阿根廷	巴西	乌拉圭
第六届	1922	巴西	巴西	巴拉圭	乌拉圭
第七届	1923	乌拉圭	乌拉圭	阿根廷	巴拉圭
第八届	1924	乌拉圭	乌拉圭	阿根廷	巴拉圭
第九届	1925	阿根廷	阿根廷	巴西	巴拉圭
第十届	1926	智利	乌拉圭	阿根廷	智利
第十一届	1927	秘鲁	阿根廷	乌拉圭	秘鲁
第十二届	1929	阿根廷	阿根廷	巴西	乌拉圭
第十三届	1935	秘鲁	乌拉圭	阿根廷	秘鲁
第十四届	1937	阿根廷	阿根廷	巴西	巴西
第十五届	1939	秘鲁	秘鲁	乌拉圭	巴拉圭
第十六届	1941	智利	阿根廷	乌拉圭	智利
第十七届	1942	乌拉圭	乌拉圭	阿根廷	巴西
第十八届	1945	智利	阿根廷	巴西	智利
第十九届	1946	阿根廷	阿根廷	巴西	巴拉圭
第二十届	1947	厄瓜多尔	阿根廷	巴拉圭	乌拉圭
第二十一届	1949	巴西	巴西	巴拉圭	秘鲁
第二十二届	1953	秘鲁	巴拉圭	巴西	乌拉圭
第二十三届	1955	智利	阿根廷	智利	秘鲁
第二十四届	1956	乌拉圭	乌拉圭	智利	阿根廷
第二十五届	1957	秘鲁	阿根廷	巴西	乌拉圭
第二十六届	1959	阿根廷	阿根廷	巴西	巴拉圭
第二十七届	1959	厄瓜多尔	乌拉圭	阿根廷	巴西
第二十八届	1963	玻利维亚	玻利维亚	巴拉圭	阿根廷
第二十九届	1967	乌拉圭	乌拉圭	阿根廷	智利

续表

届次	年份	赛地	冠军	亚军	季军
第三十届	1975	主客场制	秘鲁	哥伦比亚	巴西
第三十一届	1979	主客场制	巴拉圭	智利	巴西
第三十二届	1983	主客场制	乌拉圭	巴西	巴拉圭
第三十三届	1987	阿根廷	乌拉圭	智利	哥伦比亚
第三十四届	1989	巴西	巴西	乌拉圭	阿根廷
第三十五届	1991	智利	阿根廷	巴西	智利
第三十六届	1993	厄瓜多尔	阿根廷	墨西哥	哥伦比亚
第三十七届	1995	乌拉圭	乌拉圭	巴西	哥伦比亚
第三十八届	1997	玻利维亚	巴西	玻利维亚	墨西哥
第三十九届	1999	巴拉圭	巴西	乌拉圭	墨西哥
第四十届	2001	哥伦比亚	哥伦比亚	墨西哥	洪都拉斯
第四十一届	2004	秘鲁	巴西	阿根廷	乌拉圭
第四十二届	2007	委内瑞拉	巴西	阿根廷	乌拉圭

六、欧洲五大联赛

欧洲影响力最大的五大联赛如下。

(一) 西班牙足球甲级联赛

西班牙足球甲级联赛(Primera división de Liga,简称 La Liga),在中国则一般简称为"西甲",是西班牙最高等级的职业足球联赛,也是欧洲及世界最高水平的职业足球联赛之一。目前"西甲"有 20 支球队,联赛成绩最差的三个队将会降级到乙级联赛,乙级联赛的前三名则晋升入甲级联赛。"西甲"联赛的积分规则是:双方积分相同时,首先按相互间胜负关系决定排名,胜负关系相同时再看净胜球。

"西甲"联赛的球风注重技术与进攻,具有很强的观赏性。按国际足联和欧洲足联的官方积分,"西甲"已经多年位于积分榜的首位。"西甲"在球员和球迷心中有相当大的号召力,目前有许多世界最著名的足球运动员在"西甲"联赛踢球,其中皇家马德里队和巴塞罗那队是世界上最著名的球队之一,他们之间的比赛被称为西班牙"国家德比",在中文媒体中也称为"世纪大战"。

(二) 英格兰足球超级联赛

英格兰足球超级联赛(FA Premier League)又称为"英超",2004 年巴克莱斯银行(Barclays Bank)成为英超的赞助商,冠名为巴克莱斯英格兰超级足球联赛(Barclays English Premier League),是英格兰足球总会属下的职业足球联赛。由超级联盟负责具体运作。英格兰超级联赛成立于1992年2月20日,其前身是英格兰甲级联赛,是英格兰联赛系统的最高等级联赛。现时英超联赛已经成为"世界第一联赛"。

(三)意大利足球甲级联赛

意大利足球甲级联赛(Serie A,简称"意甲")是意大利最高等级的职业足球联赛,由意大利足球协会(Federazione Italiana Giuoco Calcio,FIGC)所管理。

尤文图斯是历史上夺得最多联赛冠军的球队,一共夺得过28次,其次为AC米兰(17次)、国际米兰(15次)及热那亚(9次)。每夺得十个联赛冠军可以在队徽上绣一颗金星,因此尤文图斯拥有2颗金星,而AC米兰及国际米兰各有1颗金星。

"意甲"是世界上水平最高的职业足球联赛之一,其特点为注重防守,并且球星云集,被誉为小世界杯。

(四)德国足球甲级联赛

德语Bundesliga,意思是"联邦联赛",广义上是指所有德意志帝国体育最高等级联赛,狭义上则指德意志帝国足球甲级联赛。另外,奥地利的联赛也称为"Bundesliga",简称"德甲"。它是德意志帝国最高水平的职业足球联赛。"德甲"球风强悍,较注重整体配合。"德甲"未成立前,全国最高等级足球赛事为德意志帝国锦标赛(Germany Championships),赛事先由每州各自进行比赛,出线球队参加全国淘汰赛,在中立场以一场决赛分出冠军球队,曾经有奥地利、捷克球队参与比赛,直到1963年首届"德甲"联赛成立。

(五)法国足球甲级联赛

法国足球甲级联赛(Championnat de France de football Ligue 1,法语通常简写为Ligue 1,或者L1,中文通常简称"法甲")是法国最高级别的职业足球联赛,由法国足球协会(Fédération Française de Football)所组织。

法国足协组织的职业联赛称为法国职业足球联赛(Ligue de Football Professionnel),分为以下两个级别:甲级联赛(Championnat de France de football Ligue 1);乙级联赛(Championnat de France de football Ligue 2)。

除了职业联赛以外,法国足协还组织半职业的丙级联赛和其他级别联赛,以及女子足球联赛。

第六节 女子足球运动概述

女子足球运动和男子足球运动一样,具有悠久的历史。中国是世界上女子足球运动开展最早的国家。

一、女子足球运动的起源与发展

(一) 国际古代女子足球运动

国际古代女子足球运动开展的年代晚于中国,据史料记载,早在16世纪,英格兰已经出现类似现代足球运动的女子足球活动。由于当时受男子足球比赛的影响,女子足球对抗激烈且缺乏一定的规则,因而对多数妇女的吸引力不大。1686年日本出版的《好色一代女》中记载,一些日本妇女经常从事一种由中国传入的"一般场户"蹴鞠游戏。在《白人女郎》一书中绘有妇女踢"二人场"蹴鞠的情景。到18世纪末,女子踢球的人仍然很少。但值得注意的是,在爱丁堡及其附近的艾弗伊斯克城镇,每年都要在一些节日的庆祝活动中进行女子足球比赛(如"忏悔节"中举办未婚女子对已婚妇女的比赛)。此外,在其他一些地区也有地方性的女子足球比赛。

(二) 国际现代女子足球运动

现代女子足球运动诞生于19世纪末的英国。19世纪末,英国创建了女子足球队,随后女子足球俱乐部在英国迅速形成,并有了较为正规的女子足球比赛。在20世纪初受席卷欧洲和美国的妇女参政运动的影响,女子足球也相应得到人们的支持,并逐渐发展到欧美许多国家。在此期间,虽然组织了不同规模的女子足球比赛,但女子足球运动的开展尚未得到官方的承认,一些国家的社会舆论对女子足球运动横加指责,医学界也存在着足球运动对女子身体健康是有益还是有害的分歧。1925年以后,特别是在第二次世界大战期间,很多女子足球队都名存实亡,女子足球运动一度处于低潮,直到第二次世界大战以后才逐渐得以恢复。

进入20世纪五六十年代,女子足球运动开始流行起来,尽管还没有一个国家的足球协会承认和接纳女子队员为会员,但第一届欧洲女子足球锦标赛1957年在联邦德国举行,奥地利、荷兰、英格兰及联邦德国参加了比赛,英格兰获得了冠军。20世纪60年代末,许多国家都开始组织一些女子足球赛事,随着女子足球队的迅速增加,人们不得不重新估价女子足球运动的作用。1969年英格兰足球协会修改了长达67年之久的"不承认女子足球"的规定,随后一些欧美国家也逐步承认了女子足球运动的合法性。1974年,女子足球运动正式得到国际足联的认可。当时的国际足联主席阿维兰热认为,足球运动如果没有占人数一半的女子参加,就是不完整的。进入20世纪80年代后,欧洲女子足球运动发展势头迅猛,国际足联开始尝试举办国际性的女子足球比赛,中国女子足球也在此时登上了国际足坛。20世纪90年代

初,国际足联成立了女子足球委员会,专门管理世界女子足球运动,并于1991年在中国首次举办了世界女子足球锦标赛。1996年第二十六届奥运会首次设立了女子足球比赛项目,使女子足球运动在全世界范围内以前所未有的速度蓬勃发展。

美洲在过去较长的时间里更倾向于男子足球,对女子足球运动热情不高,且受到顽固势力的阻碍,发展较慢。美洲最早开展女子足球运动的国家是巴西和墨西哥。巴西于1965年成立了第一支女子足球队,以后数量不断增加,并且拥有一批专门从事训练工作的女子教练员。20世纪70年代初,阿根廷、秘鲁等国家也开始尝试女子足球运动。1971年墨西哥举行了由商业界发起的非官方的世界女子足球锦标赛,许多欧美国家都参加了比赛,这对美洲女子足球的发展起到了一定的作用。美国是唯一女子足球人口超过男子足球的国家,20世纪70年代初,美国有少数女子足球队参加了美国半职业男子足球俱乐部,1974年成立了女子足球组织,1979年正式建立了第一个女子足球俱乐部。由于美国足球协会和少年足球组织都极力鼓励女子参加足球运动,到了20世纪80年代中期,已有100多万19岁以下的女青少年投身于足球运动,并在全国建立起分级、分年龄的多层次的女子足球竞赛体系。1997年,美国正式建立了女子职业足球联赛。总体来说,美洲虽然在女子足球普及程度和整体运动水平上不及欧洲,但美国和巴西的女子足球水平却位居世界前列。

亚洲女子足球运动最先兴起于新加坡。20世纪50年代末60年代初,泰国、印度、日本、我国台湾地区都相继开展了女子足球运动。1961年在日本的大学中出现了女子足球俱乐部。1964年以后,新加坡和泰国女子足球运动得到了官方的承认。1965年,马来西亚女子足球队访问中国香港,开创了亚洲女子足球国际交流的先河。20世纪60年代后期,新加坡、泰国等国家也有了联赛和杯赛。同时,亚洲的一些国家将目标放在组织世界性女子足球比赛和筹建亚洲女子足球联合会上。在1968年4月,由我国香港、台湾地区以及马来西亚和新加坡共同发起在我国香港成立了亚洲女子足球联合会,并从1975年开始兴办亚洲女子足球锦标赛。参加的还有新西兰和澳大利亚。新西兰连续两次夺冠。20世纪70年代女子足球运动发展更快,远东的国家和一些地区基本上都开展了联赛。尤其是我国台湾地区女子足球进步迅速,连续在数届亚洲锦标赛和国际比赛上取得优异成绩。与此同时,中国女子足球运动开始起步,并很快取得了惊人的成绩。1985年,亚洲足球联合会成立女子足球委员会。20世纪80年代后期,日本女子足球逐渐由学校过渡到以俱乐部为主的形式,并出现了职业女子足球队。朝鲜和韩国的女子足球运动也在迅速发展。1990年,亚奥理事会正式在亚运会上首次设立女子足球项目。

(三) 中国古代女子足球运动

汉代有男子踢足球,也有女子踢足球,这是世界上最早的女子足球。我国女子足球起源于东汉时期(公元25—220年),在河南省的嵩山上建造的中岳三阙建筑物里,就绘有女子踢足球的各种各样的壁画,身上的装束打扮及踢球姿势形象逼真。世界上所有的文艺作品,都是当时社会生活的反映。在许多汉代的画像石中,都有女子蹴鞠的图形。

唐和五代时女子足球有了更大的发展,而且经常成为诗人吟咏的题目。如描写宫女踢足球的诗句:"宿妆残粉未明天,总在朝阳花树边。寒食内人长白打,库中先散与金钱。""白打"是不设球门、两人或多人对踢的足球运动,是属于非对抗性的竞赛和表演。这种不设球门的足球,不但在宫廷内盛行,在民间也很盛行,晚唐诗人韦庄的诗中有"隔街闻蹴气球声"句,可见当时长街窄巷都有人在踢球。

五代时后蜀主的妃子花蕊夫人也有一首诗记载女子踢球的情形:"自教宫娥学打球,玉鞍初跨柳腰柔。上棚知是官家认,遍遍长赢第一筹。"到了宋代,女子足球更加盛行,场面也较为隆重。中国历史博物馆和湖南博物馆各收藏有一面宋代足球纹铜镜。背面模铸浮雕是一幅男女足球游戏图,图中一个高髻笄发腰束百褶裙的女子,在盘弄着皮球,对面一个穿戴着长服的男子,摆出防御的姿势。还有故宫博物院有一个宋代陶枕,描绘一个女子双手把长裙掀在腰后踢足球。

中国古代女子足球有多种多样的踢法,有一个人踢的,像踢毽子;有两人场的踢法;有三人、四人,乃至十多人场的踢法;有非对抗性的竞赛和有球门的分两队的对抗性比赛。古时的女子足球,可能大都是非对抗性的竞赛和表演。

明朝初期,我国民间有一位出色的女子足球表演家,叫彭云秀。她的球技很高,球在她身上滚上滚下,滚前滚后,忽左忽右,忽高忽低,半天也掉不下来,有十六种奇巧的解数,被称为"女流清芬"。她还常常出去表演,远近闻名。据说,彭云秀每到一地,观看她表演者男女老幼不计其数。凡看过她的表演者,无不拍手叫好,彭云秀不愧是我国古代的一位足球"明星"。到了清末,由于女子裹脚这一封建恶习开始盛行,最终导致了女子足球开始逐渐衰退乃至销声匿迹。

(四) 中国现代女子足球运动

现代足球传入中国后,在20世纪20年代一些沿海城市中出现了女子足球活动。1924年,上海市两江女校教师沈昆南先生把英国出版的《女子足球规则》翻译成中文,在校长陆礼华的支持下,将足球作为体育教学内容,并倡导成立了女子足球队。队员选自在校四届学生,限于当时的历史条件,还没有女队与其比赛。后在原体育场场长王壮飞的支持下,与一些男子足球队进行对抗赛,交锋十数次,互有胜负。

20世纪70年代以来,世界女子足球运动渐趋活跃。一些国家举办国际锦标赛,国际交往也开始频繁。在这种国际气候的影响下,中国女子足球巨大的潜能爆发了。

1979年春天,古城西安,在青年铁路工人齐铁惠的影响和国家体委球类司李凤楼的支持下,西安铁路一中和东方机械厂子弟学校的姐妹队同时成立,接着,西安市、陕西省相继组织了女子足球队,成为我国开展专业女子足球运动的先导。不久,广东梅县、云南、辽宁、北京、天津、大同、广州、上海、长春、延边等地也纷纷组建女子足球队。

1981年2月,北京首次举行了中学生女子足球邀请赛;同年5月,广东省举办了首届女子足球赛,云南楚雄彝族自治州举办了五省6支球队参加的邀请赛。1982年8月,体育报、人民体育出版社、新体育、中国体育报、足球世界五家首都体育新闻出版单位在北京联合举办"全国十省市女子足球邀请赛",拉开了全国性女子足球竞赛活动的序幕。1982年底,国家体委正式把女子足球纳入全国竞赛计划中,并从1983年起每年举行一届全国女子足球锦标赛。很快,全国各地、行业体协纷纷组建女子足球队,最多时有38支队伍参加比赛。1985年,女子足球以其广泛的群众基础和发展潜力,被列为1987年第六届全运会比赛项目。1989年,又增加了"全国青年女子足球锦标赛",进一步推动了青少年女子足球运动的发展。

中国女子足球与国外交流始于1983年。1983年11月18日—27日,在广州首次举办了中国历史上第一次国际女子足球邀请赛。在同国外优秀队的交流中,中国女子足球队开阔了视野,运动水平有了较大的提高。1983年12月在广州组建了第一支国家女子足球集训队。1984年在西安再次举办国际女子足球邀请赛。1986年7月,中国女子足球队首次远征欧洲,参加意大利威尼斯和托尔托纳举行的两次国际女子足球邀请赛,分别夺得第三名和第一名。1986年12月,中国女子足球队在香港第一次参加洲际正式比赛——第一届亚洲女子足球锦标赛,以全胜成绩获得冠军,为中华巾帼赢得殊荣。为纪念这一历史性的胜利,国家体委授予国家女子足球队全体队员为中国第一批女子足球健将。

1988年1月7日,中国足球协会主席年维泗与奇星药厂厂长朱柏华在广州签订协议书,共建中国女子足球队,开创了与企业共建国家级运动队的"奇星模式"。

1988年6月1日—14日,国际足联、亚足联、中国足协在广东省成功地举办了国际足联世界女子足球邀请赛。参赛队来自五大洲12个国家,是当时世界女子足球最高水平的大赛,此次比赛挪威获得冠军,中国位居第四。此后,国际足联要求各大洲足联将女子足球的开展列入议事日程,并建立相应的女子足球管理机构。亚足联建立了女子足球委员会,陈瑶琴女士任主席,杨秀武先生任副主席。从1989年第七届亚洲女子足球锦标赛开始,这一赛事由亚足联直接领导。第七届亚洲女子足球锦标赛中国队蝉联冠军。

　　20世纪90年代中国女子足球发展道路是崎岖的,处境是艰难的,但她们稳步前进,向高峰攀登,并取得了骄人的成绩。

　　在亚洲体育联合会、亚运会中国组委会和亚足联的共同努力下,经过亚奥理事会批准,女子足球首次被列入亚运会正式比赛项目。1990年,中国成功地举办了第十一届亚运会,中国女子足球队夺冠捧杯。1994年,中国队蝉联第十二届亚运会女子足球比赛冠军。

　　1988年6月1日—14日在广东省成功地举办了国际足联世界女子足球邀请赛。阿维兰热认为,没有比中国更适合于举办女子足球世界杯赛的国家了。为此,国际足联在1988年7月致专函给中国足球协会,建议首届女子足球世界杯赛1991年11月在广东举行。1988年9月,广东省人民政府同意承办。同年12月,国务院批准了国家体委关于举办1991年第一届世界女子足球锦标赛的申请,并在1989年2月16日将这一决定通知国际足联。1989年2月23日,国际足联通过了《第一届世界锦标赛权限文件》。1990年7月6日,国际足联成立了以波里·海尔加德和霍英东为首的国际足联女子足球委员会,七名委员中有一位女性——德国的海纳芳·雷兹伯格,这是国际足联自1904年成立以来的第一位女性委员。1990年10月29日,在国际足联苏黎世总部召开了其成立以来第一次讨论女子足球世界杯赛事宜的会议。阿维兰热对中国充满信心,他在会上表示坚信中国完全有能力办好首届女子世界杯赛。经过两年的悉心准备,1991年中国出色地举办了第一届女子足球世界杯赛,开创了世界女子足球运动的新纪元,对世界女子足球运动做出了重大贡献,为国际足联女子足球史铺下了第一块奠基石。中国队在第一届女子足球世界杯赛中获得第五名,1995年第二届女子足球世界杯赛获得第四名;1991年至1997年中国队蝉联第八、九、十、十一届亚洲女子足球锦标赛冠军;1993年第十七届世界大学生运动会首次设置女子足球比赛,中国队勇夺冠军,在国际足联和美国亚特兰大奥运会组委会的努力下,1993年9月20日在摩纳哥蒙特卡洛召开的第101次国际奥委会全会上,批准女子足球为奥运会正式比赛项目。1996年7月第二十六届奥运会增设女子足球比赛,中国队获得亚军,实现了中国足球史上的一大突破,亚足联秘

书长维拉潘说:这不光是中国的荣誉,更是亚洲的荣誉。中国女子足球队1995、1996、1997年连续三年被评为亚洲优秀运动队。

(五)女子足球大滑坡

2011年6月26日在德国柏林揭幕的第六届女子足球世界杯赛,没有中国女足的身影,这是中国女足首次无缘女足世界杯。中国女子足球首度无缘世界杯并不令人感到意外,在中国足协多年来急功近利、摒弃"基建工程"后,国内足球界担心这不过是因果报应的开端。

中国足球管理者多年来受"锦标主义、功利主义"驱动,在国字号的一亩三分地里专注于"政绩",在以孙雯、刘爱玲为主的一代名将淡出后,中国女子足球队除韩端、马晓旭外几乎后继无人。第五届世界杯若非我国主办,中国队恐怕已是看客。亚足联允许参加奥预赛女子足球六强赛的各队报名50位球员,但中国队主帅李霄鹏反复考察过后,圈定的可塑球员也就30人上下,其中拥有世界大赛阅历的优秀球员寥寥无几。

2001年中国足协在册女子足球人口(一般各地上报的女子足球人口,包括女足业余人口)约为3万人左右,10年后该数字已减至1万多人,其中职业球员不足5000人,职业队注册女球员人数仅为400余人。国际足联最近公布的数据显示,女子足球开展最好的美国有300万女子足球注册球员,德国在册女子足球人口也突破了100万人。亚足联会员单位中,澳大利亚女子足球人口已达12万人,日本近3万人。

2010年,当中国足球深陷"假赌"丑闻的时候,临危受命的中国足球管理中心新任主任为了稳定中心内部的工作,对中心的结构进行了一次全面调整。女子部在这次调整中被取消,国家女子足球由此被划拨至国家足球队管理部。然而在国家足球队管理部人员少、各国字号球队备战时间局促的情况下,国家女子足球相对国家男子足球、国奥男子足球被"边缘化"似乎已成定势。2010年兵败亚洲杯,无缘德国世界杯后,女子足球渐渐远离了外界关注的视线。

二、女子足球世界杯

对女子足球运动员来说,女子足球世界杯奖杯不仅是声望最高的奖杯,也是她们梦寐以求的目标。女子足球世界杯的奖杯重2千克(4.5磅),高37厘米(14.95英寸),如图1-21所示。它是由位于米兰的萨瓦拉-莫罗尼公司的威廉·萨瓦亚设计的。所有的金属片都是镀金的,底座由磨光的大理石制成。底座上的大奖章是用磨光的黄铜制成,同样由黄铜制成的还有固定球的支撑架及球本身。女子足球世界杯奖杯不能被一个国家永久保存,它由国际足联拥有。世界杯冠军可以持有奖杯直到下一届比赛开始。

图 1-21　女子足球世界杯奖杯

（一）第一届女子足球世界杯

世界女子足球运动终于在 1991 年 11 月迎来了崭新的一天,在时任国际足联主席阿维兰热的鼎力倡导下,第一届女子足球世界杯终于举办了。1991 年 11 月 16 日至 11 月 30 日中国承办了该项赛事,众多热情的观众亲临赛场为女子足球运动员加油助威,汇集了 12 支参赛队伍的首届女子足球世界杯取得了空前的成功。

为了体现主办女子足球世界杯的宗旨,国际足联在历史上首次安排了 6 位女性加入到裁判队伍,其中主裁第 3、4 名决赛的巴西人克劳迪亚,成为第一位出现在世界杯赛场上的女性裁判员。

在广州天河体育场 65000 名观众的注视下,美国队在被中国媒体称作"三剑客"的锋线组合带领下,一路高奏凯歌。最终美国队凭借阿科尔斯在最后时刻的进球,以 2 比 1 战胜挪威队,捧起了首届女子足球世界杯的冠军奖杯,从而为美国迎来了足球历史上的第一个冠军。

（二）第二届女子足球世界杯

1995 年 6 月 6 日至 6 月 18 日,第二届女子足球世界杯在瑞典举行。

瑞典将本届世界杯变成了各个比赛所在地的狂欢节。比赛正好赶上当地的夏季中期,空气中充满了欢快气氛。瑞典人长期以来致力于推广女子足球运动,他们在选择本届世界杯比赛所在地上费尽了心思,在人口中等地区产生了非常大的影响。揭幕战一共有 14500 名观众亲临现场,为世界杯开了个好头,两周后的决赛也吸引了超过 112000 名球迷。

国际足联在本届世界杯赛上试行了暂停规则,开始时规定允许比赛双方在上、下半场分别各有一次2分钟的暂停时间,随着世界杯赛进程的延续,规则变得严了,每支队伍只允许有一次叫暂停的机会,并且还必须是在已方发界外球、门球和改变比分的时候。裁判员往往利用暂停时间与助理裁判员进行沟通。

本届世界杯一共有14名女性和11名男性参与了执法工作,瑞典人英格里德·约翰森成为第一位执法冠军决赛的女性裁判员。前18场比赛总共出示了42张黄牌,这也体现了国际足联在本届世界杯上所倡导的严格执法的要求。

6月15日,美国队与挪威队在半决赛中碰面,双方实力相当,比赛场面异常激烈,最终挪威队凭借阿荣内斯在第10分钟的进球淘汰了对手。另外一支杀入决赛的队伍是德国队,她们在半决赛中以1比0击败了中国队,进球的功臣是贝蒂娜·韦格曼。决赛中有超过17000名球迷冒雨观看了比赛,挪威队的瑞伊斯和佩特森帮助球队以2比0战胜了德国队,从而捧起了第2届女子足球世界杯的冠军奖杯。

(三)第三届女子足球世界杯

1999年6月19日至1999年7月10日,第三届女子足球世界杯赛在美国举行。20世纪最后一届女子足球世界杯为女子足球运动成功翻开了新的篇章,成为女子足球发展史上的一座里程碑。本届世界杯历时3个星期,320名世界上最优秀的女子足球运动员汇聚美国,赛事的规模达到了一个新的高度,比赛也首次被安排在超大型球场,无论是在现场观看还是收看电视直播、收听电台转播的人数都超过以往任何一届。现场观众人数达到了660000人次,进行报道的媒体也接近2500家,全部32场比赛都通过电视台进行现场直播。有接近4000万的美国人通过电视目睹了美国女子足球问鼎第三届女子足球世界杯冠军。

1999年7月10日,包括美国前总统比尔·克林顿在内的90185名热情球迷汇集在加利福尼亚州帕沙迪那的玫瑰碗体育场观看最后的决赛,在那里他们见证了美国队通过点球大战5比4险胜中国女子足球队。美国世界杯组委会主席玛勒·梅斯女士这样总结道:"本届世界杯是女性运动的一次独一无二的世界级盛会,在某种意义上,我们将被载入史册。"

(四)第四届女子足球世界杯

第四届女子足球世界杯原定于2003年9月23日至10月11日在中国举行。但是,由于当时中国正受到"非典"的严重侵害,国际足联在听了国际足联医学委员会的报告之后,通过了易地在美国举办的决议。最终,2003年9月21日至10月13日,第四届女子足球世界杯在美国举行。在本届世界杯决赛中,德国队凭借加时赛打入的一粒金球,以2比1击败瑞典队,首次夺得女子足球世界杯冠军。

在本届世界杯赛上,中国队在小组赛中以1比0胜加纳队,1比1平澳大利亚队,1比0胜俄罗斯队;在淘汰赛中中国队以0比1负于加拿大队,从而失去了参加决赛的资格。中国队在本届比赛中取得了第五名的成绩。

(五)第五届女子足球世界杯

第五届女子足球世界杯于2007年9月10日至9月30日在中国举行。本届女子足球世界杯一共打进111个进球,进球之多堪称历史之最。德国队和巴西队表现出惊人的战斗力,巴西队一共打进16个进球,德国队在打进21球的情况下竟然一球不失,这也创造了女子足球世界杯上的另外一个奇迹。巴西队的玛塔尽管在决赛中未能破门,但她依然以7个进球当选为本届世界杯的最佳射手,而且凭借半决赛中对美国队的上佳表现,将金靴奖、金球奖揽于一身。

回顾小组赛24场比赛,本届女子足球世界杯小组赛给大家印象最深的就是女子足球运动越来越男性化了,特别是朝鲜队、巴西队的几个进球,与男子足球比赛进球相比毫不逊色。

代表亚洲参赛的四支球队赛前并不被人看好,但除了日本队小组遗憾出局外,中国队、朝鲜队和澳大利亚队均杀入八强,与欧洲三强德国队、挪威队、英格兰队和美洲双雄美国队、巴西队一起组成世界女子足球领域的最强版图。

在世界足球小姐玛塔的带领下,桑巴军团展现出过人的天赋,特别是玛塔在比赛中的表现,让女子足球运动上升到了一个新的高度,最终巴西队以4比0横扫美国队,历史上首次进入决赛。就在大家一致看好巴西队将创造历史时,决赛上德意志姑娘给了她们当头一棒。尽管场面不占优势,但率先破门的依然是德国姑娘,这个进球彻底打乱了巴西队的部署。玛塔罚球点球不中后,巴西队彻底崩溃,历史没能改写,德国女子足球凭借连续7场不失球的惊人纪录,最终第二次站在了女子足球世界杯的最高领奖台上。

(六)第六届女子足球世界杯

2011年6月26日至7月18日,第六届女子足球世界杯在德国举行。德国总理默克尔出席了开幕式。本届世界杯上的一个最大亮点就是日本足球队代表亚洲,第二次闯入了半决赛。在与瑞典队的比赛中,日本队完全控制了比赛场面,全队的比赛意识和整体性犹如男足的巴塞罗那队或阿根廷队。日本队在先失一球的情况下,以3比1的比分战胜了瑞典队,昂首挺进决赛。

美国队在艰难地击败巴西队后（通过罚球点球）进入卫冕之战。

决赛于北京时间2011年7月18日3时在德国柏林奥林匹克体育场举行，国际足联主席布拉特观看了决赛。在决赛中日本队两度落后，两度搬平，最终在点球大战中以3比1战胜了强大的美国队，首次获得世界杯冠军，为亚洲争得了荣誉。

本届女子足球比赛是迄今为止最高水平的一届，相信女子足球运动会越来越受到人们的关注。

历届女子足球世界杯冠亚军榜如表1-4所示。

表1-4 历届女子足球世界杯冠亚军榜

届　次	年　份	举办国	冠　军	亚　军
第一届	1991年	中国	美国	挪威
第二届	1995年	瑞典	挪威	德国
第三届	1999年	美国	美国	中国
第四届	2003年	美国	德国	瑞典
第五届	2007年	中国	德国	巴西
第六届	2011年	德国	日本	美国

第七节　中国大学生足球运动

一、我国校园足球的概况

足球是大学生最喜爱的运动项目之一，我国几乎所有的高校都开展了校内足球比赛，足球运动在大学有着深厚的群众基础。新中国成立以来，全国性大学生足球竞赛活动日趋活跃、规范。

1963年举办了全国五城市（北京、天津、南京、杭州、上海）大学生足球邀请赛；1964年举办了全国八城市（北京、天津、广州、沈阳、重庆、武汉、西安、上海）大学生足球邀请赛；1965年举办了全国十城市（北京、天津、广州、沈阳、重庆、武汉、西安、呼和浩特、太原、上海）大学生足球邀请赛。

1981年第一届全国大学生"三好杯"足球赛在昆明、成都举行，有30个大学生足球队参加了比赛；1985年第二届全国大学生"长白山杯"足球赛在延边举行，有16个大学生足球队参加了比赛；1987年第三届全国大学生"黄果树杯"足球赛在贵阳举行，有16个大学生足球队参加了比赛；1996年第四届全国大学生"吉列杯"足球赛在上海举行，有16个大学生足球队参加了比赛。

2001—2005年,举办了"飞利浦杯"中国大学生足球联赛。2006—2011年,举办了"李宁杯中国大学生足球联赛"。2006—2010年,举办了"李宁杯中国大学生五人制足球联赛"。2004—2010年,举办了"中国大学生女子足球联赛"。

以飞利浦和李宁冠名的比赛由教育部、中国足协主办,每届联赛平均有447所学校参赛,比赛场次1329场。

二、我国大学校园足球的水平

我国大学生足球赛前四名相当于中国足协乙级队联赛中等偏上水平,其中2008年三峡大学、山东大学分别获得当年全国足协乙级队联赛决赛第四、五名。北京理工大学已在中国足协甲级队联赛中拼搏多年,代表了中国大学生足球最高水平。

我国五人制甲级队联赛10支队伍中,有7支队伍由学校冠名,它们分别是湖北大学、成都电子科技大学、北京工业大学、广州体育学院、三峡大学、大连海事大学和南京航空航天大学。

我国女超联赛队员大部分已获得大学学籍,但总体水平仍然较低。

三、大学足球的地位及龙头作用

大学是优秀运动员的来源地之一,高水平运动员是大学人才培养的一部分。韩国职业俱乐部运动员有70%出自大学,30%出自高中;半职业俱乐部运动员有65%出自大学,35%出自高中。其国家队23人中,15人出自大学(65.2%),8人出自高中(34.8%)。日本队中山雅史、名波浩,韩国队朴智星、洪明甫、黄善洪均出自大学。

借鉴日、韩经验,体育回归教育,建立具有中国特色的足球人才培养体系。义务教育是国家依法统一实施所有适龄青少年必须接受的教育,具有强制性、免费性和普及性,是教育工作的重中之重。将足球选拔球员的着重点放在初中毕业接受高中教育的学生中,在高中进行分流。依托国家中长期教育改革和发展规划纲要(2010—2020),巩固提高九年义务教育水平,加快普及高中阶段教育。

思 考 题

1. 简述现代足球运动的起源与发展。
2. 为什么说足球运动起源于中国?
3. 谈谈你对足球运动的认识。

4. 简述足球运动的特点与规律。
5. 简述现代足球运动的发展趋势。
6. 国际上有哪些重要足球赛事？
7. 简述世界杯足球赛。
8. 谈谈自己参与足球活动的经历和体会。
9. 如何才能提高中国足球运动的水平？

第二章

足球初级班基本技术教学

足球运动是一项技术动作复杂而又简单的体育项目。说它复杂,是因为它包括了无球技术中几十种技术动作和有球技术中几十种技术动作;说它简单,是因为只要能跑、能踢球,就能通过足球运动锻炼身体。

第一节 无球技术

无球技术对于提高比赛质量极为重要,对运动员整体能力的充分发挥,有着不可替代的作用。但无球技术的作用却不容易显露,许多球队因此忽略了无球技术的训练。无球技术主要包括起动、晃动、转身、跑、停、跳等。

一、起动

起动主要分为原地起动和运动中起动。

（一）原地起动

原地起动指运动员在一次激烈对抗后,进入体能调整时,根据场上情况使自己身体进入下一轮的跑动中。

动作要领:

(1) 头和肩迅速领先伸出。

(2) 蹬地并跟随短小步幅跑。

(3) 前几步保持低重心。

(4) 用力摆动两臂。

（二）运动中起动

运动中起动指运动员在身体处于位移的过程中（主要是在走或慢跑）,根据场上情况,使自己的身体快速进入比赛节奏所要求的跑动中。

动作要领:

(1) 随时观察场上情况,脚步处于预动状态。

(2) 用力蹬地并跟随短小步幅跑,依距离加大、加快步幅和步频。

（3）接触对手时保持低重心。
（4）自然摆动两臂。
起动练习的方法有以下几种。
方法一：正面站立起动跑。可采取站立式和半蹲式，听（看）到信号后，迅速起动冲刺2～3米的距离。
方法二：背面站立起动跑。听（看）到信号后，迅速转髋起动冲刺2～3米的距离。
方法三：侧身站立起动跑。以左右为前进方向进行练习。
方法四：坐式起动跑。
方法五：坐式背身起动跑。
方法六：跳起落地起动跑。

二、跑

足球比赛中的"跑"要求运动员必须随时能够起动、急跑、急停或减速，并通过扭转虚晃身体来及时改变运动方向。足球比赛中的跑与田径比赛中的跑主要不同点在于：田径比赛中"跑"的腾空时间长，而足球比赛中"跑"的腾空时间短。这是因为足球比赛中的跑需要随时改变速度和方向，必须使身体重心降低并使脚接近地面；双臂的摆动应比正常冲刺跑的幅度小，这样有助于身体平衡及敏捷地调整步法。

（一）快跑与中速跑

进行快跑与中速跑时，应依据比赛场上的即时情境，在制造"空当"时，应采取中速跑；在插入对方防守"空当"时，应快跑甚至是冲刺跑。在快跑或中速跑时，除了正确的身体动作之外，应保持身体重心的稳定，降低前腿及膝的高度，两臂摆动要适度、自然；注意腿的动作速度，避免腾空时间过长。

动作要领：
（1）保持身体重心稳定。
（2）降低前腿及膝的高度。
（3）两臂摆动要自然。
（4）注意腿的动作速度，避免腾空时间过长。

（二）冲刺跑

冲刺跑多用于后场截球后的反击，无球队员此时应选择进攻的最佳空间，快速冲刺到最合理的位置，接应同伴的传球，给对手致命一击。冲刺跑时身体向前的动力来自于蹬地，队员应保持身体的放松，头部不要晃动，摆臂有力但不要紧握双拳，以免引起全身肌肉的紧张。

提高冲刺跑速度的重要方法是增加步长,但不能因此而降低步频。步幅过大会降低速度,这是因为前腿在身体的前方过远处着地时,会有一个"短停"的阶段。

动作要领:

(1) 保持身体重心稳定。

(2) 降低前腿及膝的高度。

(3) 两臂摆动要自然。

(4) 注意腿的动作速度,避免腾空时间过长。

(5) 接近对方时,应合理运用手臂摆动,形成有利空间。

(三) 背身起动跑

练习方法:队员背对跑动方向,听信号后快速转身起动跑几步。这种练习主要是培养快速反应的能力和快速转身起动的能力。练习时注意听信号后转身起动要快速,起动要小步幅、高频率。

(四) 侧身交叉步跑

练习方法:队员侧对跑动方向,跑动时右脚交替从左脚前边和后边侧前跨,落于左脚的外侧前后方,以前脚掌落地屈膝支撑,上体自然放松。这种练习主要是提高髋关节的灵活性和下肢协调性。交叉跑步时的步幅要小,步频要快。髋关节内外转动变化要快,踝关节控制前脚掌着地的落地姿势变化要快。

(五) "S"形弧线跑

练习方法:慢跑中做"S"形弧线跑动。变向时上体向内倾斜。这种练习主要是提高跑动中调整身体姿势和支撑方法的灵活性和协调能力。练习时注意上体要随跑动路线的改变而左右倾斜。

(六) "Z"形跑

练习方法:快速跑动中不断改变跑动方向,使跑动路线呈现"Z"形。这种练习也是提高队员改变跑动方向的能力和灵活调整支撑步法的能力。练习时注意改变跑动方向前突然停止的步法调整,要以小步幅、快频率方式调整,上身前倾。

(七) 后退跑

练习方法:队员背对跑动方向,上体前倾含胸,左脚在后,右脚在前,斜线落地支撑。练习时先向左侧斜后方连续侧滑步退两步,然后右脚后撤转身交换方向变为左脚在前右脚在后,向右侧斜后方连续侧滑步后退两步。反复交换后退方向,重复侧滑步后退练习。这种练习主要是提高防守后退

移动步法的灵活性和身体调整的协调性和灵活性。练习时注意双脚始终保持一前一后斜线滑步后撤,步幅要小,步频要快。上身保持前倾。变化方向时撤步转身要迅速。

(八) 突停突起

练习方法:队员跑动中听到信号就突然停止跑动,再听到信号就突然起动。该练习是提高队员突然起动和突然停止时调整身体位移状态的能力。练习突然停止和突然起动时步幅要小,起动要快,上身要前倾。

(九) 跑动中转身

练习方法:队员向前慢跑中听到信号突然转身360°,然后继续向前跑。这种练习是提高队员的身体协调性、灵活性和快速调整支撑步法的灵活性。练习时注意转身支撑步法调整要快速灵活,重心要稍降低。

(十) 左右跳跨步

练习方法:在跑动中左右脚交替向左右侧前方跳跨,跳跨时身体腾空,前腿屈膝上摆,上身放松保持平稳。跳跨步幅稍大。落地时屈膝支撑缓冲。这种练习主要是提高下肢灵活性和协调性,使下肢三大关节及下肢肌内群得到活动,以免受伤。练习时注意跨跳步法要轻松灵活,富有弹性。

(十一) 晃动

晃动是指上身侧倾及以身体垂直轴为中心的扭转。多数晃动动作用以欺骗对手的重心向一侧移动从而失去平衡,达到突破对方防守的目的。

在无球状态下摆脱对手紧盯时,也应像有球一样,以肩、腿、髋和臂的虚晃达到欺骗对手的目的。晃动效果在很大限度上取决于急停、起动和转身这些无球技术的熟练程度。稳定性是保证完成上身最大幅度虚晃动作的基础。若稳定性差,假动作的逼真性和多样性就会受到限制。

动作要领:

(1) 抬头注视对手。

(2) 两臂在两侧自然张开。

(3) 利用身体的各部位实施晃动。

(十二) 跳起撞胸起动跑

练习方法:两名队员相对站立,距离50厘米,听到信号即快速跳起在空中胸部相撞,落地后转身快速起动跑。练习时胸部相撞要控制好身体重心,落地转身起动要快,动作要协调。

(十三) 跳起撞肩起动跑

练习方法:两名队员侧身而立,距离约一步,听到信号即快速跳起在空中相撞,落地后转身快速起动跑。练习时两肩相撞要控制好身体重心,落地转身起动要快,动作要协调。

三、保护

保护有倒地保护和跳起落地倒地保护两种。

（一）倒地保护

练习方法:两人一组用肩以下肘关节以上部位合理冲撞,队员倒地时不要硬撑,而要迅速团身转体顺势滚动,然后迅速站起。

（二）跳起落地倒地保护

练习方法:两人一组同时跳起模拟做空中争球,落地时身体失去平衡。倒地时不要用手硬撑,而要迅速屈膝、团身、转体、顺势滚动,然后迅速站起。

四、跳

对场上任何一个队员（包括守门员）来说,跳的形式有三种:双足跳、单足跳、跳越。单足跳比双足跳跳得高,两种跳的高度都需要正确的技术和腿部力量。另一种跳可以称为"跳越",这是队员在快速跑动中越过障碍物（队员身体的某一部分）的躲闪技术。

（一）双足跳

1. 动作要领

起跳时把身体重量均匀地分布于前脚掌,两脚基本与肩同宽,身体稍向前倾,头不要向前伸得太远,有力地向上甩臂,寻求最佳的屈膝角度以跳得更高。

2. 练习方法

方法一:在沙坑里做直腿双脚跳。

方法二:在沙坑里做屈膝双腿跳。

方法三:负重直腿跳。

方法四:在足球场上进行蛙跳练习。

方法五:团身跳。向上跳时双膝尽可能靠近胸部,双手尽可能抱膝。落地后,身体与地面保持垂直姿势。

方法六:波浪跳越障碍（足球）。跨越障碍着地时间要短,保持动作的连续性,障碍之间的距离可随时调整。

（二）单足跳

能否在单足跳中准确完成顶球动作或接球动作,与队员的球感密切相

关。跑、跳与触球的巧妙衔接,掌握精确的时机非常关键。若想在空中完成一些产生爆发力的身体动作,那么时机就更为重要。

1．动作要领

起跳时起跳腿置于身体前且脚跟先着地,身体稍后倾以协助制动,起跳腿屈膝以便用力蹬地,后腿随屈膝动作摆起,同时两臂用力前上摆,力求全力向上,避免向前。

2．练习方法

方法一:在沙坑里做单腿跳,一组次数不宜过多,一般以 10 次为宜。随着腿部力量的增强,可以适当增加次数。

方法二:在沙坑里做两腿交换跳。

方法三:两腿交换负重跳。

方法四:在足球场上进行单腿前进跳练习。

方法五:在足球场上进行两腿交换前进跳练习。

五、无球技术游戏练习

无球技术游戏练习适宜安排在课的开始部分。若能给这些游戏冠以不同的名称,以后再用会方便得多。以下游戏含大量无球技术练习,且相当一部分是追逐游戏。同一种游戏在由跑改为单足跳时,便可服务于不同的目的。单足跳是一种很有价值的活动,适用于初级班、中级班和高级班队员的练习。

（一）两人拍背

这是为了提高反应动作和上身动作的灵活性。

练习方法:两人在直径 2 米的圆圈内面向站立,设法拍击对方的肩背部,并防止对方击中自己的肩背部,在规定的时间内(如 1 分钟),拍击次数多者为胜。

（二）反应起跳

这是为了提高反应动作速度。

练习方法:多人一组在半径 2 米的圆圈内,1 人站在圆心手持竹竿(竿长超过半径)。游戏开始,持竿者将竹竿扫过站圈者的脚下画圆,竹竿可以突然变向,被击中者(脚被击中者)进圈持竿继续进行游戏。

（三）听（看）信号追逐

这是为了提高反应动作速度和灵敏度。

练习方法:两队相距 2 米站立,事先规定单数、双数。听（看）到信号后,是单数则单数队跑,双数队追逐;反之,则单数队追逐。在足球场上规定一定的追逐跑距离,以触摸到队员为胜。

（四）起动追逐跑

这是为了提高反应动作速度和灵敏度。

两人一组前后相距 2 米站立,听到信号即开始追逐跑,后者追上前者并拍打前者背部后停止。距离为 15 米。

（五）抢球游戏之一

这是为了提高反应动作速度和灵敏度。

练习方法:用足球围成一个圆圈,球数比参与人数少 2～5 个。游戏开始,队员围绕球的圈外慢跑,听到信号后就近抢球并将球控制在自己的脚下。

（六）抢球游戏之二

这是为了提高反应动作速度和灵敏度。

练习方法:在一圆圈中间放 2～5 个足球,球数比参与人数少 2～5 个。队员围圆圈背向做侧滑步练习,听到信号后迅速转身抢圆心堆放的球,并将球控制在自己的脚下。

（七）抢球游戏之三

这是为了提高反应动作速度和灵敏度。

练习方法:在一圆圈中间放 2～5 个足球,球数比参与人数少 2～5 个。队员围圆圈背向卧地做俯卧撑练习,听到信号后迅速转身抢圆心堆放的球,并将球控制在自己的脚下。

（八）抢球游戏之四

这是为了提高反应动作速度和灵敏度。

练习方法:在一圆圈中间放 2～5 个足球,球数比参与人数少 2～5 个。队员围圆圈背向坐地做仰卧起坐练习,听到信号后迅速转身抢圆心堆放的球,并将球控制在自己的脚下。

六、提高无球技术的方法

无球技术虽然非常重要,但这一技术的训练多不受重视,主要是因为任何人都能跑、跳、停、起动、晃动及转身。从专业训练角度来讲,无球技术的练习枯燥无味。队员在平时的无球技术练习中可与体能练习结合起来。为增强无球技术练习的乐趣,可考虑以下练习方案:

(1) 设计一些包括含竞争性的无球技术练习,其中有些练习穿插一个或几个无球技术,以此来调动积极性,同时提高无球技术水平。

(2) 通过无球技术练习进行热身活动。
(3) 在体能训练中安排一些无球技术练习。
(4) 练习过程中对全队普遍错误及个别错误进行纠正与辅导。

队员在足球初级班的学习中,就应重视大量无球技术的练习。其重点应放在急停、稳定性和平衡力三个方面。通过足球初级班增强身体素质,同时不断提高无球技术能力。当队员参与中级班或高级班足球比赛时,不应考虑无球技术动作正确与否,而应把注意力集中在运用技巧上。

第二节 运 球

一、熟悉球性练习

(一) 脚底前后移动踩揉球练习

1. 动作要领

原地站立,支撑脚膝关节微屈,维持身体重心的平衡,两臂自然张开保持身体平衡与稳定。踩揉球体画圆时踝关节要保持适度紧张,以确保对足球的控制。

2. 练习方法

练习时先由前脚掌踩球缓慢前推后拉,进而是整个脚底的前后踩拉球。

(二) 前脚掌在球顶面做画圆揉球练习

1. 动作要领

原地站立,支撑脚膝关节微屈,维持身体重心的平衡,两臂自然张开保持身体平衡与稳定。揉动球体画圆时踝关节要保持适度紧张,以确保对足球的控制。

2. 练习方法

右(左)脚掌轻踩在球的顶部,脚跟稍稍提起,从内向外画圆揉动球体。练习数次后,改为从外向内画圆揉动球体。

揉动球体画圆时先小后大,先慢后快,根据动作的熟练程度逐渐提高动作的幅度与速度,要逐渐将眼睛从注视球过渡到用余光看球甚至不看球,双脚轮流练习。

(三) 脚掌、脚内外侧左右揉球

1. 动作要领

原地站立,支撑脚膝关节屈曲支撑身体重心,上身略前倾,两臂自然张开维持身体平衡。揉球的踝关节要适当紧张保持脚型,要以踝关节为主控制球的来回滚动幅度和速度。在动作熟练后,要注意抬头,只用余光看球,动作速度要逐渐加快,动作幅度也要逐渐加大。

2. 练习方法

球在支撑脚的前侧方,运球脚掌轻踩在球的上部,向左右横向来回揉滚球(触球的部位依次是脚掌、脚内侧、脚外侧)。揉滚时踝关节适当紧张保持脚型,始终控制球经过脚掌在脚内侧下缘部位与脚外侧下缘部位之间来回移动。

(四)脚掌、脚背外侧、脚背正面、脚内侧绕球转动揉球

1. 动作要领

踝关节要随球滚动绕球转动,运球脚要始终与球相接触,好像球黏在脚上。支撑脚一定要屈膝稳固支撑身体重心,以确保运球脚能够自如完成动作。两脚交替进行。

2. 练习方法

揉动画圆时,运球脚踝关节随着球滚动内收绕球转动一周,从用脚掌踩拉过渡到用脚背外侧、脚背正面、脚内侧轻拨球。

(五)脚内侧提拉脚掌停

1. 动作要领

注意控球脚要始终与球保持接触。提拉球时踝关节要适当紧张以增强踝关节对球的控制力。提拉球时支撑脚要稳固支撑身体重心,以保证控球脚自如完成技术动作。

2. 练习方法

原地站立,左脚站在球的左前方,右脚用脚内侧部位触球的侧后下部向前上方提拉球,然后用脚掌将球踩住。左脚练习与右脚同。

(六)脚背正面提拉、脚掌回踩

1. 动作要领

注意提拉回拖的过程中脚始终与球黏在一起,踝关节屈伸要协调灵活,运球脚在向前摆时,膝关节要屈曲向前上方摆动,支撑脚要稳固支撑身体重心,保证运球脚自如地完成动作。

2. 练习方法

原地站立,支撑脚屈膝支撑身体重心,球在支撑脚的内侧稍后位置,运球脚屈膝以髋关节为轴向前摆腿,在运球脚前摆过程中运球脚以脚背正面触球向上提拉球,使球沿脚背正面上部滚动到脚背正面前部直到脚尖部位,然后用脚掌踩在球的上部将球向回拖拉。

（七）双脚脚掌交替向外踩拉

1. 动作要领

注意踝关节控制球要精确，脚内侧停球时，踝关节要适当紧张以保持一定的脚型，身体重心随球左右移动，在脚侧停球时稍有停顿，动作的速度逐渐加快，动作的幅度逐渐加大，逐渐抬头。

2. 练习方法

原地站立，支撑脚屈膝支撑身体重心，控球脚掌踩在球上部向外踩拉球，然后用脚内侧将球停住，随后踩拉球脚落地改为支撑，换另一只脚做脚掌向外踩拉脚内侧停球动作。

（八）双脚脚外侧交替向外踩拉

1. 动作要领

练习时注意脚与球始终黏在一起，踝关节适当紧张保持对球的控制，上身要放松。

2. 练习方法

原地站立，左脚踝关节内翻用左脚外侧触球向外侧横拉踩球脚内侧停球。向外横拉踩球过程中使脚触球的部位依次是脚外侧、脚掌、脚内侧。然后换右脚进行练习，动作相同，方向相反。

（九）双脚交替脚掌横拉、脚外侧停

1. 动作要领

注意控制好踝关节的用力程度和脚外侧停球时踝关节背屈（即脚背稍向上抬起，保持一定的触球脚型）的程度。脚背外侧停球时，身体重心移动下落稍有停顿。

2. 练习方法

原地站立，左脚脚掌（向支撑脚一侧）横拉球，当球从脚掌外侧脱离时左脚顺势用脚背外侧将球停住，身体重心随控球脚拉球而移动。

（十）双脚交替脚掌横拉、脚内侧停

1. 动作要领

注意控制好踝关节的动作变化和触球状态，特别注意横拉时身体重心移动要平稳，支撑脚要始终保持屈膝支撑状态，上身前倾。

2. 练习方法

右脚脚掌将球向支撑脚一侧前方横拉，拉球后迅速落地支撑在球的前内侧，脚尖与球滚动方向基本垂直，指向球体，然后换左脚脚内侧将球停住。

二、运球（带球跑）的技术动作分析

带球跑是指在跑动中用脚的各种部位向前方推击球，使球始终处在身体周围的控制范围之内的技术。带球跑是个人控制好球最基本的能力，只有掌握好带球跑的各个部位的控球技术，才能将运球突破技术运用于比赛中。

（一）脚背内侧带球跑

动作要领：身体稍侧转并自然协调放松，步幅小，上体前倾，带球脚提起外展，膝微屈外转，脚跟提起，脚尖外转，使脚背内侧正对带球方向，在带球脚落地前用脚背内侧推拨球，使球随身体前进。脚背内侧带球跑多在向内改变方向并需要用身体掩护球时使用。

（二）脚背外侧带球跑

动作要领：带球跑时身体保持正常跑动姿势，上体稍前倾，步幅不宜过大，带球腿提起，膝关节稍屈，髋关节前送，脚跟提起，脚尖内转下指，在带球脚落地前用脚背外侧推拨球的后中下部。脚背外侧带球跑多在向外改变方向时使用。

（三）脚内侧带球跑

动作要领：要求在带球跑前进时支撑脚始终领先于球，位于球的侧前方，肩部指向带球方向，支撑脚膝关节微屈，重心放在支撑脚上，另一条腿提起屈膝，用脚内侧推球前进。

三、运球（带球跑）技术介绍

（一）拨球

利用脚踝关节向内侧的转动，以到达用脚背内侧或脚背外侧触球，将球拨向身体的前方、侧方和侧后方。

（二）拉球

拉球一般是指用脚底将球从前方后拖的动作，或用脚内侧将球由身体右侧拖向左侧和用脚外侧由左侧拖至右侧的动作。

向前运球或原地控制球时，当遇对手伸脚抢球时，运球或控球者用拉球动作将球拉向一侧，然后改变球方向以突破对手。

（三）扣球

这是运用转身和脚腕急转压扣的动作，以使内侧或外侧部位触球，将球迅速停住或改变方向。用脚背内侧扣球叫里扣；用脚背外侧扣球叫外扣。

四、运球(带球跑)技术动作练习方法

(一)模拟脚内侧带球跑

1. 原地模拟带球跑练习

方法一:原地模拟脚内侧带球跑。两脚略宽于球的距离站立,双膝微屈,做动作时,脚尖稍跷起,感知两脚之间有球在脚的推动下左右移动。

方法二:向前移动模拟带球跑。两脚呈外"八"形,做动作时,双膝微屈,脚尖稍跷起,感知两脚之间有球在脚的推动下向前移动。

方法三:左右移动模拟脚内侧扣球。

2. 脚内侧带球跑练习

方法一:原地脚内侧敲击球练习。开始时,两脚略宽于球,能控住球时,两脚可适当站开,使球来回运行的距离更长些。

方法二:向前移动带球跑。两脚呈外"八"形,做动作时,双膝微屈,脚尖稍跷起,通过两脚内侧推球向前移动。

方法三:左右移动脚内侧扣球练习。

(二)脚背内侧带球跑

1. 脚背内侧模拟带球跑练习

方法一:原地模拟脚背内侧带球跑。反复做脚背内侧带球时的脚型练习。

方法二:行进间模拟脚背内侧带球跑。两脚略宽于球的距离站立,双膝微屈,做动作时,脚背内侧向下紧绷,感知两脚之间有球在脚的推动下前行,先右脚后左脚,注意支撑脚跟上运球脚。

2. 脚背内侧带球跑

方法一:原地反复做脚背内侧横向带球跑的练习。

方法二:两脚略宽于球的距离站立,双膝微屈,做动作时,脚背内侧向下紧绷,用左、右两脚的脚背内侧推动球向前移动。注意支撑脚跟上运球脚。

方法三:脚背内侧"8"字形绕行练习。

方法四:脚背内侧、脚内侧直线带球跑练习。

(三)脚背外侧带球跑

1. 脚背外侧带球跑模拟练习

方法一:反复做脚背外侧带球时的脚型练习。

方法二:两脚略宽于球的距离站立,双膝微屈,做动作时,脚背外侧向

下、向内紧绷,感知左、右外脚背之间有球在脚的推动下前行,先右脚后左脚,然后左右移动练习。注意支撑脚跟上运球脚。

方法三:两脚略宽于球的距离站立,双膝微屈,做动作时,脚背外侧向下、向内紧绷,感知左(右)外脚背有球在脚的推动下前行,先右脚后左脚。注意支撑脚采取小碎步跟上运球脚。

2. 脚背外侧带球跑

脚背外侧带球跑如图 2-1 所示。

图 2-1 脚背外侧带球跑

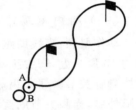

图 2-2 "8"字形绕行练习

方法一:原地反复做脚背外侧带球的练习。

方法二:用左、右两脚的脚背外侧推动球向前移动。注意支撑脚跟上运球脚。

方法三:双脚脚背外侧"8"字形绕行练习(见图 2-2)。

方法四:脚内侧、脚背内侧、脚背外侧直线带球跑练习。

(四)脚底带球跑

脚底带球跑一般是指用脚底将球从前方后拖或向左右拖动的动作。向前运球或原地控制球时,当遇对手伸脚抢球时,运球或控球者用拉球动作将球拉向一侧,然后改变球的运动方向以突破对手。

1. 脚底原地带球练习

方法一:原地脚底点球练习。

方法二:原地左、右脚脚底向左右拉球练习。

方法三:原地单脚脚底、脚内侧、脚背外侧拖拉球练习。

2. 脚底带球跑练习

方法一:脚底向前推球练习。

方法二:脚底向后拉球练习。

第三节 踢 球

踢球的方法很多,但无论哪一种踢球技术方法都是由助跑、支撑、摆腿、脚触球和踢球后的随前动作五个环节组成。比赛中经常用脚的各个相应部位踢定位球、地滚球、空中球、反弹球和蹭球。

一、常用部位踢球的技术动作分析

不同部位踢球时其技术动作方法有所不同。在初级班主要学习原地脚内侧踢球和脚背内侧踢定位球。以下介绍这两种部位踢各种不同形式的球。

(一)脚内侧踢球(脚弓踢球)

动作要领:直线助跑,支撑脚的最后一步稍大一些,支撑脚站在球的侧面约15厘米处,脚尖正对触球方向,踢球脚的脚跟与支撑脚的内侧呈90°,支撑脚膝关节微屈。踢球脚大腿带动小腿由后向前摆动,在前摆的过程中大腿外展,当膝关节的摆动接近球的正上方时小腿做爆发式摆动,在触球前将脚跟送出使得脚内侧部位所形成的平面与出球方向垂直,踢球脚底与地面平行,脚尖微微跷起,踝关节功能性的紧张使脚型固定,触击球后身体跟随移动,髋关节向前送。

1. 敲击法踢球

敲击动作的突出表现是后摆小、前摆快,击球动作急而快速,击球后具有较明显的突停和控制脚的动作。这种击球动作出球平直而急,多用于直接传球和近距离射门。在触球时身体的重心保持在支撑脚上,以保证击球脚可以任意摆踢(见图2-3)。

2. 推送法踢球

推击球动作的突出表现是踢球脚必须随球前送,当脚触球时,运用支撑脚后蹬所产生的身体重心向前平移的速度平稳推球,一般传远距离的地滚球采用此技术动作。在触球的一瞬间身体重心落在支撑脚上,上身稍后倒,击球时踢球腿和身体随球前移(见图2-4)。

图2-3 脚内侧踢定位球(敲击法)

3. 脚内侧踢凌空球

直接踢空中球时,大腿在踢球前先抬起,小腿拖在后面,脚内侧对正出球方向,利用小腿的摆动平敲

图 2-4　脚内侧踢定位球(推送法)

球的中部。如果要踢出低球或高球,可踢球的中上部或中下部(见图2-5)。

图 2-5　脚内侧踢凌空球

(二) 脚背内侧踢球(内脚背踢球)

动作要领:斜线助跑,助跑方向与出球方向约呈 45°角(见图2-6),脚触球部位见图 2-7,最后一步稍大,以支撑脚积极着地支撑,脚尖指向出球方向,距球内侧后方 20~25 厘米,膝关节微屈。在支撑同时,踢球腿已完成后摆,并开始以髋关节为轴,大腿带动小腿由后向前摆动,当大腿摆至与支撑腿接近同一平面时,小腿做爆发式摆动,此时脚尖外转,脚背绷直,以脚背内侧部位触击球(见图 2-8、图 2-9)。击球后踢球腿及身体继续随球向前。

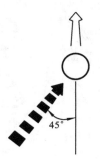

图 2-6　助跑方向与出球方向约呈 45°

图 2-7　脚触球部位

图 2-8　以脚背内侧部位触击球(1)

图 2-9　以脚背内侧部位触击球(2)

二、踢球的技术动作分析

(一)脚背正面踢球(正脚背踢球)

动作要领：直线助跑，最后一步稍大些，支撑脚积极着地支撑，在球的侧面 10～12 厘米处，脚尖正对出球方向，膝关节微屈，踢球脚随跑动方向摆动，小腿屈曲，踢球脚以髋关节为轴，大腿带动小腿由后向前摆动，当膝关节摆至接近球的正上方时，小腿做爆发式摆动，脚趾屈，以脚背正面部位击球的后中部。击球后身体及踢球腿随球前移(见图 2-10)。

图 2-10　脚背正面踢球(正脚背踢球)

(二)脚背外侧踢球(外脚背踢球)

动作要领：助跑，支撑脚站位及踢球腿摆动均与脚背正面踢球技术的三个环节相同,脚触球时用脚背外侧部位。此时要求膝关节和脚尖内转,脚背绷紧,脚趾紧屈并提膝,触击球后身体随踢球腿的摆动前移(见图2-11、图2-12)。

图2-11　脚背外侧踢球(1)

图2-12　脚背外侧踢球(2)

（三）脚尖踢球(脚尖捅球)

脚尖踢球(脚尖捅球)是一种用脚尖部位接触球的方法。由于脚尖踢球时出球非常迅速,在比赛中很少使用,只是在场地泥泞或身体离球较远又有对方争夺时使用。小腿做爆发式摆动是脚尖踢好球的关键。在对方球门区也可采用此技术射门。

（四）脚跟踢球

脚跟踢球是用脚跟部位将球踢到身体后面的踢球方法。球在支撑脚内侧时踢球脚自然前跨到球的前方,然后以膝关节为轴,小腿突然快速后摆,踝关节紧张用力,以脚跟触球的前中部,将球向后踢出。用脚跟踢球时应注意动作的隐蔽性,其主要目的是欺骗防守者,达到出其不意的效果。脚跟传球一般多在前场和中场使用。

三、各种踢球方式应注意的问题

(1) 助跑是踢球前的跑动。助跑时要特别注意最后一步支撑脚的跨步选点动作,它直接关系到人与球位置之间的关系,也影响着踢球动作的质量和出球的效果。

（2）踢球脚在触球的一瞬间，踝关节一定要紧张用力，保持好脚型。这样一方面可保证踢球的质量，另一方面还可避免关节的损伤。

（3）踢球时摆腿的方向、击球点和脚接触球的部位都应做到正确，才能保证踢球达到目标。

（4）助跑和腿的摆动是踢球力量的主要来源，因此动作要协调，要特别注意小腿的后屈与加速前摆。

（5）踢活动球时，支撑脚的落地选点应考虑到摆腿的时间，如踢顺向滚动的球，要踩在球的侧前方，当腿摆至触球部位时，球恰好滚到支撑脚的合适位置。

（6）初学踢球时，不论用脚的哪个部位踢球，都要学会在头脑中回忆踢球的五个基本技术环节动作，在脑中闪现一个明星踢球的动作，并有意去模仿这个动作。在踢球前的一瞬间，两眼一定要注视球。

四、常用踢球部位的主要特点

（1）脚内侧。出球稳定，易于控制好传球点，多用于传地面球和蹭球。

（2）脚背内侧（里脚背）。球的速度快、力量大、距离远，多用于长距离传球、射门。

（3）脚背外侧（外脚背）。传球控制面大，隐蔽性好，多用于近距离传球和踢定位球。

（4）脚背正面（正脚背）。力量大，球速快，多用于踢凌空球。

（5）脚尖。踢球突然、快速、力量大，多用于在球门区附近捅射及抢截球时铲球。

（6）脚跟。隐蔽性强，多用于中前场进攻配合。

五、踢球技术动作练习方法

（一）脚内侧踢球

1．原地模拟脚内侧踢球技术练习

方法一：队员原地做脚内侧踢球脚型固定练习。

方法二：队员站在一条直线上，支撑脚脚尖面向出球方向，呈90°支撑站立。做脚内侧踢球的模拟练习。

方法三：在教师口令指挥下做脚内侧模拟踢球练习。口令"1"，队员自然摆腿；口令"2"，模拟脚内侧击球。

队员支撑脚上一步做脚内侧踢球的模拟练习。

方法四：两人一组脚内侧对踢模拟练习。两队员相对站在一条横线上，支撑脚脚尖面向出球方向。通过有节奏地摆腿、踢球,相互踢准对方的脚内侧,控制好击打一瞬间的力度。

2. 脚内侧踢球练习

方法一:一队员脚底踩球,另一队员通过有节奏地摆腿、踢球,完成一定的次数后交换位置练习。

方法二:两人一组脚内侧对踢球练习。两队员相对站在一条横线上,球的直径压在横线上,两人同时用脚内侧踢球,应使球始终留在原来的点上。

方法三:两人一组相距3米,一人脚内侧踢球,一人控制好脚型回传。踢球队员必须停好球后踢出球,回传球队员必须集中注意力控制好脚型,一次性回传球。

方法四:队员两人一组在3米距离上对踢。

(二)脚背内侧踢球

1. 脚背内侧模拟踢球练习

方法一:做大腿带动小腿的摆腿练习。

方法二:队员原地做脚背内侧踢球脚型固定练习。

方法三:做摆腿与脚背内侧脚型出球一瞬间踢球动作的模拟练习。

方法四:做支撑脚上三步模拟踢球的练习。以右脚踢球为例,先出左脚,以左脚支撑,最后一步稍大,右脚踢球。

2. 脚背内侧踢球练习

方法一:两人一组做脚背内侧踢球练习。一队员脚底踩球,另一队员有节奏地摆腿、踢球。

方法二:队员原地做正脚背前1/3部的蹭球练习。

方法三:脚背内侧在罚球区外任意点对球门的踢球练习。

方法四:两人一组在20米距离上用脚背内侧踢球。

第四节 掷界外球

掷界外球看似无足轻重,我国许多专业书甚至没有介绍,实际上在比赛中起着不可替代的作用。在许多高水平的比赛中,越来越多的球队利用掷界外球技术好的队员组织进攻。尤其在前半场,掷界外球如果运用得好,可起到事半功倍的进攻效果。

一、掷界外球的技术动作分析

把比赛中越出边线的球掷入场内是一次很好的进攻机会。由于掷界外球不受越位的限制,因而可为进攻创造有利条件。之所以把掷界外球专门作为一节来写,除以上原因外,还在于在一些比赛中一些队员在掷界外球时容易被判违例。

比赛规则对掷界外球技术动作要求十分严格。许多队员可能还没有意识到,在比赛中往往由于掷球动作错误会失掉一次很好的进攻甚至是得分的机会。因此,有必要谈谈掷界外球的技术。

从动作的结构上考虑应按准备姿势—蹬地—摆上体收腹—挥臂—甩腕、拨指的顺序进行。

1. 原地掷界外球

动作要领:身体面对出球方向,两脚前后开立,屈膝后仰,两手自然张开,拇指相对持球的后侧部并屈肘置球于头后。掷球时,后脚用力蹬地,依次进行摆上体收腹、挥臂、甩腕,迅速有力地将球掷向预定目标。

整个动作可用移重心、蹬地、挺髋、挥臂、甩腕、拨指来概括。要求从蹬地开始发力,由下至上协调连续地将球掷出。按规则要求全身协调用力地完成掷球动作(见图2-13)。

图2-13　原地掷界外球

2. 助跑掷界外球

动作要领:助跑轻松自然,垫步的同时双手持球举过头顶。当最后一步踏地时,后脚开始蹬地,并且按照原地掷界外球的方法将球掷出。注意助跑与掷球动作的衔接。充分利用助跑获得的速度,全身协调用力完成掷球动作。

二、掷界外球的技术动作练习方法

1. 原地掷界外球

方法一:发展上肢力量、腰腹力量及腿部力量的练习。在足球场地,可进行俯卧撑、仰卧起坐、半蹲跳、下蹲跳练习。

方法二:持球方法和准备姿势的练习。

方法三:掷界外球的模仿练习(见图 2-13)。

方法四:近距离掷球。两人一组相距 5~7 米进行互掷球练习,重点体会用力顺序及方法,逐渐提高动作的协调性和连续性。

方法五:远距离掷球。两人一组相距 10~15 米进行互掷球练习,在不违例的情况下,重点解决球要掷的远,掷的准确的问题。

方法六:掷准练习。两人或多人一组,在场地内放置目标,看谁掷得准。此方法也可采用游戏的形式进行。

方法七:结合头顶球技术进行综合练习。

2. 助跑掷界外球

方法一:发展上肢力量、腰腹力量及腿部力量的练习。在足球场地,可进行俯卧撑、仰卧起坐、半蹲跳、下蹲跳练习。

方法二:无球的助跑及垫步练习,以垫步练习为主。

方法三:做无球的助跑、垫步、引臂、蹬地练习,着重体会助跑与蹬地的有机结合。

方法四:完整技术的模仿练习。重点体会助跑与掷球的衔接。

方法五:在教师的口令下,集体进行以上方法二、方法三、方法四内容的练习。

方法六:掷远。两人一组,相距 15~20 米进行助跑掷球练习,在熟练、协调动作的基础上逐渐加大掷球的距离。

方法七:掷准。掷球击打 15~20 米距离的标志墩。

三、掷界外球的规则要求

当球的整体不论在地面或空中越出边线时,应由出界前最后触球队员的对方队员,在球出界处掷向场内任何方向。

掷球时,掷球队员必须面向球场,两脚均应有一部分站立在边线上或边线外,不得全部离地,用双手将球从头后经头顶掷入场内。球一进场内比赛立即恢复。掷球队员在球被其他队员踢或触及前,不得再次触球。掷界外球不得直接掷入球门得分。掷界外球没有越位。

若球未按规定的方法掷入场内,应由对方队员在原处掷界外球。若掷球队员掷球入场后在球被其他队员踢或触及前再次触球时,应由对方队员在犯规发生地点踢间接任意球。

第五节 守门员技术介绍

在足球比赛中,守门员是唯一能用手触球的球员,但他只能在本方罚球区内用手触球，否则会被视为犯规。守门员比赛的服装必须与己方球员的不同，以便于分辨身份。一名出色的守门员必须有高大的身材，敏捷的身手，良好的弹跳力、判断力，反应迅速，并具备守门员的各项扑救球的技术。

一、守门员的技术动作分析

（一）选位

动作要领：对方射门时，守门员一般应站在射门点与两门柱形成角的平分线上，当对方队员运球逼近或近射时，守门员应及时出击前迎，以便缩小射门角度或扑脚下球。当对方远射时，可适当靠前站，但要防备对方吊射。当球推进到中前场时，守门员可前移到罚球点球点附近。在保证能够及时回位的情况下尽量扩大活动范围。

图 2-14　准备姿势

（二）准备姿势

动作要领：两脚左右分开与肩同宽，两膝弯曲，脚跟稍提起，身体重心放在两脚掌上，上体稍前倾（见图 2-14）。

（三）移动

动作要领：为了更好地截获和接住对方的传球和射门，守门员必须根据球和人的位置变化而随时调整自己的位置。可采用向左右移动调整位置，向左右移动时一般采用侧滑步和交叉步两种步伐。

1. 侧滑步

向左（右）侧滑步时，先用右（左）脚向右（左）用力蹬地，同时左（右）脚稍离地面向左（右）滑步，右（左）脚快速跟上，并立即成准备姿势，眼睛注视来球（见图 2-15）。

2. 交叉步

向左（右）侧做交叉步时，身体先向左（右）侧倾斜，同时右（左）脚向右（左）用力蹬地，并快速向左（右）前方跨出一步，成交叉步，接着左（右）脚向左（右）侧移动，并蹬地跃出（见图 2-16）。

（四）接球

1. 接地滚球

动作要领：接地滚球有直腿式和单腿跪撑式两种方法。直腿式接球时，两腿直膝自然并立，上体前屈，两臂自然下垂并肘，两手小指靠近，掌心向前。在手指触球的一刹那，随球后引并屈肘、屈腕，将球抱于胸前（见图 2-17）。

图 2-15 侧滑步

图 2-16 交叉步

图 2-17 直腿式接地滚球

单腿跪撑式接地滚球时,身体正对来球,两脚左右开立,一腿屈膝,另一腿内转跪撑,膝关节接近地面并靠近屈膝的脚跟,两手随球后撤并屈肘,屈腕将球抱于胸(见图2-18)。

图 2-18 单腿跪撑式接地滚球

2. 接平直球

动作要领:平直球又分为低于胸部和齐胸高两种。接低于胸部的平直球时,首先脚步移动使身体正对来球,两脚左右开立,上体稍前倾,两臂并肘前伸,两手小指相靠,手掌对球。当手触球的一刹那,两臂随球后撤并屈肘,顺势将球抱于胸前。接齐胸高的平直球时,先脚步移动使身体正对来球,两脚左右开立,两臂屈肘,手指微屈向上,手掌对球,两拇指相靠。当手触球的一刹那,手指、手腕适当用力,随球顺势屈臂后撤,转腕将球抱于胸前(见图2-19)。

图 2-19 接齐胸高的平直球

3．接高球

动作要领：先判断球的运行轨迹，确定接球点，迅速移动并起跳，两臂上伸迎球，手掌对球，手指自然分开，两手拇指相对成"八"字形（见图 2-20）。

图 2-20 两手拇指相对成"八"字形

当手触球的一刹那，手指、手腕适当用力将球接住，并顺势屈肘，下引，转腕将球抱于胸前（见图 2-21）。

图 2-21 接高球

（五）扑球

1．扑两侧的低球

动作要领：扑接左侧低球时，右脚迅速蹬地，左腿屈膝向左侧跨出一步，身体向左侧倾倒，左脚着地后，随之小腿、大腿、臀部、上体和手臂的外侧依次着地，同时两臂向球伸出，左手掌心正对来球，右手在左手前侧上方，两拇指靠近,手腕稍向里弯,触球后把球收回胸前,然后站起(见图2-22)。反之亦然。

图2-22 扑两侧的低球

2. 鱼跃扑地滚球

动作要领:扑球时,屈膝降低重心,在身体向扑球方向侧倒的同时,同侧脚用力蹬地跃出,空中展体,两臂向球伸出,两拇指相对,手掌对球。手触球时,手指和手腕用力,以屈肘、扣腕的连续动作将球抱于胸前,同时屈膝团体。落地时以两手按球,前臂、肘、肩部、上体侧面、臀部、大腿、小腿依次着地(见图2-23)。

图2-23 鱼跃扑地滚球

3. 扑接侧面平高球

动作要领:身体重心移向靠近来球一侧的脚上,该脚用力蹬地向侧面跃出,身体展开,两臂向球伸出,两拇指靠近,手指自然张开,手掌对球。当手触到球时,以扣腕动作将球接住。落地时,两手按球,前臂、肘、肩部、上体侧面和下肢依次着地,同时屈肘、转腕将球抱于胸前,并屈膝团体(见图2-24)。

4. 扑接脚下球

动作要领:当对方带球逼近球门或近球门处接球准备射门时,守门员应果断前迎,缩小对方射门角度。守门员在对方运控球时脚刚推拨球后,立即出击扑脚下球。扑球时两腿弯曲,重心降低,上身前倾,后脚用力蹬地,前脚屈膝向前跨出,使身体向侧或侧前倾倒,两臂向球伸出,两手靠近,手指自然分开接球。身体侧面着地,并屈腿团体,将球抱在胸前。

图 2-24 扑接侧面平高球

(六)拳击球

动作要领:当球门前出现高空球,并有对方队员争顶时,守门员为了避免接球脱手,可采用拳击球。拳击球一般可分为单拳击球和双拳击球两种方法。单拳击球时,先判断球的运行路线并确定击球点,助跑单脚起跳,屈肘握拳于肩前,击球前的一刹那,快速出拳,以拳面击球(见图 2-25)。

图 2-25 单拳击球

图 2-26 双拳击球手势

双拳击球时,判断来球并起跳,两臂屈肘握拳于胸前,两拳靠拢,拳心相对(见图 2-26)。

在起跳接近最高触球点的一刹那,两拳同时快速出击,以双拳拳面将球击出。该动作接触球面积较大,准确性高,击球有力,多用于击正面球或高空球(见图 2-27)。

（七）托球

动作要领：托球是应对弧度较大且接近球门横梁的来球或力量大、角度刁的射门的球，守门员接球把握不大或无法直接接到球时也可使用托球技术。起跳展体成弓背，单臂快速伸出，掌心向球，用手掌前部和手指用力向后上方或侧面托球，使球越过横梁或门柱。

（八）掷球

守门员接球后，为了争取时间组织反击，常用手把球掷给同队队员。掷球动作快，便于改变方向，能较准确地控制球的落点。

图 2-27 双拳击球

单手肩上掷球时，两脚前后屈膝开立，单手持球于肩上，身体侧转。利用后脚蹬地、转体、挥臂、甩腕的力量将球掷出(见图 2-28)。

图 2-28 单手肩上掷球

单手低手掷球时，两脚前后屈膝开立，单手持球于体侧。掷球时，持球手臂后摆，身体随之侧转成侧前屈，重心移到后脚上，利用后脚蹬地、挥臂、甩腕、手指拨球的力量向前掷出地滚球(见图 2-29)。

图 2-29 单手低手掷球

侧身勾手掷球时，两脚前后开立，身体侧对出球方向，单手持球后引，同时重心随之移至前脚。当持球手臂由后经体侧沿弧线摆至肩上时，手腕和手指用力将球掷出，掷球手臂继续前摆，上身前倾，后脚向前迈出，以保持身体平衡。勾手掷球是掷球中力量最大的一种方法(见图 2-30)。

图 2-30　侧身勾手掷球

二、守门员的技术动作练习方法

(一)移动技术练习

方法一:原地及行进中碎步跑练习。原地碎步跑每 5 秒钟一次,可根据自己的身体状况适当延长时间,可以增加到 8 秒钟或是 10 秒钟一次。每次的间隙时间应在 15 秒钟左右。行进间的碎步跑可在 10~15 米的距离上进行。

方法二:球门区前后移动练习。守门员站在球门线上,听口令向前冲刺跑,脚踩到球门区前沿线即采用后退跑。根据守门员的体能水平,适当安排来回跑的次数及组数。

方法三:球门立柱之间来回侧滑步跑、交叉步跑。

方法四:原地跳起触摸横梁练习。根据守门员的体能水平,适当安排次数及组数。

方法五:回跑跳起触摸横梁。守门员站在球门区前沿线上,不限回跑的姿势触摸球门横梁。

方法六:结合球的回位练习。守门员背向球门站在球门线上,教练员向球门抛出有一定弧度的球,守门员回跑,可根据球的速度和线路采取拳击球、托球或直接控制住球的方法练习。

方法七:对方队员带球进攻,守门员向前移动扑单刀球。进攻队员应消极应对守门员扑球动作。

方法八:进攻队员带球到罚球区射门。守门员前移做封堵射门角度练习。

(二)接球练习

接队友抛来或踢来的各种地滚球、平直球和高空球。

方法一:开始可接距离较近、力量较小的球,一般在 5 米距离,注意体会接球时的动作要领。

方法二：逐步过渡到距离较远，力量较大的球，一般在10～20米距离。

方法三：接自己对墙掷或踢出的反弹球。

方法四：守门员面对距离2～3米的墙站立，抛球者站在守门员身后对墙抛球，守门员接反弹回来的球。可根据守门员的训练水平，调整站位距离的远近，抛各种不同方向的球，抛球的力量逐渐加大、速度加快。

方法五：在移动中接队友踢来的各种不同方向的球。如原地接地滚球、移动中接地滚球、移动中接中空球、移动中接高空球。

（三）扑球练习

方法一：双手举球跪在地上，然后腿、上体、手臂依次倒地，做扑地滚球的模仿练习。

方法二：在海绵垫上、沙坑或草地上练习扑接同伴的手抛球。

方法三：两脚屈膝左右开立，上体稍前倾，双手举球倒地，做扑地滚球模仿练习。

方法四：准备姿势站立，扑接侧面踢来的地滚球。踢球的力度由小到大，球的速度由慢到快。

方法五：准备姿势站立，扑接由侧面抛来的平球、高球。

（四）拳击球和托球练习

方法一：原地拳击球和托球练习。

方法二：助跑起跳，单、双拳击吊球练习。

方法三：队友抛或踢高球，守门员起跳拳击球、托球练习。

方法四：掷界外球时，守门员在人丛中练习拳击球或托球。

方法五：踢角球、任意球时，守门员在人丛中练习拳击球或托球。

思 考 题

1. 简述无球技术。
2. 在足球比赛中如何合理地运用无球技术？
3. 熟悉球性的练习方法有哪些？练习时应注意哪些问题？
4. 常用的运球技术动作有哪些？
5. 如何认识运球技术的重要性？
6. 踢球技术由哪些环节组成？各环节是如何影响踢球质量的？
7. 简述脚内侧踢球技术。
8. 简述脚背内侧踢球技术。

9. 脚尖踢球技术、脚跟踢球技术的关键与要求是什么？
10. 简述各种踢球方式应注意的问题。
11. 掷界外球技术的关键与要求是什么？
12. 守门员技术动作有哪些？
13. 简述守门员接地滚球、平空球、高空球的动作要领。
14. 简述守门员拳击球、托球、掷球的动作要领。

第三章
足球中级班基本技术教学

第一节　运球及运球过人

运球是队员在跑动中用脚向跑动前方推击球,使球始终处在自己身体的控制范围之内的技术。运球是个人控制球能力和个人进攻能力的集中体现,其目的是为完成战术配合,控制比赛节奏,选择传球时机和线路,寻找对方防守薄弱点实施过人突破,达到瓦解对方整个防线的战术意图。

一、运球的技术动作分析

1. 脚背正面运球

动作要领:运球时身体保持正常跑动姿势,上身稍前倾,步幅不宜过大,运球脚提起,膝关节稍屈,髋关节前送,脚跟提起,脚尖下指,在着地前用脚背正面部位触球后中部将球推送前进。脚背正面运球多在越过对手之后,前方纵深距离较长,仍需快速运球前进的情况下使用。

2. 脚背外侧运球

动作要领:运球时身体保持正常跑动姿势,上身稍前倾,步幅不宜过大,运球脚提起,膝关节稍屈,髋关节前送,脚跟提起,脚尖内转下指,在运球脚落地前用脚背外侧推拨球的后中下部。

脚背外侧运球多在快速跑动和向外改变方向时使用(见图3-1)。

3. 脚背内侧运球

动作要领:身体稍侧转并自然协调放松,步幅小,上身前倾,运球脚提起外展,膝微屈外转,脚跟提起,脚尖外转,使脚背内侧正对运球方向,在运球脚落地前用脚背内侧推拨球,使球随身体前进。

图3-1　脚背外侧运球

脚背内侧运球多在向内改变方向并需要用身体掩护球时使用。

4. 脚内侧运球

动作要领:要求在运球前进时支撑脚始终领先于球,位于球的侧前方,肩部指向运球方向,支撑脚的膝关节微屈,重心放在支撑脚上,另一条腿提起屈膝,用脚内侧推球前进(见图3-2)。

图3-2 脚内侧运球

5. 其他

(1)拨球:利用脚踝关节向内侧的转动,用脚背内侧或脚背外侧触球,将球拨向身体的前方、侧方、侧后方(见图3-3、图3-4)。

图3-3 拨球(1)

(2)拉球:一般是指用脚底将球从前方往后拖的动作,或用脚内侧将球由身体右侧拖向左侧和用脚外侧由左侧拖至右侧的动作(见图3-5)。

向前运球或原地控制球时,如果遇对手伸脚抢球,运球或控球者则可用拉球动作将球拉向一侧,然后改变球方向突破对手(见图3-6)。

图 3-4 拨球(2)

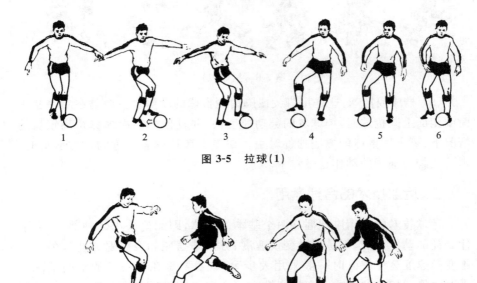

图 3-5 拉球(1)

图 3-6 拉球(2)

（3）扣球：这是运用转身和脚踝急转压扣的动作，以脚内侧或外侧部位触球，将球迅速停住或改变方向。

用脚背内侧（脚内侧）扣球称为里扣；用脚背外侧（脚外侧）扣球称为外扣。如果遇对方队员在侧面抢截时，可采用向里扣或向外侧回扣的方法摆脱对手（见图 3-7、图 3-8）。

（4）挑球：这是用脚尖上跷或用脚背上撩的动作，使球向上改变方向，从对手的身侧或头上越过。在比赛中，一般要在对手上来争抢空中球或对手正面冲上来抢反弹球或是跳动的球时，采用挑球的方法过人。

图 3-7　扣球(1)

图 3-8　扣球(2)

(5) 推球或捅球：这是用脚尖或脚内侧推球的动作。一般是在对手从正面或侧面上来抢球时，控球者的起动速度快，并且他的前面纵深距离较长的情况下，可采用推球的方法越过对手。如果遇离控球者稍远的对方队员时，则可用脚尖捅球的动作越过对手。

二、运球技术的合理运用

运球技术的运用应把握好两个基本的规律，即无论采用何种部位，采取什么样的动作方法，都是通过变换速度、方向来摆脱和突破对方防守的。实施变换速度运球突破时一般采用大步运球，主要是在有一定的空间情况下采取急停和疾走的方式。实施变换方向来摆脱和突破对方防守时一般采用小步运球的方法，多在对方防守密集的区域，利用球和人的晃动，使防守者的身体重心也随之改变，以便突破对手的防线。

(1) 在对方人员密集的区域运球时，跑动的步幅不要过大，以便遇到有对方阻拦、抢截等情况及时应变。

(2) 运球脚在推拨球时应适当柔和平稳。若前方没有阻截需要快速运球时，可采取大步运球的方法，适当将球推远一些，以便加快进攻的速度。

(3) 连续运球时不要低着头只顾看球，要养成观察全局的良好习惯。一般在触球时看球，球滚动时观察场上情况，可用"眼的余光"兼顾球和周围情况。

(4) 运球时应充分利用身体的掩护作用。若遇有防守者跟随时，则应以远离防守者的一侧运球，用身体将球与防守者阻隔开来。

三、运球过人的技术动作方法

1. 强行突破

强行突破是指以突然的推拨球与快速起跑相结合的动作越过对手。

2. 运球假动作突破

利用腿部、上身和头部的虚晃动作来迷惑对手,使其产生错误判断,当其移向一侧而露出空隙时,立即运球从另一侧突破(见图3-9)。

图3-9 运球假动作突破

3. 快速拉、扣、拨、挑、推球突破

以单双脚快速拉、扣、拨、挑、推的变化,使对手很难判断控球者的突破方向,当对手在堵截中露出空隙时控球者快速运球突破。

4. 变速运球突破

当对手在自己的侧面时,利用运球速度的变化,急起急停,以及运球的假动作等,以摆脱对手,实现突破。

5. 穿裆突破

对手从正面抢截、两脚平行站立且空隙较大时,可突然推球从其胯下穿过,并快速越过对手得球。

6. 人球分路突破

人和球分别从对手的左右两侧越过而突破对手。

四、运球技术练习方法

方法一:在慢跑中分别用单脚脚内侧运球、脚背正面运球、脚背外侧运球,运球方向沿直线进行。一般运球距离为10~15米。

方法二:在慢跑中沿弧线运球。沿圈线做顺时针、逆时针运球练习。用脚内侧、脚背内侧、脚背外侧练习。弧线运球时可设立标志墩,根据练习者的实际能力来决定标志墩之间的距离。

方法三:慢跑中单脚交替用脚背内侧和脚背外侧沿折线运球。运球时可设立标志墩,根据练习者的实际能力来决定标志墩之间的距离。

方法四：慢跑中双脚交替用脚背内侧沿折线运球。

方法五：两人一组相距3～5米，慢跑中双脚交替用脚背内侧或外侧运球绕过同伴返回起点，然后再把球交给同伴，同伴接球后做相同动作练习。

方法六：拨球练习。在一定范围内自由运球，一只脚做支撑，另一只脚用脚背内侧或外侧拨球绕支撑脚做圆周运动，两脚轮流练习。

方法七：拉球练习。在一定范围内自由运球，听哨声后用一只脚做支撑脚，另一只脚用脚前掌触球顶部，拉球绕支撑脚做圆圈运动，一步一步拉球。

方法八：拉球转身180°运球练习。在一定范围内自由运球，听哨声后用一只脚支撑，另一只脚拉球至身后，沿拉球脚一方转体180°继续运球。

方法九：扣球转身变向运球练习。在一定范围内自由运球，听哨声后用一只脚支撑，另一只脚用脚背内侧做扣球，使球改变方向应在90°以上，身体随其转动，沿改变后的方向继续运球。

方法十：单脚交替后拉球转体180°练习。先用左脚支撑，右脚拉球向后转体180°，右脚迅速着地做支撑，左脚踏在球顶部，如此交替进行。

方法十一：运球绕杆练习。队员成一路纵队。第一人运球绕过杆后传球给后面的人，后面的人重复前一人的动作，依此进行。若每人一球，则可在前一人运球后，次一人即开始依次运球绕杆，绕杆完成到队尾排队。

方法十二：中圈内运球。5～10名队员在范围内自由运球，听到哨声后迅速做出扣、拨、变速及转体动作，再听哨声后重复进行。

方法十三：假动作过人练习。

（1）右（左）跨，至左（右）拨练习。直线运球过程中，右腿从球的上方跨过，着地后变支撑脚，接着用左脚脚背外侧向左侧前方拨球。

（2）左（右）晃右（左）拨练习。运球中上身向左（右）晃动，同时用右（左）脚脚背外侧向右（左）拨球，身体跟上。

方法十四："8"字形运球。设两根旗杆，相距5～8米，运球绕旗杆做"8"字形运球，运回后传给下一个同伴。

第二节 传 接 球

传球是指将球踢向预定的目标，使同伴在所需要的地方接到球。传球是实现战术目的不可缺少的技术，是运动员在比赛中相互联系的纽带，是组织进攻、控制比赛节奏、变换战术方向和创造射门机会的最有效的手段。

一、传球

（一）传球的技术动作分析

1. 短传

短传运用最多的是脚内侧（脚弓）和脚背外侧的踢球技术。

动作要领：支撑脚站在球的侧后方，膝关节稍屈，踢球脚向后提起，在支撑脚着地后，踢球脚及时以大腿带动小腿加上前摆，同时脚尖带动膝关节外转，用脚内侧击球的后中部。

2. 中、长传

中、长传运用较多的是脚背内侧的踢球技术。

动作要领：传球前，人尽量与出球方向形成斜线（45°角助跑），支撑脚踏在球的侧后方，膝部弯曲，身体稍向支撑脚一侧倾斜，支撑脚着地的同时，踢球脚自然后摆，脚尖带动膝关节稍向外转，大腿带动小腿由后向前快速摆动，击球脚尖指向下方，用脚背内侧部位击球的后中部（要控制球的高度可击球的后中部）。击球瞬间踝关节紧张用力，传球后身体随即前移。

3. 头顶传球

在比赛中，为了在时间和空间上争取优势与主动，不等球落地即利用头将其传出。头顶传球是处理空中球的主要方法。

动作要领：两脚前后或左右开立，顶球前上身稍向后仰，两臂自然张开，眼睛注视来球；顶球时，两脚用力蹬地，同时收腹摆体甩头，颈部紧张用力，用前额正面或侧面击球的后部。

4. 胸部传球

在比赛中，为了在时间和空间上争取优势与主动，不等球落地即利用胸部将其传出。胸部传球主要用于近距离的传球（5米左右）。

动作要领：两眼注视空中来球，胸部先内收，接近来球时，积极迎球而上，根据比赛场上的情况，挺胸将球传向左、右或是正前方。

5. 大腿传球

在比赛中，为了在时间和空间上争取优势与主动，不等球落地即利用大腿将其传出。大腿传球主要用于近距离的传球（5米左右）。

动作要领：两眼注视来球，当球接近身体时，大腿稍稍后撤，传出球的一瞬间大腿正面与地面约成30°角。

6. 脚后跟传球

脚后跟传球主要用于中前场进攻。

动作要领：传球的一瞬间脚尖稍微上跷，脚底离地面约2厘米，用脚后跟迅速爆发用力触球。

7. 脚底传球

用脚底传球主要有两种形式,即脚底传空中落地反弹球和传地滚球。

动作要领:脚底传球时两眼一定要注视来球,接触球的一瞬间脚尖上跷,脚跟离开地面1厘米左右,小腿做急速后摆,用脚底的后三分之二部分将球传出。

(二)传球技术运用基本要求

传球技术意识如何,直接关系到全队的整体实力,关于传球意识在后面将详述。传球时应注意以下几点。

(1)传球前一定要养成多观察的良好习惯,在观察的基础上才能对传球的路线、方向、距离、落点等做出正确的判断和选择。

(2)不论是短传还是中、长传,都应做到传球准确,力量适中。传球时需要充分估计到所传的球在空中或地面运行的时间及同伴插上的时间、地点,传出的球要做到球到人到。

(3)传球的力量大小、距离远近与摆动腿的摆速、摆幅是成正比的。摆速越快,摆幅越大,所传的球的力量就越大且距离远。反之,力量小、距离近。

(三)传球的练习方法

方法一:两人一组相距3.5米的直线传球。

方法二:两人一组相距7米的直线传球。

方法三:两人一组相距7米的变化传球。A固定在一个传球点,B在对面端点上站立。B在将球传给A时,即主动跑向A,在场地的3.5米处将球回传给A,传球后后退跑到原先站立的位置。如此循环进行。练习一定的时间后,A与B交换位置重复进行练习。

方法四:两人一组3.5米等腰三角形的传球。A控球在一个点上,B在另外两个点上来回跑动接传A传来的球。练习一段时间后两人交换位置。

方法五:三人一组用两个球在3.5米正方形的区域内传球练习。A与B分别控球在两个点上,C在另外两个点上来回接A与B传来的球,并回传给A和B。C完成练习次数后,与A或B交换位置,如此重复进行。待传球能力提高后,可要求在一定时间内达到一定的传球次数。

方法六:五人一组用四个球在4米×4米的正方形区域内传接球练习。A在场地中央,B、C、D、E分别站在四条边线上,A在场地中间接传来自任何一个方向上的球,同一个点上不允许连续传接球两次。待传球能力提高后,场地中央可增加到2名或3名队员。

方法七:两人跑动中斜传直插传球练习。练习者A、B相距8~10米。

A 直插接 B 的斜传球,然后 A 再斜传,由 B 直插接球。

方法八:两人跑动中横传斜插、直传斜插传球练习。

方法九:三人传球。练习者 A 与 C 相距 5~20 米,各持一球,B 为中间接应人,A 短传球给 B,B 迎球回传给 A,返身迎 C 短传球,并回传给 C,如此重复练习。B 定时可与 A 或 C 交替位置。

方法十:三人交叉一脚传球练习。A、B、C 各相距 5 米,A 传球给 C 时,B 跑位到 A 的位置,接 C 传过来的球。A 传球后跑位到 C 的位置,C 接球后传球给 B 并跑向 B 的位置。依次重复交叉传球跑练习。

二、接球

接球是指有目的地运用身体的合理部位将运行中的球停下来,并控制在所需要的范围内,以便更好地衔接下一个技术动作。接球是为下一个动作服务的,接球质量的好坏直接影响下一个动作的顺利完成。接球应根据来球性质、状态的不同,采取不同的动作方法。

(一)接球的技术动作分析

1. 脚内侧接球

动作要领:支撑脚脚尖正对来球,膝关节微屈,同侧肩正对来球。接球脚提膝,大腿外展,脚尖微跷,脚底基本与地面平行,脚内侧正对来球并前迎,当脚内侧与球接触的一刹那迅速后撤,把球接在脚下。若将球接在侧面时,支撑脚脚尖应向同侧斜指,脚内侧与来球方向成一定角度触球,同时支撑脚提踵,以前脚掌为轴做适当转动,身体移动。当来球力量不大时,只需将脚提到一定的高度,并使脚内侧与地面形成锐角轻触球。也可在触球时用下切动作使球前进之力部分转变为旋转力,而将球接在脚下(见图 3-10)。

图 3-10 脚内侧接球

2. 脚内侧接反弹球

动作要领:根据来球落点,及时移动到位,支撑脚膝关节微屈,身体向接球后球运行的方向偏移。接球脚提起小腿且放松,脚尖微跷,脚内侧对着接球后球运行的方向并与地面成锐角,当球落地反弹刚离地面时,大腿向接球后球运行的方向摆动,用脚内侧部位轻推球的中上部。用这种方法接球时,也可在触球时使球产生旋转以达到接球的目的,但应注意球的旋转并及时加以调整(见图3-11)。

图3-11　脚内侧接反弹球

3．脚内侧接空中球

动作要领:根据来球的速度及运行轨迹,及时移动到位。若为抛弧线较小的平空球,则应根据临场的实际情况,选择适当高度的接球点,将接球脚抬起,使脚内侧部位对准来球的方向并前迎,脚在接触球的一瞬间后撤,并将球接在所需的位置上(见图3-12)。

图3-12　脚内侧接空中球

4．脚背外侧接球

1) 脚背外侧接地滚球

动作要领:将接球点放在接球脚一侧,支撑脚膝关节微屈。接球脚提起屈膝,脚内翻使小腿和脚背外侧与地面成锐角,并对着接球后运行的方向,脚离地面的高度应略等于球的半径,然后大腿向接球后球运行的方向推送,同时身体随球移动。

2) 脚背外侧接反弹球

动作要领:根据来球的落点,及时移动到位,支撑脚站在来球落点的侧后方,除触球部位外,其他环节均与脚背外侧接地滚球相同。

5．脚背正面接球

动作要领：这种方法多用于接有较大抛弧线的来球。根据球的落点，及时移动到位，脚背正面上迎下落的球，当球与脚面接触一瞬间，接球脚与球同步落下，此时大腿膝关节、踝关节、脚趾均保持适度的紧张，脚尖微跷将球接到需要的地方。

脚背正面接高空落下球时，也可以将脚微抬起，脚背适度弯屈，当球接触脚背的瞬间，踝关节放松将球接到身体附近（见图3-13）。

图3-13　脚背正面接球

6．脚底接球

1）脚底接地滚球

动作要领：身体正对来球方向，移动前迎，支撑脚站在球的侧面（或前或后均可），脚尖正对来球方向，膝关节微屈，同时接球脚提起，膝关节微屈，脚背微屈，使脚底与地面均小于45°角（且脚跟离开地面），一般以前脚掌接触球的上部为宜，在触球瞬间接球脚可轻微屈跖（脚面上接近脚趾的部分）将球停住，也可根据需要在接球的同时将球推向前方或拉向身后（见图3-14）。

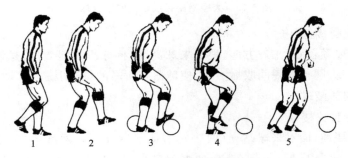

图3-14　脚底接地滚球

2）脚底接反弹球

动作要领：根据来球落点，及时前移迎球，支撑脚站在落点侧后方，脚尖正对来球方向,球落地瞬间,用前脚掌去触球的中上部,微伸膝,用脚掌将球接在身体前。若需接在身后,则应在触球瞬间继续屈膝,将球拉回,并伴随支撑脚以前脚掌为轴旋转90°以上(见图3-15)。

图3-15　脚底接反弹球

7．大腿接球

1）大腿接抛弧线较大的下落球

动作要领:面对来球方向,根据其落点迅速移动到位,接球脚大腿抬起,在球与大腿接触瞬间,大腿下撤将球接到需要的位置上(见图3-16)。

图3-16　大腿接抛弧线较大的下落球

2）大腿接低平球

动作要领:面对来球方向,根据来球高度,接球脚大腿微屈,送髋前迎来球,在球与大腿接触瞬间收撤大腿,使球落在所需的位置上。

8．胸部接球

1）挺胸式接球

动作要领:面对来球站立(两脚左右或前后开立),两膝微屈,重心置于支撑面内,上身后仰,下颌微收,两臂自然张开,维持身体平衡。接触球瞬间,两脚蹬地,膝关节伸直,用胸部轻托球的下部使球微微弹起于胸前上方(见图3-17)。

2）收胸式接球

动作要领：多用于接齐胸高的平直球。面对来球，两脚左右或前后开立，两臂自然张开，挺胸迎接，触球瞬间收胸、收腹，臀部后移将球接在体前。若需将球接在体侧时，则触球瞬间转体将球接在转体后相应的一侧（见图3-18）。

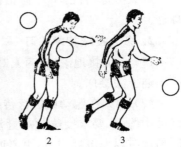

图3-17　挺胸式接球　　　　　图3-18　收胸式接球

（二）接球应注意的问题

1. 脚内侧接球

（1）接地滚球：脚离地过高，使球漏过。

（2）接反弹球：对球的落点和时间判断不准，使球漏过或接不稳。

（3）接空中球：因判断不好而抬腿过早。

2. 脚底接球

（1）接地滚球：脚抬起过高，用脚去踩球，使球漏过或接不稳。

（2）接反弹球：落点判断不准，接不到球。

3. 脚背正面接球

（1）脚与踝关节太紧张，不能很好地缓冲来球力量。

（2）脚接触球的时机掌握不好。

4. 脚背外侧接球

（1）接地滚球：接球脚太紧张，小腿没放松，接球不稳。

（2）接反弹球：对球的反弹路线判断不准，将球接漏。

5. 胸部接球

（1）收胸式接球：收胸和收腹时机掌握不好，未能缓冲来球力量。

（2）挺胸式接球：对球在空中的位置判断不准，未能用正确部位触球，没有收下颌。

6. 大腿接球

（1）接高球：①腿的触球部位不正确，抬腿时机把握不准，抬腿高度掌握不好,造成接球不稳;②接球脚过于紧张,不能较好地缓冲来球力量。

(2) 接平球:大腿对不准来球,回撤时,动作不正确,造成球离身体过远。

(三) 接球练习方法

1. 自抛自接练习

一人一球,自己将球向上抛起或踢起,球下落时练习接空中球或反弹球。

2. 多人接球技术练习

(1) 正面接地滚球:两人对面站立,相距10～15米,一人踢地滚球,另一个人迎上去接球。

(2) 两人在跑动中进行传接球练习:两人一组使用一球,在一定范围内跑动中练习,要求接球时尽量使用多种方法,传球时可传出各种状况的球,距离近时以地滚球为主,距离远时以空中球为主,以提高接球能力。

(3) 两人一组对面站立,相距5米左右,一人用手抛球,一人接各种空中球的练习(如用大腿、腹部、胸部接球),可逐渐加大距离,加大力量(或增加旋转)以适应各种变化的来球。

(4) 3人一组进行接球转身练习:每人相距5～10米站成一条直线,A传接给中间的B(正对接球人传,或传到接球人附近),B迎上来接球转身,传给另一端的C,C迎上接球然后再回传给B,B接球转身传给A,如此循环往复。

3. 两人踢墙式接球转身练习

两人一组进行接球转身练习,相距15～20米。A接另一端B的传球(注意方向为左右),A在接B的传球时,必须是在移动中或跑动中接球转身,然后传给B,B同样做移动或跑动中接球。

第三节 射 门

射门是完成进攻中最关键的技术,射门技术完成的好坏,直接关系到整个进攻的成效。各种踢球方法(包括头顶球)都可以射门。

一、射门的技术动作分析

1. 运球射门

动作要领:运球至最后一步,推球力量稍大,距离稍远,以便于助跑发力。由于运球射门时球是向前滚动的,所以支撑脚着地较球适当靠前,留出一定的提前量。运球射门运用较多的踢球方法是脚背正面和脚背内、外侧踢球。脚背正面踢球时支撑脚脚尖正对出球方向，膝稍屈，支撑脚着地同时，踢球脚向后摆动，小腿屈膝折叠，前摆时，大腿带动小腿，当大腿前摆接近垂直时，小腿加速前摆，脚跟立起，脚尖向下，用脚背正面部位击球的后中部。击球时身体不要后仰。踢球后，身体随前移动，以便衔接下个动作。

脚背内侧与脚背外侧踢球方法在传球章节中已经叙述，基本动作相同。有区别的是运球至最后一步推球时，将球推向斜线，使人和球形成一定的角度。例如，用右脚射门时，应将球推向右脚的外侧斜线，以便助跑上去用脚背内侧击球，并击球的后中部。

2. 直接射门

直接射门是指对来球不需调整，直接踢球射门。

动作要领：直接射迎面来的地滚球时，主动上前迎球踢球，支撑脚着地较球靠前，留取一定的提前量，可用脚背正面，脚背内、外侧和脚内侧踢球等方法射门。无论是用哪种方法，都要考虑到因为是迎面来球，触球时会有反作用力的因素。所以，射门时身体要稍前倾，摆腿时前摆不要太大，击球的后中部，以保证射出的球的高度不超过球门横梁。

直接踢射迎面来的地滚球时，支撑脚着地位置要视球来的方向而定，留出提前量，要在完成摆腿动作，即将击球时，滚动中的球正好处在适当的位置。

直接射门如遇到高球时，可采用踢凌空球和反弹球方法。

踢正面凌空球时，要准确判断球的落点。其动作与用脚背正面踢地滚球基本相似，只是摆腿击球时踢球脚的膝关节向上提，待球下落时击球的后下部，使击出的球在空中带有一定的飘性，并可在空中突然下沉（俗称落叶球）。踢侧身凌空球时，身体侧对出球方向，支撑脚脚尖指向出球方向，上身向支撑脚一侧倾斜，倾斜度视来球的高低决定。来球越高，倾斜度越大。摆腿踢球时身体随出球方向扭转，大腿抬起并带动小腿向触球方向挥摆，用脚背正面击球的后中部。

踢反弹球时，先判断好球的落点。当球落地时，踢球脚大腿带动小腿急速前摆，在球落地后反弹离地的瞬间，用脚背正面或脚背内、外侧击球的后中部。

3. 接球射门

动作要领：接球射门关键在接球与射门两技术之间的衔接，接球要将球接到自己所需要的位置，尽量一次触球就将球接平稳，身体迅速跟上球。原则上，球所接到的位置应远离防守者，即以身体为屏障，以远离防守者的脚射门。

若处在防守者比较密集的情况下接球，则将球接在离身体较近的位置，

以便能迅速起脚射门。

4. 任意球射门

动作要领：大力踢球和踢弧线球是任意球射门能取得成功的主要方法。大力踢球时主要采用脚背正面、脚背内侧和脚背内外侧部位踢球。射门时助跑距离可适当大一些。主要采用脚背内侧和脚背外侧部位踢弧线球。

二、射门技术动作应注意的问题

（1）直接射门，球速快、力量大，但准确性较难控制，所以踢球时应尽量以接触面积大的部位击球。若遇迎面或顺势滚动球，可用脚背正面和脚背外侧部位踢球。若遇左侧方向来球，可用左脚的脚背外侧或右脚的脚背内侧踢球；若遇右侧方向来球，则反之。

（2）任何情况下的射门都应将身体重心放在离防守者的近侧脚上，用身体作掩护，以远侧脚完成射门。若周围防守者比较密集，射门时动作要突然、快速，动作幅度要小。

（3）头顶球射门时，由于反作用力的原因，往往顶出的球容易偏高，因此在顶球时将球的目标偏低于预定的目标。用此方法校正，效果会更好。

（4）射门技术的实战意义在于"快"和"准"：接近球要快，动作衔接要快，起脚要快；判断落点要准，完成动作要准，射向目标要准。

三、射门练习方法

方法一：运球射门。

分成若干小组在不同地点进行直线运球射门和曲线运球射门，练习者射门后捡球返回，并交换位置进行。

方法二：运球过人射门。

A运球突破防守者B后射门，完成后由B捡球；A做防守者，B做进攻者，重复练习。

方法三：接长传球射门。

队员分成两组，练习者A与B分别在跑动中接D与C的长传球，快速起脚射门。队员也可接中传球射门。

方法四：直接射门。

队员分成两组，练习者A、B分别上前接D与C的传球，直线射门。A也可传球给前场的D，再上前接D的回传球，直接射门。

方法五：多球多点射门。

在不同地点设供球人B、C、D、E、F。练习者A首先跑动接B的传球，做接球射门或直接射门，完成后再跑动接C的传球射门，以此依次接D、E、F

的传球,完成射门。此练习可采取计时或记数的方法进行。

方法六:一对一攻守射门。

在长 25 米、宽 15 米的范围内设两个球门,可有守门员,进行一对一攻防、突破或摆脱后立即起脚射门。可定向攻防,也可谁能完成射门即由谁再得球向另一方向继续进攻射门。

方法七:踢墙式射门。

持球人和传球人相距 5~8 米,如持球人 A 带球或直接传球给传球人 B,B 接球后直接传球给 A 射门。可根据情况进行高、低球射门。

方法八:对抗射门。

队员分成两组,练习者 A 与 B 同时跑动争抢由 C 传出的球,抢先控球者为进攻者,另一人为防守者,进攻者进行摆脱防守射门。

第四节 抢 截 球

抢截球技术是指在规则允许的范围内,使用身体的合理部位,采取合理的动作方法将对手的控球权夺过来或破坏掉。

一、抢截球的技术动作分析

1. 正面跨步堵抢

动作要领:抢球者两脚前后开立,迎着运球者而站,两膝微屈,身体重心下降并置于两脚间。当运球者与抢球者间的距离缩小到一定范围(即抢球者上前跨一大步可能触及球),运球者脚触球后即将落地或刚刚落地时,抢球者后脚用力蹬地并跨步上前,以脚内侧去堵截球。两人对脚堵住球时,则抢球者应将另一只脚迅速前移做支撑脚,抢球脚在不脱离球的情况下迅速向上提拉,使球从对手脚面滚过,身体重心也迅速跟上并将球控制好(见图3-19)。

图 3-19 正面跨步堵抢

2. 合理冲撞抢球

动作要领:当防守者并肩与运球者跑动追球时,防守者重心稍下降,靠近对手一侧的手臂紧贴身体,利用对方同侧脚离地的过程,用肘关节以上部位适当冲撞对手同样部位,使对手身体失去平衡,乘机将球控制住(见图 3-20)。

图 3-20　合理冲撞抢球

3. 正面铲球

动作要领:移动接近控球者,膝关节微屈,重心下降。当控球者触球脚触球后尚未落地时,抢球者双脚沿地面向球滑铲,随即用手扶地做向一侧的翻滚,并尽快起身。

4. 异侧脚铲球

动作要领:当双方脚不能用正常的动作触球时(指跑动中),防守者应根据与球的距离,同侧脚用力蹬地使身体跃出,异侧脚向前沿地面对着球滑出,用脚底将球铲出,然后小腿外侧、大腿外侧、手依次着地。或铲出球后,身体向铲球脚一侧翻转,手撑地后立即起身,使身体恢复到与下一个动作衔接的状态和位置(见图 3-21)。

图 3-21　异侧脚铲球

5. 同侧脚铲球

动作要领:防守者在跑动中根据双方离球的距离作出判断,当对手不能立即触球时,用异侧脚蹬地,使身体向前方跃出,同侧脚沿地面向前滑出的同时向外摆踢(脚踝应有向外的动作),用脚背外侧将球踢出。也可用脚尖将球捅出,接着向对手一侧翻转,手撑地迅速恢复到下一个动作所需要的位置(见图3-22)。

在激烈的比赛中,由于铲球可以更大限度地争取时间和扩大控制面而被广泛地运用到踢球、接球、运球、抢球技术中去,这项技术应引起队员高度的重视。

图3-22　同侧脚铲球

二、抢截球应注意的问题

(1) 正面堵抢时,易产生堵抢触球部位不准确造成失误。当双方同时接触球时,未能及时提拉球而被对方提拉护球成功造成堵抢失误。还有堵抢时间不对,或迟、或早都会造成堵抢失误。

(2) 侧面抢截冲撞时,冲撞动作不正确造成犯规。时机选择不当,如选择在对手同侧支撑脚时抢截失误。

(3) 铲球时易犯的错误如下:

① 铲球脚离地面超过球的高度,易伤害对手造成犯规;

② 由于时机选择不当,或时机与实施的动作配合不当,未能触及球而铲到对手造成犯规;

③ 动作不协调造成失误或影响下一个动作的衔接;

④ 着地动作不正确易使抢球者受伤;

⑤ 不是从侧后方或侧后铲球,而是从正后方铲球,容易伤害对方。

(4) "抢断"球的时机选择不当,以及出击时机与动作配合不及时、不协调造成失误,以致扑空。

(5) 抢球脚的踝关节紧张度不够,使抢球无力。

(6) 冲撞时,用手或肘、臂推对方,造成犯规。

三、抢截球的练习方法

方法一:一对一抢球。队员分成两组,A 为进攻组,B 为防守组,两组相距 20 米。A 组运球前进,B 组上前抢球,抢到球后再传给 A 组。重复进行以上练习。

方法二:铲球。由进攻者 A 运球前进,防守者 B 侧面跟随伺机铲球,或进行正面堵铲。

方法三:两人一球练习。将球放在队员 A 脚前,与队员 B 相距 2 米,队员 B 上步做正面脚内侧堵抢练习。当队员 B 触球瞬间,队员 A 也用脚内侧触球。让抢球队员 B 体会上步动作及触球部位。两人可轮换做抢球。

方法四:两人一球练习。A、B 两队员相对站立,队员 A 运球跑(慢速)向 B,队员 B 选择好时机实施正面脚内侧堵抢技术。

方法五:两人同方向慢跑,在跑的过程中两人可做适当的合理冲撞,体会冲撞的时机和冲撞的部位及冲撞时如何用力等。

方法六:在两队员前 5 米处放一球,听到哨声后两人同时向球跑去。要求两人同时起跑,选择适当的位置和时机合理冲撞将球控制。经过一段练习后,可将静止球变为活动球,即教练员持球站立,两队员站立在其两侧,在球沿地面抛出后,两队员同时起动追赶球,利用合理冲撞将球控制住。

方法七:一人直线运球前进,另一人由后向前追赶到适当位置抓住时机进行铲球练习,要求运球者给予适当的配合,使铲球者能在运球者运球过程中体会实施铲球动作。

方法八:将抢截球技术的练习与射门或传球等练习结合起来进行,根据训练任务,对攻守方分别提出不同的要求。

第五节　头顶球技术运用

头顶球是指运动员有目的地用前额将球击向预定的目标的动作。足球比赛中不仅要处理各种各样不同形式和不同状态的地滚球,同时也要处理各种空中球。当遇到胸以下部位不能触及或规则不允许触及的,或一些需要用头来处理的球时,就需要用头部来处理,因为头是人体最高的一个部位,额骨的前面较为平坦,只要掌握好头顶球技术,就能发挥头球的最大作用。现代足球比赛中对时间与空间的争夺异常激烈,头顶球技术的合理运用不仅能使运动员占据更多的空间,而且还能赢得时间,从而在足球场上获得更多的控球权。因此,头顶球是处理高空球及争取获得最快时间、最大空间的最重要手段。

一、头顶球的部位

头顶球的部位可以是前额正面和前额侧面(见图 3-23)。

图 3-23 头顶球的部位

图 3-24 前额正面顶球

二、头顶球的技术动作分析

（一）原地头顶球

1. 前额正面顶球

动作要领：身体正对来球，两脚前后开立，膝关节微屈，上身后仰，重心放在后脚上，两臂自然张开，两眼注视来球。顶球时，蹬地、收腹、屈体、重心前移。击球时，颈部肌肉保持紧张，两眼注视来球方向快速甩头，击球后中部，身体随球前摆，两眼目送顶出的球（见图 3-24）。

2. 前额侧面顶球

动作要领：上身和头部向触球方向的异侧稍转动，击球时上身向出球方向扭转，同时甩头，击球点在同侧肩的上方（见图 3-25）。

图 3-25 前额侧面顶球

（二）跳起头顶球

1. 跳起前额正面顶球

动作要领：身体正对来球，重心下降，两脚或单脚用力蹬地跳起，在跳起上升的过程中，上身后仰呈弓形，两臂自然张开，两眼注视来球。顶球时收腹、屈体，颈部保持紧张，快速甩头，击球后中部，然后屈踝缓冲落地（见图3-26）。

图 3-26　跳起前额正面顶球

2. 跳起前额侧面顶球

动作要领：在跳起的过程中，上身侧屈，侧对来球。顶球时，急速转体、甩头，用前额侧面将球顶出，然后屈膝缓冲落地（见图 3-27）。

图 3-27　跳起前额侧面顶球

（三）向后顶球

动作要领：身体向后伸展，挺胸、扬头，击球底部，将球顶出（见图 3-28）。

（四）头顶球应注意的问题

（1）由于心理害怕，顶球时闭眼，以致造成顶球的部位不准确。

图 3-28　向后顶球

（2）对运行中球的速度、轨迹判断不准确，因而不能很好地选择顶球位置与起跳位置，顶不着球。

（3）掌握不好起跳时机，造成顶不着球（或早或迟）。有时虽可顶着球，但因没有用正确的部位顶球，使球的速度和力度达不到自己所期望的目标。

（4）身体摆动环节不能协调有力地进行，影响顶球力量。

（5）由于习惯性闭眼或害怕缩颈，因而接触球部位不准，影响头顶球准确性。

（6）跳起来用头顶球时，由于不能很好地控制身体，容易产生不协调的摆动，不仅影响出球的力量，也影响出球的准确性。

（五）头顶球练习方法

方法一：做各种头顶球的模仿动作练习。

方法二：自己两手持球，将球触击前额和侧额部位。

方法三：自己两手持球于头上方，用前额和侧额点击球。

方法四：个人进行头顶球练习。

方法五：自己双手举球在头前，用前额正面或侧面去触击球，体会触球部位，培养顶球过程中注视来球的习惯。

方法六：利用吊球进行练习。改变吊球架上足球的高度进行各种顶球的练习。

方法七：利用足球墙进行练习，自抛球由墙弹回进行各种顶球练习，这样就更进一步接近场上的实际情况，也能提高自己对来球的判断能力。

方法八：两人或两人以上在一起进行抛球—头顶球练习，这样可以培养对运行中球的速度、轨迹的判断能力，增强身体摆动协调的正确性及触球的准确性等。

方法九：顶球射门练习。顶球队员站在罚球弧线附近，掷球队员站在球门内或球门侧面将球抛至罚球点附近，顶球队员跑上顶球入门。

方法十：两人一球，两人相距 20 米左右，甲传高空球飞向乙，乙顶回给甲。数次后双方轮换传、顶球。

方法十一：向后蹭顶球。三人一组排成一条直线，各相距10米左右，甲抛球给乙，乙蹭顶给丙，丙接球后再给乙，乙又蹭给甲，如此循环（中间队员可轮流担任）。

方法十二：争顶球练习。三人一组，一人传球，另两人与传球人相距20米以外，传球人传出高球，两人争顶（一人防守，一人进攻）。这种对抗性的练习，更接近比赛实际情况。可将上述练习移至球门前，一人在侧面传高球（或踢角球），另两人在罚球点附近，其中一人向外顶球，另一人向球门里顶球。

方法十三：多人头顶球练习。分直线头顶球和围成圆圈头顶球练习。

第六节 假 动 作

假动作是为了隐蔽自己动作的意图，运用各种动作假象，迷惑和调动对方，使其产生错误的判断，失去身体的平衡，从而取得时间、位置、距离等有利条件，更好地实现自己的真实意图。在现代足球比赛中，单一的技术动作很容易被对方识破，特别是在强强对抗的情况下，较难摆脱对手，因此，假动作更有着重要的作用。假动作已渗透到各项技术和临场比赛的应用之中，就连跑位、抢截、接应也包含着假动作技术。假动作可分为有球假动作和无球假动作。

一、有球假动作

1. 传球假动作

队员正要传球，若对方迎面跑来抢球时，可先做假踢动作，诱使对方堵截传球路线，然后改变传球方向。

若向前假传球，将球让过急速转身控制球（见图3-29）。

图3-29　传球假动作

2. 停球假动作

（1）在对方紧逼下停球时，可先假装向左方停球，对方身体重心跟随移动时，突然改变停球方向（见图 3-30）。

图 3-30　停球假动作（1）

（2）在停球时，若对方要来抢截，可先做假踢球动作，诱使对方停下来，突然改为停球（见图 3-31）。

图 3-31　停球假动作（2）

3. 头顶球改为停球的假动作

在停高球时,可先做假顶球的动作,再突然改为胸部停球(见图 3-32)。

图 3-32　头顶球改为停球的假动作

4. 停球改为头顶球的假动作

面对来球假装做胸部停球,诱使对方逼近抢球,突然改用头顶球传球(见图 3-33)。

图 3-33　停球改为头顶球的假动作

5. 过人假动作

(1)背靠对方停球时,先向左侧做虚晃动作,诱使对方身体重心向左移动,然后用右脚外脚背将球向右轻拨,转身过人(见图 3-34)。

图 3-34　过人假动作(1)

(2)运球至对方面前,将速度减慢,对方若上来抢夺时,可用脚底将球后拉，紧接着用脚内侧或脚外侧推球突破对手(见图 3-35)。

图 3-35　过人假动作(2)

(3)对方在侧面抢球时，运球队员应先快速运球前进，诱使对方追赶。这时运球队员可根据对方的位置，考虑是继续推球前行还是突然降低速度或以假动作停球(脚在球上面晃动)。若对方贴近运球队员，运球队员为摆脱对方可放慢速度，然后突然加快速度甩掉对方(见图 3-36)。

图 3-36　过人假动作(3)

二、无球假动作

1. 改变速度的假动作

为了摆脱对方的紧逼，在跑向空当接球时，可先慢跑诱使对方放慢跑动速度,然后突然起动快跑摆脱对方。

2. 改变方向的假动作

为了跑到空当接球,可用声东击西的跑位战术摆脱对方的紧逼。如先向右侧跑,当对方也向右紧随时,突然向左侧快跑摆脱对方(最好在对方接近自己的一瞬间改变方向)。

3. 抢截假动作

当对方运球时,抢球队员可先向右做身体的虚晃动作,诱使对方向左侧运球,突然逼近对方进行抢截球(见图 3-37)。

图 3-37 抢截假动作

思 考 题

1. 运球过人技术有哪几种?简述其中一种的动作要领。
2. 简述运球技术的合理运用。
3. 运球过人动作的方法有哪些?
4. 简述传球技术。
5. 传球技术的运用有哪些基本的要求?
6. 接球技术有哪几种?简述其中一种的动作要领。
7. 接球应注意哪些问题?
8. 简述射门技术的运用。
9. 简述抢截球技术。
10. 简述头顶球易犯的错误及其原因。
11. 简述原地前额正面头顶球的动作要领。
12. 简述假动作。

第四章

足球中、高级班进攻战术教学

第一节 比赛阵形

比赛阵形是指在比赛中对人员的布局和位置排列。比赛阵形的确定不是凭空想象出来的，更不可随意效仿，必须根据本队打法特点、队员的能力及比赛对手方的相应情况，有选择地、有针对性地运用。

在足球运动发展的进程中，比赛阵形也随之不断地发生变革和创新，表明了比赛阵形有着鲜明的时代特征。

比赛阵形在比赛中也不是一成不变的，针对具体情况或需要，比赛阵形也可灵活机动地进行变换。如防守时采用 5-3-2 阵形，由守转攻时又可变为 3-5-2 阵形。

在整体、快速的全攻全守战术思想指导下，世界各国采用较多的大体有三种比赛阵形，即 4-4-2、5-3-2、3-5-2。

一、常用比赛阵形介绍

1. 4-4-2

4-4-2 即指有四个后卫、四个前卫、两个前锋。其特点是针对足球"攻难守易"的特点，体现了中、后场的人数优势，防线较为稳固，中场攻、防兼顾，前锋虽只有两人，但是后场人员随时都可插上，不仅前锋有较大机动性，也大大增强了进攻的隐蔽性和突然性。中场四名前卫一般呈菱形站位，前面队员称为进攻前卫（前腰），拖后队员称为防守前卫（后腰），攻可上、退可守，承上启下。两名前锋可机动站位，根据情况可能站中间，也可偏向一侧，一边一中。4-4-2 是世界上较为流行的阵形。

2. 5-3-2

5-3-2 即指有五个后卫、三个前卫、两个前锋。其特点是以重兵加强防守，确保防线稳固，并在稳固防守的基础上打防守反击。由守转攻时，同样具有4-4-2阵形的功用。在球向前发展的异侧边后卫插上至中场,充当前卫职责。

应当注意的是,当边后卫上前时,临近中卫适当拉边,一方面兼顾由于边卫上前所留下的空位,另一方面保证各方位的平衡布局。也可以在由守转攻时,两侧边后卫都由边插至中场,形成3-5-2,加强中场控制。

3. 3-5-2

3-5-2即指有三个后卫、五个前卫、两个前锋。其特点是注重中场控制,加强进攻力量。三名后卫是针对对方采用两名前锋,且本方后卫人员个人防守能力特别强而设定的。防守上,在短时间内用两名后卫紧盯对方两名前锋,由另一后卫拖后进行保护,并等待前卫回撤支援。一般来说,由攻转守时,至少有一名前卫队员视球的发展情况,回撤到边路或中路,协助防守。也可回撤两名前卫,形成5-3-2阵形。

二、各位置的战术要求及职责

尽管现代足球发展以来,比赛阵形在不断地变革,但基本上是按场区(后场、中场、前场)划分,进行不同的布局。我国习惯地将布局在后场的人员称为后卫,中场的人员称为前卫,前场的人员称为前锋。同一场区也有左、中、右之分。全攻全守、全面型打法的兴起,要求各个位置上的队员的打法要全面、多变,不受本身位置的局限。但在比赛中,每名队员都应有各自的主要职责分工,各个位置也有不同的战术要求。

1. 守门员

守门员的主要职责是守住本方球门,阻止对方一切可能进入本方球门的球。守门员应充分发挥在罚球区内可以用手处理球的优势,特别是争夺球门区附近的高球。守门员还应扩大自己的活动范围,以起到协助后卫防守的作用。由守转攻时,守门员往往又是进攻的组织者或发动者,并由于处在全队的最后一线,能较清楚地观察全局,因而也应是场上的指挥者。

2. 后卫

后卫的职责是运用封堵、抢断、破坏等技术阻止对方的进攻。边后卫主要防守对方的边路进攻,同时要善于保护本方最危险的中路地区,当对方从边路发动进攻时异侧边后卫应适当内收,以保护中后卫身后区域。全面型打法要求,后卫应在由守转攻时积极投入进攻。由守转攻时,活动余地最大、最机动的当属边后卫,所以在进攻时边后卫可进入中场协助前卫,也可沿边路插上助攻,乃至沿边路下底传中或射门。进攻后应快速回位,不让对方有机可乘。

中后卫是防守的核心人物,主要是保护门前最危险的地区,阻止和封堵对方在中间地区起脚射门。盯人中卫要紧逼对方最有威胁的前锋,不让其有转身、突破或射门的机会。拖后中卫是防守的最后一关,要随时准确地向盯人中卫、边后卫补位保护,并应是全队防守的组织者和指挥者。由守转攻时,也可伺机插上助攻。中后卫助攻时须谨慎,上去则要起到作用,回防要及时。

3. 前卫

前卫的职责是控制中场,组织进攻,积极防守。前卫是后卫与前锋之间的桥梁,承上启下、前后接应,成为全队的枢纽。防守上应成为本方后卫线前沿的一道屏障,争取在中场就瓦解对方的进攻,阻止对方继续渗透,并在有威胁的地区封堵对方队员起脚射门。前卫还要随时向本方后防补位,特别是应注意补邻近的本方已助攻到中、前场的后卫的位置。中场往往是双方争夺的重要地区,前卫应做到对口盯人,围抢时,一抢全抢,互相支援;进攻时,前卫应是主要的组织者和参与者,应传球准确,转移及时,随时插上进攻,充当前锋。前卫应具备前锋的一切技术能力,如突破过人、射门和远距离射门的技术能力。

4. 前锋

前锋的主要职责是突破、射门、接应中场。前锋位于进攻的最前线,应成为全队的尖刀。在没有射门机会时应积极跑动,交叉换位,扰乱对方防守阵线,为本队同伴创造射门机会。前锋应有较强的控制球能力,孤军作战时应将球控制好,不轻易丢球,以待本方的同伴跟上时再组织新的进攻。

由攻转守时,应积极在前场进行反抢或堵截,形成全队防守的第一道防线。除此之外,前锋还应随对方进攻的推进,回防至中场,特别是本方前卫插上进攻较深暂未回位时,前锋应及时回防补位。

三、比赛阵形练习

方法一:各个区域及位置的责任分区练习。
方法二:各个区域及位置相互靠拢、补位练习。
方法三:半场攻防练习。分别进行进攻和防守练习。
方法四:教学比赛。要求各个层次及区域的相应位置的队员,保持好板块的整体性。分别进行各种阵形演变练习。

第二节 个人进攻战术

个人进攻战术包括控制球时有目的、合理地运用技术,以及无球时具有战略意义的行动。个人战术的集合必将体现整体战术水平的高低。因此，提高个人战术水平对比赛的质量有着重要意义。

一、个人进攻战术分析

1. 跑空当

突然起动，摆脱身边的防守者，向无人的空位上跑动接应。进攻队员 A 跑空当接应队员 B 的传球，跑位时可能同时存在几个空当，队员 A 可根据当时情况及防守队员的移动情况选择接应空当。队员 A 可向前接应，也可向后接应；可向左接应，也可向右接应。

如果在跑动接应中一旦发现有同伴已跑向同一空位时，应立即变向，选择另外空位接应。队员 A 跑空当接应但途中发现队员 C 也跑向该位时，立即变向再选位跑动，或是站在原地不动。

2. 跑第二空当（间接空当）

在对方紧逼的情况下，直接空当接应往往效果较差，此时需要跑第二空当。当队员 C 跑位时将身边防守队员扯出，队员 A 即突然起动，摆脱防守，跑向由队员 C 扯出的空当；当队员 C 横向移动时，队员 A 跑向由队员 C 扯出的边路空当。

3. 交叉换位跑动

在跑动接应时，往往是一动全动。队员可根据同伴跑动的方向进行交叉换位跑动，使对方防守引起混乱，达到接应的目的。队员 A 可以与队员 B 横向交叉，也可以纵向交叉。

4. 持球队员行动准则

（1）在前场罚球区附近的持球队员首先选择射门。

（2）在前场的持球者面对只有一位防守者防守，而又暂无本方队员接应队员时，应坚决进行一打一突破射门。

（3）在前场的持球队员面临较多防守者，而又暂无本方队员接应队员接应时，应将球护好，以待本方队员接应、支援。

（4）在任何时候、任何地点，有同伴比自己位置更好，更能获得向前或射门机会时，要坚决传球。

（5）传球时应传出使同伴更容易接和更有利于进攻位置的球。

（6）能向前传时绝不横传或回传。

（7）能快传时绝不延误战机。

（8）所在区域防守队员密集时应长传转移。

（9）能直接传球或直接射门时尽量不调整传球射门。

（10）主动迎球、接球，尽快接触球，绝不等球。

二、个人进攻战术练习

方法一：移动接球。接应队员避开障碍物旗杆，向两边空当接同伴的传球。接球后再回传给同伴，再向另一边移动接球，以此重复练习。可定时交换练习。

方法二：一抢二练习。在长 25 米、宽 15 米的范围内进行一人抢球，二人传控的练习，控球一方的无球队员要积极选位接应。防守者抢到球即成为控球一方，由失误的队员担任防守者。可计时交换位置重复进行练习。

方法三：交叉换位。将人员分成两组，在前场进行交叉换位跑动，队员 A 与队员 B 交叉换位后接队员 C 的传球，再进行配合射门。

方法四：第二空当跑位。接应者队员 A 快速跑向由同伴队员 B 拉出的第二空当，接队员 C 的传球射门。

第三节　接应的技巧

接应持球队员的时候，要考虑到与持球队员的距离、角度，时刻保持呼应。

一、接应的距离

接应的距离，与接应时的场区、防守压力有密切关系。在前场，由于受时间、空间的限制，距离一般为 4～5 米，它可随时提供即刻的接应和援助。在中场，由于有较大的空间，距离一般可在 8～12 米，这一区域通常为攻、防的过渡区，接应队员的位置，对及时的转移改变攻击方向能起到积极作用。在后场，由于对手的减少，争抢的压力要少于上述两个区域，接应者的距离可为 10～25 米，这样更有利于掌握好进攻面。接应距离多少最为适合，取决于场上防守压力和个人习惯。但掌握好接应距离，是做好接应的重要保证。同时，场地的条件对接应距离也会有影响。在不平的场地上比赛时，队员就需要稍多的时间来控好球，接应队员应处于稍远的位置。在球速慢、潮湿的场地比赛时，接应距离应比球速快、干燥的场地更近些。

二、接应的角度

在制造进攻宽度的前提下，接应的角度一般应是靠内，这样会有以下好处：

（1）持球队员很容易看到接应者；

(2)便于持球者向接应者传球；

(3)传球范围大；

(4)场上视野广，有利于观察和控制场上情况；

(5)一旦持球者丢球，便于转换成防守者；

(6)当对手进行强强对抗紧逼时，接应队员应坚决前插，打对手的身后球或是进行区域渗透。

三、接应时的呼应

接应时的呼应是接应技巧的组成部分，是与同伴联系的信号。比赛呼应用语要简练、洪亮。呼应不仅可为持球者提供信息和技术提示，也可增强同伴的信心和勇气。

第四节 局部进攻配合

局部战术是指场地范围不大，参与人数不多的攻、防配合行动。局部战术是整体攻、防战术的基础，在某些时候，也是直接结束战斗的重要手段。如在比赛中2名或3名队员通过运球、传球、跑位等配合，突破1名或2名防守队员的方法。局部进攻配合有二人配合和三人配合。

一、局部进攻配合战术分析

足球比赛中，全队的进攻战术配合都由若干局部进攻配合所构成。无论多么复杂、精细的全队进攻配合，都必须通过局部进攻配合来完成。所谓局部进攻配合是指在局部区域中，2名或3名队员，通过运球、传球、跑位等配合，突破1名或2名防守队员的方法。

1. 二人局部进攻配合

比赛中经常采用的二人配合进攻方法有传切配合二过一、踢墙式配合二过一、回传反切二过一。二过一是足球比赛中最常用、最有效、最简捷的进攻配合方法。不论在球场任何一个区域、任何两名同队队员都可以采用。在局部区域，二人进攻配合能力的强弱，直接反映了全队进攻配合的质量，也反映了队员的技术水平、战术意识及配合默契的程度。

1）传切配合二过一

传切配合二过一是两名进攻队员通过一传、一切配合越过一名防守队员的配合方法（见图4-1）。

(1)斜传直插二过一如图4-2所示。

(2)直传斜插二过一如图4-3所示。

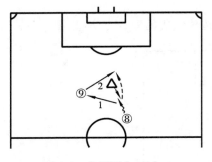 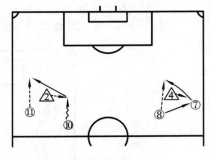

图 4-1　传切配合二过一　　　　图 4-2　斜传直插二过一

斜传直插二过一和直传斜插二过一都是只通过一次传球和穿插就越过一名防守队员,配合十分简捷和有效。在进行配合时,两名进攻队员要保持适当的距离。控球队员可采用运球或其他动作,诱使防守者上前阻截。插入的队员必须突然、快速起动,但应避免越位。

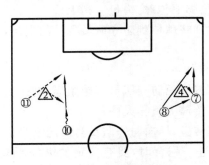

图 4-3　直传斜插二过一

2）踢墙式配合二过一

踢墙式配合二过一是两名进攻队员通过两次传球越过一名防守队员的配合方法。

对持球队员的要求如下：

（1）带球逼近防守队员,把防守队员吸引过来,距离 2~3 米处传球;

（2）最好传地滚球,力量适度,方向准确;

（3）传球后立即快速插入,准备接球。

对接应队员（即做墙队员）的要求如下：

（1）当控球同伴带球逼近防守队员时,接应队员要突然摆脱防守者,与持球同伴形成三角形位置,并面对进攻方向,以利于观察传球;

（2）一次触球,力量适当,传球到位,尽量传地滚球;

（3）传球后立即跑位,寻找再次进攻配合的有利位置。

3）回传反切二过一

回传反切二过一是通过三次（或二次）传球组成的配合方法（见图4-4）。

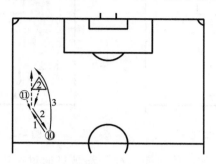

图4-4　回传反切二过一

对持球队员的要求如下：

（1）持球队员距接球队员8～10米处传球；

（2）要向接球队员脚下传球，力量应稍大些；

（3）传后时，要立即将球传到防守队员身后的空当，传球要到位，力量要适当。

对反切队员的要求如下：

（1）接球要逼真，以引诱防守队员实施紧逼，制造防守队员身后的空当；

（2）应传脚下球，传球力量稍大些；

（3）回传后，迅速转身，插向防守队员身后的空当。

运用回传反切二过一配合时，要有一定的纵深距离。特别是在罚球区前中路地区，要估计到守门员可能出来断截的情况。

二、局部战术练习示例

方法一：踢墙式二过一练习。

方法二：各种二对一射门练习。

方法三：在罚球区前10米×10米范围内进行二过一配合射门练习。

方法四：在10米×20米场地上设两个球门进行二对二练习防守，须有一人为守门员，在规定时间里相互展开攻守。

方法五：回拉接应反向切入射门练习。

方法六：间接二过一射门练习。

方法七：半场中路进行三对二射门练习，规定最多三次传球，必须射门。

第五节　创造和利用空间

为达到取胜目的,就必须制造和利用整个场地的空间,而无球跑位正是这种行动的具体体现。

一、跑位的目的

(1) 灵活机动的跑位可以在无人防守的情况下接球、控球。

(2) 巧妙摆脱防守的同时,可帮助并策应本方有球队员。

(3) 通过无球队员的积极跑动,可达到牵制防守一方,使有球队员获得利用所制造空当的机会。

二、跑位的原则

(1) 以球的动向而动。比赛中双方始终围绕控球权进行激烈争夺,攻、守双方的角色也随之在不断互换。因此,每名队员也在频繁移动、变换位置。但不能自乱阵脚,一定要按球的动向而动。

(2) 以近球者而动。近球者是对方紧盯看守的对象,因为他能较快和容易得到球。所以近球者的及时策应跑动更容易吸引对手,制造空当。而距离远的同伴则根据近球者而动,利用其所制造的空当,达到进攻的目的。

(3) 以前者动而动。在球发展到进攻方向的前面时,应根据前者的动而动。前者跑到左面,后者跑到右面,前者插到右方,后者就冲到左方,前者拉插到边线,后者就换位到中间。

三、跑位的特征

(1) 跑位不仅可以为同伴制造空当,也可以为自己利用空当创造条件。

(2) 跑位需要高度的整体配合意识,这一行动有效性需要同伴间的默契配合,同时也要求每名队员必须拥有良好的整体意识。

(3) 跑位需要宽广的视野和突然性的起动。有宽广的视野才能及时制造和利用空当。而决策一旦做出,队员就必须有突然性的摆脱、起动,以捕捉有利的空当。特别是在防守严密的门前,机会常出现于瞬间。

(4) 跑位必须有随时接球的准备。跑位的每一瞬间,除了对持球队员不失时机的传球有特别要求外,也需要跑位队员有在快速跑动中接好球的能力。

四、跑位的要求

（1）在快速的攻防转换过程中保持整体的严密队形。这就要求每名队员必须具有整体的战术意识，高度的责任心、纪律性，顽强的意志和充沛的体力。

（2）前锋队员要敢于前进、前插。要以向前、向对方身后插为主。而且要有拉有插，拉插的时机要及时，做到突然摆脱对手，主动快速迎球、接球。

（3）攻守平衡，机动灵活。在攻守转化过程中，三条线的各个位置必须根据球的移动而变化，要攻中有守、守中带攻、动中善变、机动灵活。

（4）射门必须跟进、包抄。要集中攻击点，控制攻击面。争顶高球要有插、有挺、有靠、有接、有补。若两人同时接一球，前者让反切、反插让后者。

第六节　定位球的进攻

根据有关研究资料表明，有 40%～50% 的入球来自于定位球配合。特别是在许多关键性的比赛中胜负常常是任意球、角球、掷界外球配合后攻入的。这是因为定位球进攻与一般的配合进攻有以下五个方面的有利条件。

第一，球在罚出或掷出时处在死球状态下，不存在控球问题。

第二，除掷界外球外，对手都必须在距离球 9.15 米以外的位置，无法对罚球队员施加防守压力。

第三，投入的进攻人数较多，一般有 8～9 名队员，向前进入攻击位置。

第四，队员可以在预先设计的进攻点站位，以最大限度地发挥每个队员的作用。

第五，通过训练可达到很高水平的协同行动与把握时机的能力。

这五个有利条件的综合作用，使得防守队员对定位球的防守难度极大。若进攻队员在配合中投入得更多，防守定位球的难度会更加提高。教练员可以对罚球队员、接应队员、插上队员等进行针对性的安排与训练，这样往往会取得良好的效果。

一、定位球进攻战术分析

1. 角球战术

1）直接传中

由传球技术较好的队员主罚角球，直接将球传向球门区附近，一般有三个威胁点：一是球门区近角，称为"近端"；二是球门区远角，称为"远端"；三是罚球点附近区域，称为"中间"。为便于与本方队员联系，可用某种信号予以代替,如出手指"1"表示"近端"、"2"表示"远端"等。由头顶球技术较好的队员对传中的球进行冲顶,其他进攻队员冲击包抄,以补射或"捡漏"。对传球三个点的选择,取决于攻、守双方的具体情况。若守方中路防守力量坚强,且有高大身材的队员,头顶球能力较强时,则应选择传"中间",进行强攻。传向中路的球,其地点应是对方守门员出击比较困难,但离球门又不是太远的位置,否则同伴即使顶到球也不能对对方守门员构成威胁。

2)短传配合

在队员主罚角球时,另一队友应快速跑上靠近主罚队员,接短传给自己的球,其中有两个目的:一是缩短再次传中的距离,以增强传中球的准确性;二是在小范围内进行"二打一"再下底线,逼迫对方有队员从中路扯出补位,以造成对方中路防守出现混乱,并即时传中,由中路进攻队员进行冲击射(顶)门。

2. 前场任意球战术

1)直接射门

直接射门可采用两种办法:一是获直接任意球时,根据规则允许,不经裁判员鸣哨,在对方还未组织好防守,未引起注意时,突然快速起脚射门;二是利用"人墙"的漏洞或守门员站位的不当,采用踢弧线球技术,绕过"人墙"射门。

2)配合射门

任意球配合射门的方法,可以设计多种。无论设计什么方法都应遵循以下两条原则:①路线简单,技术简练,传球次数不要过多,至多2~3次传递即完成射门;②声东击西,避实就虚,避开"人墙"或破坏"人墙",创造射门机会。

3)两侧斜传强攻

当罚球点处于罚球区附近两侧时,可采取斜传冲击方法。斜传时一般传空中球,中路由身材高大、头顶球技术较好的进攻队员进行冲顶,其他进攻队员有层次地插上进行冲击,造成对方门前混战,以寻找得分机会。

3. 前场掷界外球战术

1)大力掷球传中

在靠近对方罚球区的边线掷界外球时,掷球队员助跑掷球,大力掷向对方的罚球区,其威胁和作用相当于一次罚角球进攻。

2)向对方纵深掷球下底

由于规则规定掷界外球时进攻一方直接接的界外球是没有越位的,所以接球队员可通过突然起动,摆脱跑位,或者通过同伴的扯动跑位下底接掷出的界外球,并直接传中或造成角球。

二、定位球练习

方法一：定位多球射门。在罚球区附近的各个罚球点上，主罚队员进行多球射门练习，以提高直接射门的准确性。

方法二：角球直接传中。主罚队员进行多球传中练习，要求罚球落点("近端"、"中间"、"远端")准确，并对出球的弧线、速度提出不同的要求。

方法三：弧线球射门。在离罚球点9.15米处设立障碍物或"人墙"，主罚队员踢弧线球绕过障碍或"人墙"射门。

方法四：斜传球射(头顶)门。由主罚队员A在罚球区附近的两侧地点传空中球，中间插上队员B和C跑动射门或配合射门。在此基础上，插上队员可增加至3～4人。插上时须有层次，队员B先插，队员C稍后并交叉换位，队员B在跑动中接队员A的传球，可直接传(头顶)给后插上的队员C，队员C射门。

方法五：一拨一射。在射门的罚球点上，由队员A短距离拨给队员B，队员B在队员A传球前就应先期隐蔽移动，待队员A拨出球后，队员B正好到位射门。此练习主要训练有关配合人员对传球、跑动、射门时间上的默契和射门队员对踢地滚球的适应程度。在此基础上，局部参与人员还可增加至3～4人。

第七节　常见的进攻方法

一、阵地进攻

当守方的队员都退回到自己的半场且占据防守位置时，攻方的进攻则成为阵地进攻。它的主要特点是守方没有大的空当，且攻防人数大体相等，此时要求进攻者用不断的跑动、穿插、策应来打破守方的防御体系，在局部地区造成以多打少的局面。

1. 边路传中

边路传中是指在对方半场两侧地区发动的进攻，通过传中创造射门机会。由于两侧地区防守队员相对较少，空隙较大，攻方在这一地区便于突破防线。

现代足球比赛中边路传中的区域主要有两个：一是在对方罚球区的延长线附近；二是在球门区延长线附近。前者多于后者。

边路传中的落点主要有三处：一是球门区与第一门柱之间，常称为前点；二是罚球点附近，这是进攻者攻门的最佳位置；三是第二门柱附近区域，俗称后点。

当今足球比赛传中技术已改过去弧度高、球速慢的踢法,普遍要求弧度低、球速快且带有明显的向内旋转。这对守门员及防守队员的判断、抢断有一定难度,而对进攻者的射门有利。在防守者面向自己球门跑动、阵脚未稳、尚未调整好位置时传中最为有利。

边路传中主要有个人运球突破和传球配合两种方法。

(1) 个人运球突破是进攻中的锐利武器,主要有利用速度突破、运用假动作突破及速度与假动作相结合的突破。

(2) 传球配合在边路进攻中运用最多。如前锋的配合突破有前锋拉边、前卫套边、边后卫插上等。运用时中路包抄的队员应有较明确的分工,包括抢前点、夺后点、争中路、候外围等,使包抄有一定的层次,争取射门与补射的机会(见图 4-5)。

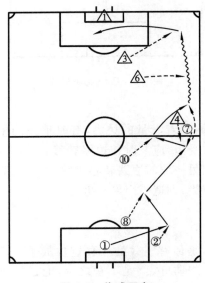

图 4-5 传球配合

2. 中路渗透

中路渗透一般有后场、中场、前场中路发动进攻三种形式。

(1) 后场发动进攻主要指守门员和后卫发动的进攻(见图 4-6)。

(2) 中场发动进攻中前卫队员负担着组织进攻和插上进攻的重要角色。采用的方法是短传配合,以各种 2 打 1 来摆脱对方的防守。据研究,中场发动进攻创造射门数占 74%。

(3) 前场发动进攻主要靠前锋回撤,在其身后形成的空当由其反切插入,或者由后排的前卫、后卫插入。在罚球区附近进行踢墙式 2 打 1 的配合,对突破对方密集防守往往有奇效。前场除了组织进攻外,采取断抢、捡漏等反攻的方法,有时也可获得意外的成功。

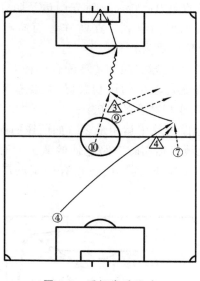

图 4-6 后场发动进攻

3. 中边转移

由于比赛中中路聚集着大量的兵力,有时单一的中路渗透往往不能奏效,因此一旦中路进攻受阻,应及时往边路转移。当防守的力量偏重在某一侧时,也可以由一侧向另一侧的边路转移进攻。总之,转移进攻可以打乱对方的防守阵线,利用空当,创造破门得分机会。

二、快攻

快攻即快速进攻,是最有实效的一种进攻战术。其主要特点是由守转攻时,乘对方来不及组织防守、立足不稳之际,通过简练快速的传递配合创造射门机会。快攻的形式有以下几种。

(1) 守门员获得对方射门的球,此时对方三条线压得比较靠前,守门员迅速地用脚踢给本方埋伏在对方后卫线附近的突击队员,或用手抛给中场占据有利位置的同伴队员,形成快速突破的机会。

(2) 在中、前场截得对方脚下球即刻发动进攻。

(3) 获得任意球时,快速罚球也能形成快攻机会。

快攻最为关键的因素在于"快"和"准"。

快攻中通过边路传中的进攻主要有个人突破及边路队员快速插到防守者身后接球突破。

快攻中的中路突破主要有个人突破和配合突破两种形式。

快攻中的中边转移的主要形式有：中后场得球后一次性直接将球长传至边路，由边路队员突破；或者经过中场的一两次传递后再将球分到边路，由边路队员突破。

思 考 题

1. 简述比赛阵形。常用的比赛阵形有哪几种？
2. 简述各位置的战术要求和职责。
3. 个人进攻战术有哪些？你在足球比赛中是如何跑位的？
4. 简述足球比赛中接应的技巧。你在足球比赛中是如何接应队友的？
5. 简述局部进攻配合战术。
6. 简述传切式配合二过一与踢墙式配合二过一的区别。
7. 简述回传反切二过一战术。
8. 在足球比赛中如何创造和利用空间？
9. 定位球进攻战术有哪几种形式？
10. 足球比赛中常见的进攻方法有哪些？

第五章

足球中、高级班防守技战术教学

第一节 防守技战术基本概念

一、防守技术

防守技术是指防守队员对持球的进攻队员所运用的一系列防守技巧。它可分为抢、断、堵、铲、争顶五大类,每类都具有不同的技巧特征,适合运用于不同的场合。这些防守技术构成全队防守的基础。防守技术运用的一般顺序:第一为断截球;第二为盯堵(争顶),限制持球队员转身;第三为抢夺球;第四为正面阻援;第五为采用铲球破坏技术。

由于足球比赛场上情况十分复杂,防守技术的运用也要视实际情况随机应变,灵活运用。

无论是抢、堵、断、铲、争顶哪种防守技术,在具体的运用中都会不同程度地涉及"接近"、"角度"和"距离"这三个要素。

1. 接近

接近是指防守队员跑向控球队员的一段距离。接近的速度要尽可能快,但快中又要稍有控制,留有余地。

如果断截传球十分有把握,则必须十分果断而快速;如果当对手背身接球时,也应全速逼上,紧逼对手,以限制其转身;如果对手已经拿好球,或当防守队员欲上前紧逼时,进攻队员有可能将球控制好。这时,开始接近的速度要尽可能快,但最后几步必须稍加控制,放慢一点,以便当进攻队员在最后一瞬间突然带球快速摆脱时,能够及时随之变换方向,争取有效的防守措施。

2. 角度

角度是指以球和守方球门中点连接的直线为基准的迎上盯抢的方向(角度)。一般来说,接近的角度同球与本方球门中点连接线是一致的。但要分清以下几种情况。

(1) 如果在对手接控球的一瞬间，能够迎上去紧逼持球者，逼上的角度应正对持球者，并尽可能阻止对手转身。接近对手的角度应力争做到：尽快站于"线"上，尽快贴近持球队员。

(2) 如果随便跑入线上，持球队员将有可能获得时间射门、传球和运球。

(3) 如果不考虑尽快插入"连接线"上，而是直奔持球队员，同样有可能给对手造成射门、传球或运球的机会。

(4) 如果能兼顾上面提及的两个因素，以一定的弧度跑入"线"上，将有利于防守与抢球。

3. 距离

防守队员与持球进攻队员之间的距离，取决于是阻止射、传还是运球。如果是封堵射门和传球，距离应比防堵运球更短，要贴近对手。兼顾各种情况而言，最好与对手保持1.5米左右的距离，这样既可封堵对手向前的活动，又可限制他的活动空间，达到紧逼盯人的目的。

(一) 断球

断球是抢球技巧中最积极、最主动的方法，但也是难度最大的抢球手段。它要求防守队员具有丰富的经验、敏锐的观察和预判能力。

1. 断球的顺序

(1) 预测传球。根据比赛情况（进攻队员接应、跑位和防守队员站位、盯人，特别是所盯进攻队员与持球队员相互间的具体条件），预测将要传出的路线、方向、落点等，以判断有无断球的可能，并选择最佳的位置。对持球进攻队员的传球意图的准确判断，是断球成功的决定性因素。

(2) 判断断球的时机和球速，以决定出击的时机。

(3) 选择断球点。按第一个断球点迎上断球，很可能断不到球，因断球点与传球者相距太近。若断球者起动太早，易暴露自己的意图，传球者有可能突然改变决定；若断球者为了隐藏自己断球的意图而较晚起动出击，则可能因传球距离太短，来不及赶到断球点将球截获。如果按第二条线路去断球，接球队员很有可能抢先一步拿到球。所以，只有第三条断球线路是正确的、最佳的选择，既有较充分的起动出击时间，又早于接球者抢先一步断截球。

(4) 选择断球时的身体部位，如脚内侧、脚外侧、脚尖、大腿、胸腹、头等。用头断球时不能达到断球后控球和传球的目的。

(5) 在出击断球的一瞬间，必须决定是将传球破坏掉，还是将球控制在自己脚下，或者将球断传给同队队员。

2. 断球的要求

（1）断球前防守队员的站位要正确，站位要选择适当的距离和较好的角度，使传球和接球的进攻队员都能在自己的视野范围内。

（2）防守队员在断球前应隐藏自己的意图，甚至使自己的行动（神态、眼神、站位距离等）带有欺骗性。

（3）断球时机的判断要准，断球时的跑动和动作必须快而狠，要有突然性、爆发性。但切忌过分心急，盲目瞎扑。

（二）抢球

抢球是比赛中运用最多的防守技术。一次成功的抢球，为比赛胜利奠定了基础。抢球技术可分为正面抢、侧面抢和背身抢三种。

1. 正面抢

（1）一般用脚内侧部位抢球，因接触球的面积大，抢球时牢靠，把握性大。

（2）支撑脚位于球的侧方，与球保持适当距离，膝关节稍弯曲，以降低身体重心，保持身体平衡，以利于抢球时发力，产生强劲的冲击力。支撑脚太直，身体重心太高，是抢球时常见的错误。

（3）要善于选择和掌握最适宜的抢球时机。如持球的进攻队员低头看球时，推拨球超出控制范围，最好在对手刚推拨球的一瞬间，突然快速出脚进行抢球。

（4）出脚抢球时，上身前倾，支撑脚用力蹬地发力，身体重心迅速前移，用抢球脚的内侧对准球的中心部位。

2. 侧面抢

当防守队员与持球队员处于平行位置（如追赶带球的进攻队员，两人处于平行）时是运用侧面抢的最好时机。

（1）防守队员抢球前，必须要靠近球。

（2）支撑脚踩在球的前面一点。

（3）用抢球脚（离进攻队员远侧腿）的脚内侧部位，从带控球进攻队员的两脚之间将球"卡"住（即回扣动作）。

（4）以支撑脚为轴，转动身体将抢下的球带走或向上提拉球越过进攻队员的脚背。

3. 背身抢

背身抢运用于进攻队员背向进攻方向控制球时。背身抢的首要目的是竭力限制进攻队员转身。当对手控球背对进攻方向时，就很难使进攻构成大的威胁。

（1）不要紧紧贴住对手，否则难以看清对手脚下控制的球。看不见球，就易受对方假动作的欺骗。最好同对手保持 0.5～1 米的距离，这样既能看到球和对手的动作，又能对控球者造成较大的压力，牢固地控制对手。

（2）出脚抢球的最好时机是当进攻者试图转身，即半转身的一刹那。此时，进攻者既不能很好地用身体掩护球，同时身体重心也处于不稳定之中。

（三）封堵

封堵是一种经常采用的防守手段。封堵分为正面封堵和背身封堵两种。

1. 正面封堵

正面封堵多用于比赛中以多防少时。目的是为了限制对方展开快攻，为本队及时回防争得宝贵的时间。此时，靠近持球队员的防守者要选好站位角度，既要防止进攻者采取二过一传切配合突破，又要防止持球者突然带球向前突破。不能急于抢球，更不能孤注一掷，贸然上前扑抢。

正面封堵的战术意图如下：

（1）封堵传球的角度；

（2）封堵内线，迫使对手走边，不让球推进到守方门前；

（3）封堵边路，迫使对手走中路，抑制对手擅长的边路进攻；

（4）封堵攻方向前、向边的进攻线路，迫使其横向移动，阻止其向前渗透和威胁性进攻。

2. 背身封堵

背身封堵主要用于限制控球的队员转身面对进攻方向，减少进攻的威胁。

（四）铲球

铲球通常是在比赛中运用防守技术的最后一招，运用时必须十分谨慎。因为一旦运用铲球失败，将会使本队在短时间内形成以少防多的被动局面。铲球技术一般可分为脚内侧铲和脚外侧铲两种。

1. 铲球技术运用的时机

铲球技术主要运用在进攻者快速向前带球，防守者已无时间赶在对手前面进行正面堵抢，而进攻者又处于有可能射门、传中或采取威胁防守方球门的行动时，在此情况下防守者必须果断地从持球队员的侧后进行铲球。

2. 铲球技术的基本要求

（1）要有勇气和胆量。

（2）准确判断距离和铲球时机。

（3）倒地时应有自我保护意识和技巧。

(4) 不要犯规。

(5) 铲球失误后应迅速起来继续防守。

(五) 争顶球

比赛中对争顶球的要求如下。

(1) 既要善于争抢高点，又要擅长抢前点。

(2) 既要运用左右脚、单脚起跳头顶球技术，又要熟练掌握双脚原地起跳的顶球技术。

(3) 为了加大争顶球控制空间的范围，必须提高对各种传球的判断能力。力争做到尽早判断，尽早起跳（要有滞空能力），占据有利的空间位置。

(4) 争顶球之前要注意观察四周的情况，跳起争顶球时力争将球顶向同伴。但比赛中多数情况下争顶球带有破坏性的特点，此时则要求尽可能将球顶向两侧远离本方球门的地点，切忌将球顶到本方球门正面罚球弧线一带。

二、防守战术

（一）个人防守战术

1. 选位

选位是指防守队员在防守时选择占据合理的防守位置。一般应处于对手与本方球门中心所构成的一条直线上。

在失球瞬间，防守队员应根据自己的防守范围与对手的情况，迅速选择有利位置，并朝着本方球门退却收缩，以便封锁对方向本方球门进攻的路线。在防守过程中要时刻观察场上情况，做到人球兼顾，决不能让对手离开自己的视野范围，要随球和进攻队员的位置变化而移动防守位置。

2. 盯人

盯人是指防守队员控制进攻队员的行动与传接球的时间与空间，目的在于阻止对方接球，并在对手接球前或接球的一刹那紧逼。

盯人的方法如下：

(1) 对有球队员及其附近的队员采用紧逼的战术；

(2) 对离球远的对手可采用松动盯人的战术；

(3) 对方队员接近球门时一定要紧盯。

3. 抢截

抢截是将对方控制的球抢断下来或破坏掉。行动的前提是必须保证整体防守稳固。

（二）局部防守战术

1. 保护

保护是指在同伴紧逼控球的对手时，自己选择有利位置来保护同伴，防止对手突破的默契行动。保护时选位的基本要求是队员间距离适当地斜线站位，这也是后卫线防守站位的基本原则。斜线站位可避免出现对方突破一点而使己方全线崩溃的局面。

2. 补位

补位是指防守队员间的互相协作的防守配合行动。补位有两种：一种是队员去补空当，如边后卫插上助攻时，就有一个同伴暂时补他的位置，以防插上进攻失误时对方利用这一空当进行反击；另一种是队员的互相补位，即交换防守。互相补位一般都是临近的两个同伴之间互相交换防守，这样出现漏洞的可能性就小。

3. 围抢

围抢是指防守时几名队员同时围堵、抢断某局部地区的对方控球队员的默契行动。防守队半场的两个底角和中场的边线附近是围抢的有利地区。底角有边线和端线，可限制对手的进攻方向，而中场边线附近，一方面受边线限制，另一方面这一地区易组织边锋、后卫、前卫进行围抢，故效果较好。当对方进攻推进缓慢或局部配合过多、缺少转移进攻时，则是组织围抢的最好时机。

（三）全局性防守战术

1. 区域防守

区域防守是指根据场上队员位置的分布，每个防守队员防守住一个区域，在对方某一队员跑入本区域时，就进行积极防守，限制对方进行进攻活动的配合方法。

2. 人盯人防守

人盯人防守是指每个防守队员盯住一个对手，封锁对方的进攻路线，控制对手的活动和传、控球的配合方法。

3. 混合防守

混合防守是指人盯人与区域防守相结合的防守方法。目前在比赛中普遍采用混合防守的方法。

（四）造越位和反越位战术

1. 造越位战术

当对方进攻时，在向前传球前的一瞬间，本方后防线上的人员有指挥地统一前压,使进攻队员在本方队员传球时已处于越位位置。

应注意的是必须全体人员行动统一,否则,一旦造越位失败,将带来无法补救的后果。一般由拖在防线最后的自由中卫进行统一指挥。

2. 反造越位战术

反造越位战术是针对防守一方采取造越位战术而制定的。当本方队员传球前的瞬间,处在第一线的进攻队员必须随对方队员前压,往回移动,始终不让自己处在防守队员身后。与此同时,中场或后场的进攻队员隐蔽地向前快速插上,插上跑动应与传球时间配合默契,最好的时机是插上队员还未超过防守队员位置之前,传球者刚好将球传出。掌握得好,一般形成单刀球,使防守一方难以补救。

（五）防守练习方法

方法一:可采取半场攻、防练习,以增强区域防守和混合防守的位置概念,以及协作防守换位、补位的默契。

方法二:采取小范围1/4场地、1/2场地及全场人盯人抢截练习,以增强盯人队员的责任心和个人防守能力。

方法三:在教学比赛的实战中培养整体防守和个人防守能力。

第二节　控制和封锁空间

一、控制和封锁空间的意义

第一、第二防守者是在进攻方有球队员就近地区进行防守,控制、封锁远离球的其他区域和空间的职责需要由第三防守者承担。从防守的层次上看,第一、第二防守者主要针对于局部,而第三防守者则是把握整体。进攻一方的主要目标通过多种有效的进攻战术配合,将球推进到对方防线的身后区域,力求创造破门得分的机会。对于防守一方来说,则必须通过占据、封锁要害的空间（防区）,追盯进攻队员,设法将对方的进攻活动限制在本方防线的前面并有效地瓦解对方的进攻。为了阻止对方的进攻向本方防线纵深渗透,最重要的是妥善处理回防队员和保护区域的关系,一般应遵循以下两个原则。

(1) 进攻队员距本方球门越近,对他的防守就应盯得越紧。严密封锁空间,不允许进攻队员有射门的机会。

(2) 进攻队员距本方球门越远,对他的盯防就应该越松。盯防的距离远,对手对本方球门构成的威胁较小。

二、第三防守者的主要技巧

第三防守者的主要技巧包括回位跑、选位和追盯等。

(一) 回位跑

1. 回位跑的时机

一场比赛中双方攻防转换约 300 次,也就是说双方控球权的交替约达 300 次。控球权转换的瞬间是足球比赛中十分关键的时刻。由攻转守的一瞬间,一些队员处于球的前面,如果不迅速回防(回位跑),就为对方造成以多攻少的战机,进而有可能直接威胁本方球门。由攻转守时,近球者应延缓对方进攻速度,边防边退。此时,临近的队员迅速回位,担负保护的职责;处于较远处的队员也应迅速跑至进攻队员与本方球门之间的空当,担负起第三防守者占据和封锁空间的职责,并使双方的攻防人数达到均势。

2. 回位跑的路线

不同位置的队员回位跑时有不同的路线。但总的原则是从进攻者与本方球门之间的内侧方向回位跑,并要选择最短的路线。边路队员以近侧门柱为方向回位跑,中路队员以球门中点为方向回位跑。

3. 回位跑的距离

回位跑时必须洞察场上的局势并作出正确的分析,确定自己回位跑的距离。要形成防守纵深,保持三条线(前锋、前卫、后卫)的紧密联系。随着对方攻势的发展,处于不同的场区,三条线保持的距离有所不同。在接近对方端线由攻转守时,在本方前场三条线的距离可相距较远,而在本方后场罚球区前,三条线的距离应保持较近,压缩防守空间,加强对禁区前要害地带的保护与封锁。

保持防守纵深是形成全队整体严密防守体系的重要保证。比赛中难以形成防守纵深的原因有以下三点:

(1) 不回防或回位速度太慢;

(2) 纵深拉得太长,使三条线之间的空当太大;

(3) 队员之间站位过于平行(缺乏前后纵深),盲目挤压空间及造越位不当。

4. 回位跑的队形

在回位跑的过程中,既要注意纵深的距离,也应注意到同伴横向间的联系与配合。横向联系并不是要占据整个比赛场地的宽度。防守的宽度取决于球的位置和对手所处的情况,有时为争抢球可采取压缩防守的措施。

（二）选位

1. 选位的基本要素

当防守者采取正确的回位跑时，他必须考虑选位的合理性。一般而言，选位应考虑以下三方面的因素：

（1）进攻者所处的位置；

（2）球门的位置；

（3）球所处的位置。

防守者的基本任务包括盯人和保护区域两个方面，选位必须顾及这两个方面。

2. 选位的随机调整

比赛中由于球和进攻者不断地运动，防守者为了盯住对手，保护同伴，封锁空间，也要相应不断地调整自己的位置，选择最佳的站位角度以利本队的防守。

随着比赛中对球的争夺点的变化，防守队员要交换职能重新组织防守力量。调整位置考虑的还是上述三个要素：进攻者、球门和球三者所处的位置。若某一进攻队员接球，则必须对其紧盯，施加压力，并需要同伴及时保护。担任第三防守者任务的队员，向本方球门方向回跑时，既要兼顾第一、第二防守者的情况，又要对第三进攻者保持较远的距离。因为此时第三进攻者离球较远，对球门没有构成直接的威胁，当球转移到他的脚下时，由于球的运行时间较长，尚可来得及对其重新紧逼。

（三）追盯

比赛中大量失球的典型战例生动地说明，防守中的回位占据要害区域是防守成功的一个重要方面。但仅此一种防守技巧是不够的，进攻队员仍可通过插入要害地区的跑动，抢先创造和利用空间，构成对球门的威胁。因此，第三防守者对无球进攻队员的追盯，对巩固本方的防线具有特别重要的意义。

即使防守队员占据了有利的位置（处于球和盯防对手的球门侧），也仍存在着进攻队员向前跑动并使一名或多名防守队员处于其身后的可能性（即抢先占据有利位置）。若防守队员只顾看球而未注意对手，可能会无法看到对手向身后切入的跑动。

防守队员通常对处于固定位置的进攻队员，以及总在防守队员前面进行配合的进攻队员有信心防守，对无球进攻队员斜线跑动或插入防守队员身后空间的跑动则没有信心防守。因此，防守队员应学会对无球跑动队员的盯防。

1. 追盯的重点区域

进攻队员靠近守方球门越近，对他的盯防越要严密。尤其在防守对守方球门构成威胁的要害地区，不仅后卫线队员对进攻队员的任何行动都要严加防范，中场队员也必须保持高度警惕，要紧紧追盯那些企图插入本方防守腹地的对方中场进攻队员。

进攻队员无球跑动可能希望达到下列目的：

（1）插入要害空间，企图获得同伴的传球以直接威胁守方球门；

（2）将防守队员从正确的防守位置吸引出来，为进一步展开攻势创造机会。

防守队员迅速对进攻者跑动的目的作出判断是至关重要的。进攻队员朝防守者身后做无球跑动有两种方式：由边路向中路位置的跑动和由中路向边路位置的跑动。

由边路向中路位置的斜插，这是最危险的跑动。防守队员绝不可让进攻队员在无人盯防的情况下进行这种跑动。为有效地对进攻队员进行追盯，防守队员必须始终位于进攻队员与本方球门之间，始终使对手和持球队员处于自己的视野之内。

当防守队员追盯无球进攻队员时，防守队员之间很可能出现空当，此时应运用以下两种方式控制这一空当：

（1）位于球门侧的防守队员，横向移动以封锁中路空当；

（2）向球门侧回位的队员应占据要害空当，若无法封闭全部空当，那么首先应该放弃的是离球最远的边路空当。

2. 追盯时的距离

对守方球门威胁较小的无球进攻队员的跑动是由中路跑向边路，或由进攻前沿往回跑向防守半场，对无球进攻队员进行的这种跑位，防守队员对其追盯是必要的，但须掌握好恰当的追盯距离。如果防守者被引到边路或离中路太远，就会在防守的要害腹地形成较大的空当。这正是对方进攻队员无球跑动所要达到的战术目的。如何确定最适宜的追盯距离，必须根据比赛时的具体情况而定，如持球进攻队员所处的位置、其他进攻队员的位置、守方同伴所处的位置等。选择适宜的追盯距离应该考虑到以下几方面：

（1）能够断截传向所盯队员的球；

（2）能够及时靠近进攻者；

（3）能够保护好中路要害地区。

三、控制和封锁空间练习示例

（一）选位

为了使第三防守者掌握选位的基本方法和原则,开始阶段可在30米×20米的方格场地内进行3对3的对抗训练。目前,在占据和控制空间的防守中,国际上流行区域防守结合盯人的防守方法。关于第三防守者（即除第一、第二防守者之外的所有防守队员）的训练,可在掌握基本站位原则的基础上,通过区域防守进一步培养有关的防守技巧,如半场攻守练习7对10,除自由人外,每名防守队员负责防守一个区域。

1．区域防守的要求

（1）要特别强调临近位置的两名防守队员彼此间的呼应。

（2）自由人和守门员要充分发挥指挥作用（高声呼喊）。

（3）当持球者快速运球通过各区域时,常会引起防守队员之间的误会,必须学会协调动作。

（4）因每名防守者不是专盯某一名进攻队员,有时会分散注意力,要学会高度集中注意力,增强责任感。

2．防守者注意事项

在占据恰当的位置后,防守者必须注意以下几点：

（1）高度关注传入身后空间的球；

（2）注意抢刚传到对手脚下的球；

（3）力争断截球；

（4）阻止控球队员转身面对进攻方向；

（5）封阻对手向有威胁的方向传球；

（6）必要时可采取铲球动作；

（7）如果实施破坏球,则将球踢得越高、远越好,最好往两边踢；

（8）如果有可能,则夺回控球权。

（二）保护练习示例

（1）2对2攻守练习：在20米×15米的场地内由专人供球,可采用消极对抗。

（2）3对3比赛：在30米×20米的场地两端各设一小球门,双方进行对抗赛。

以上练习中,每一名防守者将会不断地转换职能,可以反复地训练保护队员的技巧。练习中要特别注意站位角度、距离和彼此间的呼应。

（三）封锁练习示例

第三防守者的技巧较为复杂，每名防守队员在场上的行动很大程度上取决于比赛的形势。因此，针对练习中的具体情况，教练员及时分析防守队员如何实施自己的职能就显得十分必要。练习初期，由于队员对占据和控制空间的知识不足、概念不清，可采取以下初级练习方法。

（1）进攻一方作站位进攻，在规定的场区内不许移动。当持球者传球给某一进攻队员时，持球队员将球停在自己脚下，此时有足够的时间让其他防守队员选好角度站位，组织防守。在每一名防守者都正确站好位后，持球队员再将球传给另一名进攻者，让守方队员根据场上新的情况重新站位，组织防守。

练习中主要强调：
① 掌握回位、站位的基本知识；
② 掌握追盯的基本知识。

（2）第三防守者初步掌握了防守技巧后，应通过3对3、4对4、4对5、5对5、7对7等局部和整体防守训练法进一步完善其技巧。

（3）结合不同场区进行攻守练习，提出不同任务进一步完善防守技巧。训练中注意强调创造与封锁空间的技巧训练。

（四）追盯练习示例

练习在半场内进行。5名防守队员、1名守门员和5名进攻队员，教练员向进攻队员传球。练习开始时，每一名进攻队员都应处于球门侧的防守队员盯防中。进攻队员进行斜向跑动，在配合中力求破门得分。防守队员练习对有球或无球的进攻队员进行追盯，练习弥补由于防守队员追盯对手而留下的空当。练习最终发展成11人制的比赛。

教学中的观察要点如下：
（1）防守队员应始终使球和对手处于自己的视线之内，并根据对手的移动不断调整站位。
（2）观察防守队员对由外向内横向带球跑的对手是如何追盯盯防的。

第三节　紧逼与保护

一、紧逼的概念

所谓紧逼是指防守队员能接触到被防守者，并且能够运用一个动作就可以直接阻碍进攻队员处理球的防守方法。无论个人或集体防守，紧逼都是最主要的防守方式。紧逼有时并不一定能够直接抢下球,但由于紧逼队员的干扰,能够为其他队员的抢球创造良好的契机,造成进攻队员的失误。

二、紧逼的重点区域

根据战术要求,队员可在球场的任何区域实施紧逼,但防守罚球区及附近区域是紧逼的重点区域。因为防守罚球区及附近区域处于对手的射程之内,防守队员的任何疏忽都可能破坏本队的防守。在防守罚球区及附近区域的紧逼,一方面可以给进攻队员以持续的压力,迫使其产生错误的选位和接应;另一方面限制对手获得球的时间和空间,使有球对手因慌乱而丢球。因此,在防守罚球区及附近区域必须对有球的对手实施贴身紧逼。中路是组织进攻的重点区域,也是实施紧逼防守的重点区域。当本队在中路取得人数上的优势时,必须对对手实施紧逼,最大限度地破坏对方中路的进攻组织,为本队在本方罚球区及附近区域的有效防守提供有力的支援。

三、紧逼的距离

紧逼的距离一般离对手 1~1.5 米为宜。这样既能随时断截对方的传球,又能在对方转身突破时处于领先对手的位置。此外,紧逼的距离还取决于下列原因。

1. 速度

速度对后卫及其防守对象尤为重要。如果防守队员比对方前锋速度快,则可站在距离被防守者较近的地方。如果速度慢于对手,采用贴身紧逼是十分危险的。此时,防守队员应当后撤到这样的距离:即使需做转身动作后,也能比对方抢先接近球。

2. 技术水平

如果对方技术好,但速度慢,则可贴身紧逼对手,伺机直接破坏对手的接球。对技术较差的对手,可保持较远的距离,这种队员接球需要的距离较大,球弹出后离他较远,可在他接球后实施抢截。

3. 球所处的区域

当球离本队球门较远时,则紧逼的距离可稍远;离本队球门较近、威胁较大时,则紧逼的距离要近些。在紧逼盯人的同时,还应始终使自己处于既能观察球又能兼顾对手的位置,并根据比赛情况将紧逼同保护补位、守与攻的转换有机地结合。

四、保护的概念

"保护"是指位于抢球队员（第一防守者）身后的保护队员（也称第二防守者）直接提供增援的防守方法。保护队员所处的位置，可封阻进攻方对防守球门的威胁。保护队员与抢球同伴之间的距离和位置，应根据球、本方球门和进攻方队员的具体位置，伺机而变，灵活选择。保护队员的职责主要是处理发生在球周围的各种情况。抢球同伴与对手争夺球的结局，便是保护队员下一步行动的基本依据。

五、保护的作用

1. 进攻作用

若本队抢球同伴夺球成功，则担当保护的队员可迅速转换职能成为第二进攻者，即接应队员。

2. 防守作用

若抢球同伴受挫，则担任保护的队员可迅速转换职能成为第一防守者（即抢球者），继续遏制对方的进攻势头。

3. 精神作用

有保护队员居后增援，以及语言和位置上的呼应与鼓励，使第一防守者面对对方的控球队员信心更足，无后顾之忧。

六、保护的要素

保护技巧包括距离、角度和呼应三大要素。妥善处理好这三大要素之间的关系，才能充分发挥保护的重要作用。

1. 距离

距离是指第二防守者同抢球队员彼此间相隔的距离。保护距离与球在场区的位置及当时攻守局面的发展情况有很大的关系。

保护的距离还应考虑到对手的特点和类型，在对付速度型进攻队员时，保护队员应离抢球队员稍远些，以便进攻者突破同伴后有时间选择行动。如果距离太近，有可能使速度快的进攻者形成一过二的有利战机。在对付技术型进攻队员时，保护队员则应当离抢球队员更近些，以便在同伴被突破后能及时上前堵截进攻者，使其在更短的时间、更小的空间范围内难以发挥技术优势。如果抢球队员的速度比对手快，保护队员离同伴近些不会有什么问题；如果抢球队员的速度慢于对手，保护队员应距离同伴稍远些。在任何场区，如果抢球队员与保护队员之间的距离超过10米，那么抢球队员一旦被突破后，保护队员也很难完成任务。

2. 角度

1）选择适当角度

适当角度的选择，必须视对手所处的位置和当时攻守局面而定。一般选择站位角度既能为第一防守者提供及时的补位，又能观察邻近攻守方队员的动向，尤其是第二进攻者（接应队员）的行动。一般站位角度为靠球门一侧与抢球同伴成 45°。保护队员选择这样站位角度的有利之处是：

（1）保护了抢球同伴身后的要害地带；

（2）对接应队员的防守也可兼顾，可施加一定的压力；

（3）抢球队员容易观察到侧后方的保护队员，彼此便于呼应，增强了防守者的信心；

（4）一旦抢下球后能迅速转入接应。

2）易犯错误

（1）站位角度缺少宽度：站在第一防守者垂直线的身后，远离第二进攻者，不能对其施压，也不便断截对方的传球，直接通向守方球门的通道完全暴露；另外，由于抢球同伴的遮挡，视野受限。

（2）站位角度缺少纵深：基本上与抢球同伴平行站位，致使抢球同伴身后的要害地带暴露，对方可充分利用空出的要害地带发起渗透性进攻，严重威胁本方球门；如果抢球同伴夺下球，则接应角度也不好。

（3）站位于外侧：这是由于第二进攻者跑向第一进攻者身后外侧，导致第二防守者也随之位移至外侧，如此站位严重错误，不仅使抢球队员身后的要害地带完全暴露，而且也使抢球队员完全失去同伴的保护。

3）封阻进攻方向

在某些比赛形势下，为了封堵对方最有威胁的进攻方向，保护队员可暂时离开有利的保护位置，原有的保护职责由邻近的另一同伴承担。

3. 呼应

呼应是比赛场上的语言联系，也是一支成熟的、有经验的球队的重要标志。如果队员间相互不呼应，很容易引起防守的混乱。

保护队员应与抢球队员保持呼应，如果抢球队员的位置不正确，保护队员的选位必然很难。保护队员应及时提示抢球队员的站位和行动，比如，"逼近些"、"迫使他走边路"等。队员注意力要集中，并耐心地执行职责。呼应时用语要简练、明确，声音要洪亮。呼应有利于鼓舞士气、创造气氛、增强全队防守的信心。

第四节 定位球的防守

有研究认为,比赛中约 40% 的进球是任意球攻入的。为什么对任意球防守如此困难呢?这是由两个特别的原因造成的:一是进攻队一方可以将许多队员置于事先设计好的预定攻击区域位置;二是防守队员必须退出离球 10 码(9.15 米)以外的位置,因此不能对主罚队员产生直接阻止或破坏主罚队员罚球动作的防守效果。

除上述两个原因外,还有两个原因来自球队本身。一方面是球队缺乏对任意球防守的严密组织;另一方面是在比赛停顿时,许多队员注意力不够集中。

一、任意球的防守

(一)直接任意球的防守

由于直接任意球可以直接射门得分,因此,防守直接任意球的首要任务是防止对手直接射门。比赛中常常采取布置防守人墙的方法来阻挡、封堵对手射门的有效角度和面积。

在布置人墙时应当明确以下几个方面的问题。

(1)由谁来组织布置人墙。一定不是守门员而应当是其他某个队员来组织布置人墙。守门员在同伴排人墙时的位置选择应当从两个方面考虑:一是既能看到球又能看到罚球队员,不站在防守人墙后边;二是靠近球门中心。

(2)由多少人来排防守人墙。这一点应根据罚球的位置来确定。一般来说,离球门越近,射门角度越大,排人墙的队员人数越多;反之,人数越少。

(3)排人墙的队员应当怎样做。在排人墙时,应当明确哪几人负责人墙的左边位置,哪几人负责人墙的右边位置。如果事先不对此作出明确安排,那么队员排人墙时就会造成混乱,从而可能被对手利用,罚球射门或迅速传出攻破防线或球门的危险球。

(4)排人墙的队员何时可以散开。人墙一般在球罚出后才能散开。如果防守人墙过早散开,则主罚队员可乘机将球从人墙缝隙间射过直接攻门,对守门员来说等于被自己的人墙所骗。在多数情况下,人墙散开时队员应当同时向球的位置移动,不要各自向各个方向散开。

(二)间接任意球的防守

在罚球区内防守间接任意球时,人墙应当尽可能地保护更大的球门区域面积。当全部队员都必须退到球门线上排人墙时,守门员应当在人墙的中心位置。当球一被踢出,全体防守队员应当立刻向球压上,这样可更好地封堵射门的角度,也可使对手处于越位犯规状态。

防守对方罚任意球时,首先采用合理手段,减少对手渗透性传球的路线,迫使对手使用技术难度更大的动作去踢球,这既可延缓对手的进攻速度,也可增加进攻罚球的难度。无论是防守直接任意球还是间接任意球,特别是罚球区附近中路的直接、间接任意球及罚球区内的间接任意球,都要注重防守要害空间。在不同的空间位置内安排不同的队员,如在争抢空中球的要害空间位置内安排弹跳力强、头球好的队员,在防守对方可能突然插上的空间位置内安排防守能力强、抢位意识好的队员。

二、角球的防守

角球防守时应以多防少,少数人留在外线以准备反击。一般以头顶球技术较好的队员把守主要区域,并重点盯防进攻一方头顶球有威胁的队员。其他队员进行人盯人防守,站位时要遵循个人站位原则,将攻方人员顶在外线,且不要离球门区太近,以免妨碍守门员的活动范围。在对方主罚队员9.15米处站一名防守队员,以防止攻方采取配合战术或传低平球。应有一名防守队员站在近端门柱处,以协助守门员防守射向近端的球。

思 考 题

1. 简述防守技术。
2. 断球的顺序和要求有哪些?
3. 个人防守战术有哪些?
4. 局部防守战术有哪些?
5. 全局性防守战术有哪些?
6. 足球比赛中如何控制和封锁空间?
7. 简述第三防守者的主要技巧。
8. 简述保护的作用与要素。
9. 如何才能有效地防守任意球进攻?
10. 如何才能有效地防守角球进攻?

第六章 比赛中战术运用分析

第一节 足球比赛中决定胜负的因素

比赛中决定胜负的因素很多,按影响重要性来看,依次应是:队员的竞技能力及比赛发挥、队员身体(心理)健康、教练员的指挥才能、裁判员的职业道德与业务水平、环境条件因素与不可测因素。

一、队员的竞技能力及比赛发挥

运动员竞技能力由身体素质(耐力、速度、力量、灵敏性、柔韧性)、球场智力(技术、战术意识)合作和灵活性等因素构成。

(一)身体素质

耐力、速度、力量、灵敏、柔韧五项基本素质是从事足球运动最基础的要求,没有一个良好的身体素质,不可能在足球场上有良好的表现。运动员体能是比赛的基本保障。体能水平低,必然导致技术水平下降,技术动作变形,各种技术动作失误增多。速度素质对于运动员在足球场中获得时间与空间上的优势至关重要。力量素质为运动员进行各种技术动作提供了强有力的支撑。足球场上在一瞬间获得机会的能力是灵敏素质在帮助球员。柔韧素质使球员能够规避损伤。

(二)球场智力(意识)

当人们决定走向足球场的时候,如果想在这块场地上实现自己的理想或是获得更多的乐趣,那么一定要注意球场意识的培养与增强,应该认识到球员的意识是第一位的,因为意识不是苦练就能解决的。

"意识"是人脑对于客观世界的反映,是感觉、知觉、思维等各种心理活动的总称。其中,思维是人类特有的反映现实的高级意识形态,是智力要素中的核心因素。

足球意识泛指人们(运动员、教练员)对足球场上所有发生或可能发生的事件,包括主观、客观、偶然等因素和各类突发事件对比赛中所占地位,对比赛进程、影响比赛结果客观规律的认识。

足球意识可以概括为:在足球比赛中,运动员在运用所掌握的各个单项技术动作时是否经过科学合理的判断选择;运动员对瞬时运用采取的集体攻防战术是否具有科学合理的认知。

1. 技术及技术意识

(1) 技术。足球中的个人技术即通常所说的基本功是参加足球赛的基础,技术全面、熟练,并具有一定特长的球员被认为是有价值的球员。在球队中,技术好的队员越多,胜利的希望也就越大。目前,还无法用定量指标考核球员的技术能力,只能主观上去感知球员技术的好坏,因为在考核某一技术时,其心理因素起到越来越大的作用。

(2) 技术意识。个人技术非常全面的队员,不一定在足球场上表现得很好,因为他不一定清楚或认识到何时何地应怎样正确运用所掌握的技术。在足球场上因个人技术运用的错误,导致全队士气瓦解的例子比比皆是。在足球比赛中,虽然个人技术水平是决定比赛胜负的重要因素,但不能说是决定性的因素。真正起决定作用的因素是:球队中每个队员个人技术都能有效地发挥,技术动作都能合理有效地使用。

90分钟的足球比赛,(加上补时)不会超过95分钟。去掉换人、队员受伤、偶发因素,有效的比赛时间不会有90分钟。场上的每一个队员控球不过只有3分钟左右时间。这3分钟的时间对于每一个队员来讲真可谓黄金时间。队员在大部分时间里都处于跑动的状态中,在这里就有一个择优处理场上事件的问题,其中最主要的就是对球的技术处理。包括对传、接、控、运、射等技术运用处理技巧都应有选择性。队员在无球状态时(大部分时间是处于无球状态)存在一个无球技术的应用问题。无球时,选择最佳的站位、跑位或瞬时的一些无球技术动作,如掩护本队控球队员、与队友做交叉掩护、站在有利于同伴进攻或是防守的位置上,这些都体现了运动员的技术意识。后面我们会详细阐述。

2. 战术意识

足球比赛中,集体战术(特别是进攻战术)运用频繁。问题的核心是每次进攻战术的运用是否恰当,攻击的是否是最佳点。比赛的经验告诉我们,比赛不是哪一个队进攻的越多就一定取得比赛的胜利。

战术运用应根据临场比赛的情况,绝不能生搬硬套模式,哪怕训练时得心应手,但绝不可取。所有战术的运用,特别是进攻战术的运用,都要讲运用条件、运用时机、运用区域(中场、前场、左路、右路)和运用效率(结果)。

例如,巴西队个人技术、战术配合均高出对手一筹,就可采用层层推进,逐步渗透战术性传切配合,控制节奏、突然变向、变换节奏战术。

若本队队员技术一般,控球能力略逊于对手,战术配合不过硬,中场甚至后场经常丢球,就应进行简单的长传冲吊,直接打对手的身后,采取乌蝥战术,通过拼体能减掉对手优势能力。

分析判断比赛场上瞬时双方交替变化的对阵态势对已有利还是不利,需要队员有一个长期战术意识培养和形成的过程。尤其是在双方实力非常接近的时候,确实是一件比较难的事。但是,作为足球场上的运动员应当明白,场上确实存在着可以利用或主动创造出来一些有利于进攻一方或是防守一方的瞬时对阵态势。凡是能成功利用到这些有利于进攻的瞬时态势而发起的进攻,和一个随意不考虑有利无利状态而发起的进攻,其结果将明显不同。

建立"足球意识"这一概念,必须具备一个前提:足球比赛中确实存在大量的个人技术、集体战术运用可遵循的规律。教材的编写就是要从大量的足球比赛中,研究有代表性的、足够多的案例,系统归纳,上升到理论高度重新认识,并反馈指导足球的教学和训练。以此证明,足球意识确实存在,并在足球比赛中显示出其强大的生命力。

（三）合作和灵活性

战术打法、阵形布置、队员之间的合作与灵活性的默契程度,毫无疑问是决定胜负的重要因素之一。一支队伍实力水平要在这方面充分显现、发挥。队员可以在系统的训练和多次比赛中逐步达到熟练和默契,尤其是在小范围内战术配合默契,如"二过一"、"三过二"应变技巧。战术套路模式可以适当演练,但不能过多地寄希望于此,因为球场上的情况是瞬息万变的,关键在于队员能灵活地运用。

二、队员身体（心理）健康

运动员在比赛期间的健康状况无疑是一个非常重要的因素,一次轻微的发烧或是感冒都可能使运动员的竞技能力下降,这是不言而喻的。

队员的心理因素是反映运动员个人和整个球队是否成熟的标志,很多得势的比赛中不能赢球完全是由于队员心理因素在起着不良的作用。对手的一个动作或是一句话的刺激,使队员的注意力没有放在比赛上,而是在想着如何报复对手,或是怕承担责任,处理球时胆怯、草率,越想进球,动作越是慌乱。特别是在关键的比赛中,一两名队员心理上不稳定,会影响波及全队队员,情绪的好坏更是能直接影响到队员在球场上的发挥。情绪控制不好,甚至会起到强烈的负面作用。

三、教练员的指挥才能

教练员影响比赛的结果不仅在比赛时期,而且也在平时的训练中。教练员的指导思想在平时的训练中就已经决定球队的基本走向和实力基础。

教练员的训练指导思想是:必须以技术和身体素质为战术发展的物质基础;必须以智力的促进作用和心理因素的保证作用为前提;必须以各因素间的作用与反作用关系为理论指导;通过有目的、有计划的科学训练,推动各竞技因素的改善,把竞技能力不断推向新的高度。

在形成竞技能力的训练过程中,任何一个因素的专门训练都不是孤立的,教练员必须在训练任务、方法设计及训练要求等方面给予适当提示和综合考虑,以促进各因素训练能相辅相成和有机结合,切实收到有价值的培养效益。

如果说运动员是一场足球比赛的主要因素,那么,教练员就是一场比赛的主导因素,因为赛前的比赛方案及指导思想就已经决定了这场比赛的基本走向。

赛前,教练员对比赛的指挥要有一个周密的思考并做出详尽的安排,并且应制定对突发事件的应变机制。要全面了解对手情况,尤其是近期情况。赛前应做到:制定周密比赛方案,包括确定主要进攻点及主要防守点,了解对方的关键人物,开好赛前准备会,统一思想,统一行动。

教练员临场指挥应做到:认真观察场上双方队员的特点,考量战术安排是否合理,场上是主动还是被动,要根据场上瞬息万变的情况及时做出人员调换。一般在下列情况下应考虑换人:对方非常主动,我方被动;某队员发挥失常,频出错误;队员自控能力差,造成不好影响;体力不支。在本场比赛已确定可以胜利的情况下,换下主力队员,为下一场比赛做好充分的体能储备;同时,也为培养新人(或是观察其他队员的能力)做人才储备。

四、裁判员的职业道德与业务水平

在比赛两队水平十分接近的情况下,裁判员是左右比赛胜负的关键因素。特别是在关键的比赛中,裁判员的错判、漏判、掌握尺度的宽严,或是偏袒一方,失利的一方就会情绪激动,分散比赛的注意力,这些都是导致影响比赛胜负最直接的因素。

五、环境条件因素与不可测因素

足球比赛中出现的客观、偶然因素较多,如比赛当天的气候、时差、观众、长时间旅行、住宿睡眠、饮食、场地条件等,都是影响比赛胜负的因素。

在足球场上,确实有许许多多的谁也无法预测的因素,如球击在门楣或是门柱上是进门还是弹出,防守队员自摆乌龙等,都是不可预测的因素。

第二节 个人技战术意识培养与运用

足球比赛处于进攻状态时,球员的个人主要技术环节有站位、跑位、传接球、控球、运球、射门、踢定位球、掷界外球等。

队员在无球状态下站位、跑位(慢跑、小步跑、冲刺跑、转身跑、急停急跑、插肩跑、后退跑)是足球技术中极其重要的个人技战术。跑位技术的合理使用,就要求无球队员根据场上的情况,随时随地调整技术动作,以适应比赛的需要。跑动多不一定就是正确。场上每一个队员在一瞬间都应有一个最佳的跑动或站位。

一、进攻中个人主要技战术意识培养与运用

(一) 传接球技术意识的培养与运用

个人技术中的传接球技术当属最重要,资料统计表明:高水平足球赛中每场比赛双方都有 460~600 次的传球机会,传球技术运用的好坏,正确性、准确性是否高,对比赛的胜负有着直接的关系。

1. 传球技术意识合理运用

1) 传球意识运用的基本要求与要领

(1) 传球技术的要求。

足球比赛中个人技术运用最广泛的是传球,在本方获得球权后,80%是将球传给队友,其次才是运球、射门。因此,一支球队水平的高低首先要看球队传球技术的好坏及运用传球技术的意识如何。传球技术复杂多样,其熟练程度和技术运用是否合理,是影响比赛胜负的关键因素。

① 在特定的场区运用独特的技术。这里所指的是运用各种脚法及传出各种不同路线的球。一个传球技术的正确运用,可能获得一次极具威胁的进攻或是进球。反之,错误的脚法,不仅得不到进攻的机会,甚至会使球队陷于被动,甚至输掉球赛。认识到传球技术中每一个细节的重要性,会使球队的整体实力倍增。

熟练运用各种部位(左右脚的脚尖、脚跟、脚背内侧、脚背外侧、大腿、头、胸部、背部)的传球技术,准确传出各种飞行路线(高、中、低、平、直、弧、吊)的球,才能在比赛中完成传球技术的意识要点,达到预期的比赛效果。有了良好的技术意识,必须具备最基本的技术能力,否则,关键时刻技术不

到家,使用起来不能随己所愿,所谓"技术意识"也是枉然。

② 观察力的培养。在球队训练和比赛中,教练员应时刻培养运动员学会观察的习惯,在自己无球、控球时,都要学会集中精力,时刻抬头观察。要求运动员在此基础上能够预测球场上的发展趋势,为自己跑位、控球及下一个动作的合理运用做好超前准备,力争做到最准确的传球、最正确的传球(在多点选择中,力求做到最合理)。长期在一块小场地上分两组进行游戏式的模拟比赛,是一种不可取的训练方法,不利于队员对整个球场观察力的培养。如果是有针对性地进行控球和运球突破能力的训练倒也无可非议。为了培养队员的观察力、传球意识及合理运用技术动作的能力,在传球训练的初级阶段,可以在局部上安排以多打少,人为加大传球的成功率,增加队员对传球的信心。

③ 相信队友。相信队友,以球队的整体利益为核心利益,要求球员有高度的责任心,传出的球不仅符合技战术要求,而且应该符合"球理",即不是选择球场上某一个队员来传球,而是这个球员的位置在这一瞬间最适合控制球。一个缺少团队精神、高傲自大、处处以自己为中心、一味显示自己的球员,是不可能愿意把"露脸"的机会给同伴的,最终这样的球员也是不可能获得成功的。

在足球场上,传球的基本要求是,尽可能给队友创造机会,当自己深陷重围时,就是传出球的时机。此时,一定要相信队友,不要怕队友露了脸。真正的足球人才,其整体表现一定会证明自己存在于这个球队的价值,最合理的一次传球,也会被队友、观众牢牢记住。

有些队员,应该加强自信,要克服在比赛场上不敢控球、不敢要球、接球后就有尽快传出去的心理。这样的队员根本不能合理运用传球的技术,甚至连起码的职责都不能完成。每个队都是11人在场上比赛,如果在比赛场上连球都不敢控制,怎能谈得上去争取比赛的胜利。在高强度对抗比赛中,胆小怕负责任是主要的心理障碍,可通过训练比赛提高。

(2)传球技术意识合理运用要领。

① 传球时机的把握。传球时机是指控球队员有条件选择传球时机,或者是在关键性的地域根据比赛场上的情况,按一定要求进行时机选择,以提高传球的质量。把握好传球时机的基本点就是要"准确、及时"。传球技术动作的快与慢没有一定规则,灵活运用就行,要有节奏,使对手意想不到。

要求队员在比赛中每次传球都能对传球的时机进行评估和判断是不太现实的。例如,在自己的后场进行一般性倒球,就没有必要约束其传球时机,其实,来回倒球的过程中,也是在麻痹对手、寻找机会,要求队员在来回倒球的过程中,主动寻找对方防守板块中的漏洞,进行妙传,以期给对手致命一击。

在中、前场地域传接球应选择以能够对对方防守板块构成一定威胁性的传球为最佳,这样的传球应允许带有失误的风险性,此时判断传接球错误应视具体情况而定。

② 球的速度及线路。传球速度、线路掌握好的标准是,协助队友顺利接球,能合理地去完成下一个动作(与接球的合理性也有关)。传球队员一定要有高度的责任心,对传出的每一脚球负责。在比赛中有一种队员,球传出去就算了事,没有考虑同伴是不是能很好接球,是否有利于全队的进攻与防守。如果比赛场上多一个这样的队员,不要谈去获得比赛胜利,可能连像样的组织进攻都不会出现。

一个有责任心、有传好球意识的队员,在传球的动机上首先考虑的是把困难留给自己,做到尽可能多地吸引对方防守队员,转移对方防守重心,调动对手,为队友跑位、接球制造出足够的宽度和空间。

③ 传球意图的隐蔽。控球队员应绞尽脑汁使自己的传球意图变幻莫测,使防守者产生错觉,为队友赢得宝贵的时间与空间。很多时候具有威胁性进攻场面的形成,往往是由于一次成功的隐蔽性传球所制造出来的。

隐蔽性传球不应该是场上的杂技表演,故弄玄虚,而是有明确的使用目的,动作要逼真。隐蔽性传球技术动作难度较大,传球成功率不及常规方法传球,有时还会被对手发觉,弄巧成拙,导致失球。因此,隐蔽性传球,最好是在关键时刻和关键区域(中、前场,对方球门区、罚球区)使用。一般场合滥用隐蔽性传球,将失去传球的效果。在关键区域的隐蔽性传球配合,允许带有很强的风险性,应鼓励队员在此区域隐蔽性传球。

④ 队员间的默契。队员间的默契程度如何,直接反映在球场上球队的整体是否协调一致。缺乏默契就会出现接应队员跑到位而控球队员没有传球,或是控球队员将球传出,接球队员没有跑到位。

为提高传接球的成功率,需要场上队员的暗示或彼此间的默契配合。比赛过程中主要靠传球队员及时观察、洞悉接球队员的跑位趋势,做好超前判断。接球队员要根据瞬间的情况做出是否进行策应,还是跑位到同伴已经制造出的空间区域接球。所有进攻队员认为自己的取位最佳,最有利于进攻,甚至有射门得分的机会,都应向控球队员发出要球信号。多个要球点会给防守者带来防守上的混乱,使其防守阵形出现漏洞,传球队员应审时度势将球传给最具威胁、机会最大、可以直接得分的球员。

2) 传球技术意识运用质量分析

传球质量是指传球技术动作本身是否标准、规范,传出的球是否准确到位,同时也包含着在比赛中特定的场景下,传球技术动作运用是否按场上的

实际情况,不花哨、不做作、不多余、不故弄玄虚。

高水平的足球赛中传球次数多、转换快,很难对每次传球都作出评价,而且有些属于队友间一般推进时来回传球,没有必要区分出好坏。我们所要求的是尽量在关键时间、关键地点将一切认定是重要的和可能观察记录到的传球作出评价,区分好坏,还应包括对由于球德、情绪控制及传球意识差等原因,一些本该传出而又未传出的球,来区分好坏,并记录在传球质量的统计中。区分传球质量好坏首先应该判明属于正确传球还是错误传球,具体可分为以下几种。

（1）正确传球。

① 妙传:在比赛的特定场景中,在关键的一瞬间,只要符合传球技术意识要领,与队友传接默契,直接或间接形成有进攻威胁性的、适合时机的传球,无论采用什么部位,只要符合比赛规则要求,都可以认定为妙传。

② 一般性传球:即完成一般性进攻推进,或因传球使接球队员瞬间处于更加有利的位置,保持控球权的传球。

（2）错误传球。

① 一般性错误传球:由于球德或传球意识差,要求该传而未传的球及不该传而传,造成传球失误、明显不到位、准确率极低的传球。

② 低级性错误传球:技术动作运用有明显错误,不符合传球技术意识要领,对球随意处理或是推卸责任的传球;特别是在本方后场传球技术运用错误,被对方截球,因而形成对球门直接或间接的威胁,甚至被对方攻球进门,影响全队比赛情绪的传球。

2. 接球技术意识合理运用

1）接球意识运用的基本要求与要领

（1）接球技术的基本要求。

传接球是足球比赛中运用最多的技术环节,全队的传接球技战术运用的质量如何,直接关系到球队的整体实力水平。一传、一接,看似非常简单,好像有先有后,但细究起来则不尽然。足球场上如果能做到以"接"为先,即接球队员主动跑位要球,并暗示传球达到默契配合,传球队员能够实现妙传,此种传接球配合会起到出其不意的效果,可视为传接球最高境界之一,是足球意识成熟与增强的具体标志。

① 接球技术要求。如何才能接好球且能按自己预想的方案实施,并尽可能圆满地完成接球—运球—传球（射门）等动作,这是作为一个足球运动员应该深思的课题。接球技术不扎实,接球质量就不可能好,就会丧失许多机会,甚至失去控球权。

接球技术是接球意识实施运用的基础。只有熟练地掌握及运用各种部位接控球的技术,才能创造出良好的进攻局面。许多精彩的射门进球,其关键点是在运动员在接球的一瞬间,按照自己设计的要求,接好同伴传来的球,使用最合理的触球部位,将球送进对方大门。

② 观察与判断的要求。接球队员应随时培养观察的习惯,在无球状态时,应学会观察对方防守队员的站位是否有防守漏洞可以利用。许多队员在无球状态时,成为观众,两眼随球漂移,忘记了自己在场上的角色,不知身处何位。如果不能对同伴将要传出什么样的球做出一个判断,何谈有效接球。作为球场一员,要明白传接球为一体,传球可以带动接球,接球也可以带动传球,二者可互补,这是传接球意识最基本的内容之一。

③ 接球技术运用。传球、接球都是一瞬间完成的,有许多场景是来不及思考后处理的。为了形成良好的习惯模式和思维模式,可以在平时的训练中演绎模拟。

　　a. 采用一次性触球,即接即传(应包括像2过1踢墙式过人技战术)。
　　b. 根据事先设想的下一个动作,有目的地将球控制在预定地点。
　　c. 接球同时完成突破(直接接球过人或运球过人)。
　　d. 接球直接射门或摆脱后尽可能少触球射门。
　　e. 假接球摆脱过人,或假接真漏,使球控制在同伴活动的区域。接球队员虽然没有直接触球、传球动作,但属于虚拟传球。
　　f. 接球队员利用身体掩护动作抢接或缓接顺势过人,继续下一个动作。

(2) 接球技术意识实施要领。

① 前瞻性、风险性。在足球场上,前场(特别是罚球区附近)是对方严密防守的区域。在对手重兵防守的情况下,如果以常规的传接球方式进行传接球的战术配合,很难突破对手的防线形成有威胁的攻势,也很难获得破门得分的机会。为了打破这种对攻方不利的局面,在接球环节意识上,应按前瞻性和风险性的原则接球。

　　a. 前瞻性。要求所有进入进攻半场的球员随时进行跑位的选择,应该意识到通过自己的跑动获得良好的接球机会,或是通过自己的跑位为同伴创造接球的机会,甚至包括抢断中偶然碰撞过来的球,以及因对手传球失误而"意外"获得的球。对这些可能出现的情况,都应有提前做好接球的处理预想。

　　b. 风险性。在进攻半场,为了获得一次得分机会,传接球的处理上应有风险性的意识;在对手密集情况下,允许接球队员接到球的可能性只有50%,甚至可能更低一点(如没有接到球、丢球、被对手抢断等)。

② 接球的整体意识要求。当教练员要求延长控球时间,发挥自身技术优势,牢牢掌握球权,提高成功率时,所有球员应统一思想,统一行动,采取

不停球或少停球,接球、传球的倒球方案(接球队员可根据实际情况,能动地加以选择),直至本队完全控制了球权,为赢得比赛的主导权争取更多的时间和空间。在此期间,如果有个别队员不能很好地理解教练员的意图,过多控球、运球,就会打破整体控球的节奏,甚至失去控球权。显然,这一行为不是技术问题,而是球员的战术意识欠缺。

③ 接球时相对的主导性。按传统的足球常规理解,传球总是被认为在先,接球在后。按足球意识理解,传接球本是一元化过程,互为依托。在激烈的比赛中,在某些时候、某些情境下,接球队员具体运作时,以接球带动传球已成为现实,而且是一种有奇效的更趋默契配合的手段。

足球比赛的特点是场地大,身体经常处于拼抢状态,给传接球的默契配合带来许多困难。必须坚持传接球的整体战术,特别是在关键时机、关键地点实施以接球行动带动传球可以起到画龙点睛的作用。为使接球由被动变为主动,球员在场上应做到以下几点。

a. 预先判断。要判断瞬时场景是否有实施接球行动的必要与可能,包括传球队员的习惯和实施的能力。

b. 准备接球动作。接球前的晃动、摆脱、跑位、卡位是必须实行的。

c. 指引传球。可用各种肢体语言指引暗示同伴:是传过顶球还是地滚球;是传对方身后空当,还是传球于自己的脚下。

d. 接球后的技术处理。接球后要以最快的速度决定自己是控制好球,还是将球传到某一个点去。在前场,必要时是可以冒一些风险的。

④ 安全性。与前面提到的接球超前性、风险性相反,要求球员在中后场,尤其是后卫队员在处理来球时,首先考虑的是安全性。当判断来球不容易接好,或者有可能接停在对方球员控制的范围内时,应果断将球破坏掉。

2) 接球技术意识运用分析

与传球一样,没有必要将场上发生的每一次接球都做出质量评定。队员在接球环节中要以最大的创造性接好来球,减少在比赛中的失误。

正确理解运用接球超前性、风险性,特别是能同巧妙地运用以接球带动传球的实用接球技术结合在一起,出色地完成一次传接配合,可以认为是一次妙接球。其主要表现在:利用高难度技术动作完成接球;能顺势过人以形成进攻态势的接球;能主动领悟、贯彻集体战术配合意识的传接球。

3) 低级错误的接球

在中后场,队员之间应稳妥慎重地传接球,应避免采取带风险的接球技术动作,如队员设想假接、漏接给同伴,反而被对手识破抢断,这种凭直觉、马马虎虎处理球的方式在中后场应坚决杜绝使用。

（二）运球技术意识运用

运球技术运用得当，可以直接创造出有威胁的进攻机会。不择时机，不分地域，以突出自己为目的的运球，不仅会贻误战机，而且会给球队带来灭顶之灾。

1．运球技术意识的运用

运球不是孤立的使用，多数是接、停在前。运球中（过人后）还要有传、射等一系列动作组合，如何运用好这些技术就显得十分重要，这里有一个意识能力问题。应培养运球的基本技术，培养队员在运球过程中形成抬头观察、判断的习惯。

每次运球要干什么，为达到何目的要非常明确。

运球的目的如下。

（1）为摆脱对手的紧逼进行过渡性运球。在激烈的对抗中，接球后不容易处理，只能用运球来摆脱对手的紧逼。这种运球技术的运用是被迫性的，也是被动的，在这种情况下只能靠个人的能力突破对手的紧逼，一旦有传出球的好机会，就应毫不犹豫地将球传给进攻位置更好的队友。

（2）为了高质量完成下一个技术动作，进行调整性的过渡运球。得球后虽然没有被对手紧盯，但为了下一个技术动作能更高质量地完成（传球、射门），用最短时间、最短距离运球以调整自己的步伐。

（3）在进攻中为快速推进而运球。为了突破对手的整体防线，就必须加快进攻的节奏和速度，此时运球质量的好坏直接影响到比赛场上局势的变化，甚至可以决定这场比赛的胜负。

（4）运球突破。这是一种直接构成一定威胁性的、攻击性的运球。这种运球方式不仅可以吸引对方其他队员，还可以打破对手的防守板块，扰乱对手心理，甚至可以直捣"龙门"。这类运球目的明确，作用效果大，是一个球队不可或缺的技战术手段。

（5）运球地域的选择。运球地域一般应在前场，在对手紧逼情况下，获得球权后，也可以从后场长途奔袭。如果前面队员位置更佳，就应毫不犹豫地将球传给队友。

2．对运球意识的界定

可以将队员运球时的心态，运球发挥的好坏，运球时间的掌握、地点的选择与运球的目的和充分发挥运球优势结合起来，来评定运球意识。

根据以上观点，我们可以将运球分为以下几种。

（1）最佳的运球。运球目标明确，战术意识强，技术动作正确，时机选择恰当，能充分利用运球技术，为全队获得局部乃至全场优势，最终能形成一次非常有威胁性的传球或射门。

（2）一般性运球。一般性运球是指为摆脱对手紧逼盯防或在中后场摆脱对手的干扰，寻找适合传球的机会而采取的被动运球。这种运球形式在比赛中最为多见。

（3）错误性运球。由于队员心态不正，以突出自己为目的，基本不考虑时机、地域、战术意图，浪费一次又一次进攻机会，甚至可能使控球权落入对手，造成被动局面，失分失势。

（三）射门技术意识运用

足球比赛中所有技术手段的运用，最终是为了射门得分，获得比赛的胜利。在足球场上，机会多不一定就能得分。只有充分地使用这些机会，并把握这些机会才可能射门得分，这才是最重要的。

在高水平比赛中，一半以上射门是偏离球门的。进攻队员射门时，防守队员无论是有多丰富的经验，其心理压力远远大于进攻队员。

1. 实施射门技术的动作

射门技术动作包括头顶球与各种脚法、身法（包括脚尖、脚跟、大腿、胸部、背部、肩部）、踢地面球、凌空球（倒钩球）、直线球、吊球、地面反弹球等。

2. 养成观察的习惯

要形成随时抬头观测场上变化的习惯，如射门前要着重看守门员的站位、自己处于的角度、同伴的位置是否更有利于射门、距离的估算等。如果自己是背对球门，可以通过抬头观看自方的球门，作为位置参照，明确射门方向。临起脚时，两眼应盯住球的运行轨迹，保证踢球的一瞬间部位准确。

3. 射门动作基本处理方法

射门技术动作不是孤立的，而是与其他技术动作紧密相连的，应在平时训练和比赛中巧妙结合起来运用。

（1）停控好球后的射门。这种射门方式有一定的充裕时间，不必着急一次性触球射门，应先停好球后再射门。

（2）迎球射门。这种射门方式主要特点是技术难度大，突然性强；因来球的方向、高度、力度、旋转不同，因而射门的准确性偏低。在有机会的情况下，应该大胆运用实施，即使没有得分，也会给对手造成心理压力。

（3）抢点射门。这种射门方式属于不停球的射门，在比赛中最可能出现的是失去身体的重心，如铲球、鱼跃头球、人群中的捡漏射门。

（4）运球突破射门。这是运球与射门两个技术环节的综合运用，其特点是一人操作，方便而灵活，凡条件允许时可作为进攻的主要手段。如梅西的运球突破射门技术运用就是榜样。

4. 培养良好的道德、心理素质

（1）道德素质。队员在球场上的道德素质应该是第一位的，这主要是由足球运动本身的性质所决定。足球场上是 11 个人的比赛，在"球"逢对手的情况下，每一个队员全部能力的最大限度发挥决定了这个球队在这场比赛中的表现如何。如果是个人单项的比赛，运动员可以只考虑个人技战术的尽情发挥。但作为集体项目的足球比赛，就必须把队员的道德素质放在第一位，尤其是在射门这个环节上。

射门是个人立功受奖的最好时机，每个队员的性格、道德水平必将充分表现出来。一种情况是：射门时机已来临，队员在这一瞬间考虑个人的得失，怕失误受指责，将球传给位置、时机都比自己差的队友，贻误战机。另一种情况是：自己射门的时机和条件都比同伴要差，为了表现自己却强行射门，浪费射门得分的机会。因此，有必要使队员在平时训练中建立团队意识。

（2）心理素质。比赛中因心理素质造成射门失误的次数远比因技术问题造成的失误次数多。而胆怯心理是射门过程中的最大敌人，因此，强调提高射门技术意识的同时，更要培养运动员射门的自信心，培养队员强烈的射门欲望。

（3）射门欲望。一名锋线队员除了应该保持良好的心态和道德意识外，还应该表现出强烈的射门欲望以及争取比赛胜利的欲望。这种欲望应区别于不负责任、为了表现自己的行为心态。强烈射门欲望应转化为超前观察，敏捷的思维、判断，以及捕捉战机的能力。应随时调整好自己的心态、竞技状态，一旦有破门机会，能够果断做出相适应的各种技术动作（如铲射、补射、抽射、冷射、鱼跃头球、倒钩射门等）。带有强烈射门欲望的动机，增加了本来不算是射门的"机会"。

5. 关于射门技术运用的几点认知

1）对射门技术运用认识的几个误区

射门技术运用的次数是比赛中技术数据统计的重要指标之一，是衡量一个球队整体实力及在比赛中实际发挥能力的标准，同时也能代表队员在比赛中的状况。可以说，射门技术统计数据具有很强的指标意义。但不可忽略的事实是，在许多次足球比赛中，射门次数多少并未能反映该队的实力，也没有决定比赛结果。

（1）射门次数是评定队员在球场上表现指标之一，但不是唯一的指标。不能孤立地用每场比赛射门次数来评定队员在球场上的表现，更不能与后续的物质奖励挂钩。否则，直接后果是误导队员在比赛中盲目射门。射门次数与射门欲望是完全不同的两回事。

实际情况是，有的队员在比赛中为了表现自己或是在比分落后的情况下，为了扳回比分，本不是射门机会而强行射门，或是频频远射，给球队造成极大的急躁心理，事与愿违。我们应鼓励队员在符合一定条件情况下（如雨天远射）的射门及队员在比赛中创造出条件（如抢点失去身体重心）射门。

（2）统计队员射门次数，不能忽略了传球队员。影响射门进球的因素很多，其中一个主要因素就是传出致命一球的隐身队员。就是隐身队员的艰难突破，吸引对方防守队员，并在关键时刻、关键地点，将最好的机会送给了关键的队友。这样的队员也是值得称颂及奖励的。没有大量的这种有眼光的球员，球队是不可能取得优异成绩的。

（3）射门技术统计。全部的射门技术统计数据应包括：已实行的射门（对方误传）、已获得的较好的射门机会（由于队员原因而未射门）、错过的射门（虚拟射门）。应记录球员在比赛场上这些瞬时的表现，并与队员进行交流，询问他们的思路，进行分析，以形成最佳的行为模式。

2）如何把握射门机会

射门机会稍纵即逝，我们经常听到有的教练员在赛后新闻发布会上说："我们的队员在比赛场上表现很好，只是没有把握住得分机会。"

（1）关于射门机会。要抓住射门机会，就有必要厘清什么是射门机会。

第一，凡是在有效射程内（按运动员的性别、年龄、专业级别、腿部力量来估算）。

第二，瞬时有防守空当、有射门角度和射门技术运用的空间。

具备以上两点，就基本具备了射门机会。球员应主动创造射门机会，并善于捕捉。在足球比赛中，通过队员的积极争取（如争顶、抢点、铲射、补射），使得一些看上去不是机会而实际上又获得的机会，都应该是足球比赛中的射门机会。一个球队创造及利用这种机会的意识越强，获胜的希望就越大。

（2）如何使球员更乐于寻找射门机会。

第一，奖励敢于创造和利用一切机会的球员，同时也要鼓励和奖励那些为球队胜利、为队友创造了射门机会的球员。

第二，应从积极的角度提醒、引导、帮助那些自认为是射门机会，而只为表现自己而胡乱远射的球员，应按规律比赛。及时记录他们在球场上好的行为模式与之对比，使其认识到对与错。

第三，建立射门技术统计库。如将前场分成区域进行统计，在技术上可分为头球射门、运球突破射门、接短距离球射门、接长传球射门、25米远距离射门、抢点射门等指标体系。

（四）无球技术运用意识

大量统计数据证明，一场足球比赛的时间，剔除换人、球员受伤、应急情况的处理等,即使加时1～5分钟,实际比赛时间也只有75分钟左右,具体到每个球员控球的时间最多也只有3分钟。这充分证明在一场比赛中,每个球员大部分时间都是处于无球跑动的状态中。

因为更多的时间处于无球跑动中,所以场上的每一名球员就应考虑如何选位,如何跑动策应,以充分发挥自己与队友优势,使球队的整体实力尽可能发挥到极致,从而赢得比赛的胜利。

作为一名足球运动员,只是在有球状态下展示高超技战术能力和意识是远远不够的,还应考虑无球时的策应及掩护作用。

1. 无球技术运用基本要求

球员在无球状态下,如何进行下一个动作,应随时观察比赛场上瞬息万变的局势,做出正确的分析、判断、决定、应变。关键点是应变,应变是按自己的意志随意处理还是按足球场上的规律去运作,这是一个足球球员意识水平高低的分水岭。

1) 无球技术基本功要求

无球技术基本功的训练往往被许多教练员所忽视,尤其在青少年的训练中,更是缺乏无球技术的训练。无球技术中的跑、跳、停、转身、晃动等技术动作,初看起来人人都会做,但在足球比赛中能够合理运用的则少之又少。为提高球员个人综合能力,有必要加强无球技术的训练。首先,教练员必须充分认识到无球技术在足球比赛中的地位与作用;其次,要求运动员认识到比赛中要想及时摆脱对手盯防,需要快速的起动、转身、冲刺、急停等技术。不认真训练,不讲究动作质量,只是按照自己与生俱来的身体活动能力去参加强对抗性的足球比赛,不可能完成足球比赛中许多特定的任务,也势必影响个人技术的发挥及与队友间的配合,是不可能到达足球领域最高峰的。无球技术中的跑、跳、转身等是足球运动中一些不可缺失的训练内容,只要参与到足球运动中,就应重视无球技术的训练。

2) 无球技术实施的道德要求

无球进攻状态下,球员的表现很难准确说出好与坏,可以多跑,可以少跑,可以不跑,关键在于跑的时机选择,在于是否愿意为队友创造出更多的优势空间。如何与队友配合可以说是千差万别,正因为如此,才更应要求每名队员都要有自我牺牲精神。没有这种牺牲精神,无球进攻状态时的选位与跑位将无从实施。例如,当一名队员运球突破受到对手阻击时,旁边的无球进攻队员的策应跑动就会干扰防守队员的站位,产生心理干扰作用,运球队员就可能突破成功。反之,无球队员若无其事,原地不动,也看不出什么明显的错误,但极有可能使运球队员遭到夹击而失掉控球权。表面上看,只能追究运球突破队员的责任,但深究起来,无球队员不作为也应负有一定的

责任。

在足球场上，面对这种需要彼此相互支持的情境数不胜数，这就要求队员有团队精神，有自我牺牲的精神。不能认为自己的每一次跑位，同伴就一定要将球传给你，这种认识单从技术层面上讲是错误的，从道德层面上讲也不符合足球运动的基本精神。

把队员的道德标准放在第一位去考虑，个人及球队的无球进攻状态运作就会顺畅起来，运动员及球队的最大潜力就能充分地发挥出来。

在球场上应最大限度增进彼此间的了解与默契，有球者应想到无球者，无球者要想到有球者，彼此融为一体，乃至全队形成一个完整的实体，才可达到全队默契合作的最高境界。

2. 无球状态时选位、跑位技术要领

（1）明确选位、跑位目标。队员在场上随时都应准备应对发生的一切状况，不断调整自己的位置。从理论上讲，每个位置的队员都存在一个最佳选位和跑位的瞬时，只是由于比赛场上的情况瞬息万变，队员的思维能力、反应能力、比赛经验、意识水平、体能水平跟不上比赛节奏，而多出一些提前、滞后、停顿甚至是以观众姿态去应付这种变化，导致失去了不少机会，或发生很多不应有的一些错误。

（2）把握好突发性与隐蔽性。要想充分发挥无球队员的跑动作用，就要注意动作的突发性和隐蔽性。无论是摆脱对手还是接应同伴，有了突发性、隐蔽性作为技术动作的前提，就可以赢得非常宝贵的一点点时间，哪怕是零点几秒。在对方的核心区域，有了这零点几秒就足以使整个比赛倾向胜利。

3. 球员在无球状态时发挥的作用

球员在无球状态时应发挥以下几个作用。

（1）干扰防守队员，使其分散注意力。无球队员应尽可能利用跑动、移动及身体的晃动对防守队员实施干扰、阻挡和牵制，为队友接球、控球、运球、传球、射门创造条件。应该要求每一名球员对自己在无球状态下的选位、跑位目的是什么有清楚的认识。动还是不动、如何动、动的目的是什么；球员都能想到，并能说出其意图来，才可以说是理解了无球跑动的意义。认识到跑位能干扰对方的防守能力，提高进攻效率，队员就不会认为是白跑，浪费体能和精力。

（2）协助队友进攻，使自己减低进攻难度。当同伴持球进攻受围堵时，无球队员就应该通过跑动设法接应正在实施进攻的同伴，使自己能够吸引一些防守队员的注意，以减轻同伴的压力，协助同伴完成这一次的进攻任务。

（3）创造空间，并利用空间。无球队员合理的跑动可以撕开对手的防线,使其阵形板块混乱,在对手阵形混乱的一瞬间才会有可利用的空间和时间。在进攻中的每一个球员应最大限度地利用抢占这个空当,在尽可能短的时间内完成进攻。

4. 不同场区跑位的基本规律

足球场上瞬息万变,无球进攻队员及时选位、跑位应遵循一定的规律。

(1) 在中后场。当控球队员受到防守围、逼、抢时,附近的无球队员的第一反应应该是及时解围,防止失去控球权。接应队员应成三角形或多边形。接应点越多,同伴的压力就越小,被抢断的可能性也越小。如果确认同伴控球没有被抢断的危险,则所有无球进攻队员都应及时地重新选位,调动对方的防线,接应得球后快速反击。

(2) 在中前场。多处于阵地战,得球进攻时层层推进,对方防守密集中路,阵形相对稳定。此时,无球进攻队员应以创造宽度向两翼策动,利用快速大范围转移拉开对方的板块,使其在移动中露出破绽。无球队员应寻找最佳战机,顺势插向突破口,实施进攻,此时关键要处理好的环节是,无球队员不能乱跑,绝不能与同伴跑到同一个区域或同一个点上,否则会浪费进攻资源。另一种情境是,本队抢断得球后,对方的防守板块还未形成,处于调整状态中,此时无球队员应该认识到,这是一个难得的进攻机会,谁也不能轻易放弃。凡有条件的队员都应抢时间按整体要求选好自己的位置,前锋队员应直插对方的要害区域,与中场队员保持好距离。此时,无球进攻队员跑动显得更为重要,允许这种跑位带有一定的风险性(越位),鼓励队员创造性(突发、隐蔽)选择进攻方案,与运控球队员一起,捕捉进攻时机。个别队员在出现上述良机时,不是积极主动地跑位,而是迟疑观望。出现这种情况,一是基本意识差,二是缺乏求胜的动力。

中场队员已形成运球突破之势,在运球队员向前推进的路线上,附近的无球队员都必须策应跑位,吸引防守队员,以增大运球队员的优势,通过过人突破创造一次有威胁的攻击。

5. 特定技战术中无球队员的选位与跑位

足球比赛中无球队员可运用角球、任意球、掷界外球等局部战术配合,进行多种方案的组合,使进攻的效果增强。在高水平的足球赛中,许多任意球的进门都是通过无球队员的跑位达成的。角球、任意球、掷界外球都有无球队员合理选位、跑位的技战术要求,球员可参考比赛中实际情况加以学习、理解。

二、个人防守主要技战术意识培养与运用

个人防守战术的重点是防守队员选位、盯人是否及时到位、准确。每名

队员不仅要能进攻，而且必须学会防守。队员具备个人防守技术意识、良好的心理素质和道德素质是防守成功的关键因素。比赛中队员防守时的心态应是顽强、果断，有足够的耐心和足够的自我控制的能力，其表现如何都应属于防守技术意识的范围。

（一）站位、卡位、补位防守意识

在防守中瞬时出现漏洞孕育着一份危机，每名队员在对手获球前后，都应及时地做出判断，都要有超前站位、卡位、补位的意识。球队失去控球权后，由进攻转入防守阶段的瞬间是非常危险时期，每个队员应在最短的时间内迅速调整好自己的位置，这个位置应有利于全队整体防守。如果对手经常打快速反击，成功率高，说明防守队员没有基本的站位、卡位和补位的意识。

（二）堵截、紧逼、抢断防守意识

堵截、紧逼、抢断是个人防守的重点技术，是球队由没有控球权到掌握控球权的关键点。这些技术运用是否恰当，直接关系到球队在场上的控球权。堵截、紧逼、抢断是三位一体的连环技术，队员在实施时一定要有一个整体观。如前场队员在抢截球时，应招呼其他队员先前后左右紧逼过去、封堵传球路线、突然抢截。千万不能一个人来回拼命地奔跑拼抢，一定要有同伴的呼应。

（三）个人防守意识的运用

如果比赛中，对方的整体实力不是高出很多，但在某一个点上或是在某一个人身上频频发生运球突破、射门，则说明与之相对应的防守队员和区域位置出现了问题，防守队员的站位、卡位，其他协防队员的补位、紧逼、封堵、抢断都出现了问题。因此，应及时认识到对手进攻点的偏向，对球员提出要求。

第三节　集体战术意识培养与运用

在足球比赛中队员只掌握各单项进攻战术和具有技术意识是不够的，还应将它们有机地结合起来，并集中服务于集体进攻战术意识上来，全队取得共识，统一思想，团结协作，形成一个充分体现团队精神的战斗队。进攻中个人技术意识运用能力是实施集体进攻战术意识的基础，集体进攻战术意识不能看成是个人技术意识的算术和，更不是相互间随机的堆积物。

谈到集体战术，就有必要来研究比赛阵形，因为足球比赛从排兵布阵开始，就已经拉开了比赛战术运用的序幕。

一、比赛阵形的奥秘

足球场上队员的位置排列形式和职责分工称为"比赛阵形"。阵形是足球战术的一个组成部分,是实施战术的基础。只有在一定的阵形基础上战术才能发挥其威力。比赛阵形本身就是为战术需要而确定的,是为全场比赛战术服务的,有时甚至是为一个比赛期的战略任务而定的。比赛阵形的主要功能有:划分各位置球员活动的一般区域;规定每个球员的具体职责;确定每个球员与各个点与线的关系;明确全局与局部、整体与个人之间的联系。

(一)分配均衡的"4-3-3"阵形

"4-3-3"阵形有4名后卫、3名前卫、3名前锋。在位置的排列上各队有所不同。一般是2名边后卫分别防守两侧地区,2名中卫坐镇中路(1名中卫稍靠前,负责盯人,另一名中卫拖后保护、补位、堵漏等)。3名前卫的位置均靠近中路分居左、中、右呈游离的三角形站位,负责控制中场。3名前锋的站位各队也不尽相同,一般是左右边锋在边线附近游移,中锋孤悬中路,两边接应。

(二)后发制人的"4-4-2"阵形

"4-4-2"阵形是在1966年世界杯赛上首发的,当时英国队教练因球队缺乏世界级的边锋,便由中场撤回一名前锋队员组成"4-4-2"阵形。

各队根据自身情况及当时比赛对手的能力,"4-4-2"阵形的位置排列不尽相同,但大多数采用如下形式。后卫线:4名后卫中,2名任左右边后卫,防守对方从边路进攻、协防中路及从边路插上助攻,1名担任盯人中卫,1名担任自由中卫,实施组织、指挥、补位及最后的救险任务。中场:左右各1名队员,负责边路的进攻与防守,中间2名队员担当中路组织进攻与防守的职责,4名队员共同起着中场进攻与防守的转换中"桥"的作用;其站位形式多种多样,有站成菱形的,也有3人在前、1人拖后的站位形式。前场:2名前锋是插向对方禁区的尖刀,他们的站位有集中在中路地区相互呼应的,也有靠向一边,空出另一边让中后场队员插上进攻的。

(三)稳固中场的"3-5-2"阵形

"3-5-2"阵形是针对"4-4-2"阵形的普遍使用而研制出的一种阵形。队员的位置排列是:3名后卫队员都集结在中路,其中2名队员防守对方的2名前锋,1名队员拖后保护;5名分居中场,其中2名前卫在左、右两侧地区防守与进攻,另3名前卫呈三角形居中路防守及进攻,其中1名前卫作为"自由人"承担组织、指挥进攻及防守;2名前锋作为尖刀游移在对方后防线上。

（四）以守伺机进攻的"5-3-2"阵形

"5-3-2"阵形与"3-5-2"阵形相比，多了 2 名后卫。这种阵形的站位是：5 名后卫中，2 名任左右边后卫，2 名为中卫，看守对方的 2 名前锋，1 名为自由中后卫，拖后保护；3 名前卫分居左、中、右，控制中场；2 名前锋揳入对方防守阵营中。

（五）攻守平衡的全攻全守打法

世界足球在 20 世纪 60 年代热衷于防守，造成各队进球数急剧减少。摆脱这种消极打法是 1974 年以荷兰足球为代表的全攻全守型打法。荷兰队的快速进攻彻底摧毁了南美球队，以 2∶0 胜巴西，4∶0 胜阿根廷，2∶0 胜乌拉圭。荷兰队爆炸性的快速反击，由防守突然转入进攻，这是现代足球的典范。当今足坛，快速的全攻全守战术已不单纯是战术阵形的变换，而是整个攻防战术指导思想的发展，它要求运动员的意志、技术、战术、身体素质和心理素质全面优化，从而达到实际上的攻守平衡。

二、认识战术阵形

自从 1974 年荷兰队在第十届世界足球锦标赛中演奏了一曲全面型打法以后，每一队员必须在赛场上敢于并善于摆脱位置束缚的思想便迅速遍及世界足坛。这一思想是令人激动的，它也确实表现了足球水平在时代发展中的提高。在此思想的冲击下，比赛阵形是否还需要存在，面临着严峻的挑战。但不久一个统一的观点就确立了：全面型球员是足球发展的时代要求。任一队员的全面型都只是相对而言，都必须有某一特长。特别是足球比赛人数多、场地大、争夺激烈，尽管队员的整体战术修养可以增强全队技术运用的协调性，但为充分保证比赛的高度组织性，任何队在比赛中都必须有一个基本的位置分工，形成合理阵形的布局。因此，在比赛中，在应用阵形时，一个队应该主要考虑以下问题。

（一）必须根据本队与对手特点选择阵形

阵形相对于队员特点来说，永远是属于第二位的，因为阵形是通过队员来运用的。如果队员不具备某种阵形特定的技术或战术要求的能力，那么阵形必将不能发挥球员的潜能，阵形也就发挥不了它的作用，甚至会起到事与愿违的副作用。一个高水平的教练员就在于能够清晰地评估每一个球员的能力，并根据每次比赛的对手的情况，安排有针对性的比赛阵形，而不是确定了比赛阵形，要求大多数运动员去适应。

（二）允许队员在完成位置任务时摆脱位置的束缚

足球比赛的重要攻守原则之一是，在区域上创造人数优势。这就要求运动员必须依据比赛场上的适时情境,善于摆脱位置的束缚,在完成本位置任务的前提下,积极参与本位置区域以外的攻与守。摆脱位置的束缚可以创造进攻的突然性,要求队员有多位置的技战术能力,战术运用灵活,否则弄巧成拙。

(三)决定比赛胜负的不是战术阵形

战术阵形的打法相对平衡,可以通过全队的活动来相互转化,因此球员的整体意识水平是最重要的因素。在平时的训练中应培养一支能熟练掌握全队战术阵形打法,又能根据变化运用这些打法的球队是十分重要的。一支球队,队员长期的相对稳定是逐步形成有特色阵形及战术打法的必要条件。

(四)战术阵形对抗平衡是相对的

战术阵形是在足球比赛中逐渐形成的,它所表现出攻守战术的平衡,是受双方技战术、身体素质、整体意识水平制约的。战术阵形的平衡不是绝对的,而是相对的。正因为如此,才能不断地推动战术阵形的变化。一个优秀的教练员不可能永远只用一个阵形、一个战术配备,对不同对手一定要有不同阵形战术方案。当某一种主要倾向成为主流时,被掩盖着的另一种次要倾向很可能成为下一个主流,这就是攻守矛盾相互制约、互为促进、互为转换的辩证关系。

(五)遵循战术阵形打法的变换规律

每个球队在运用战术阵形时,虽然变化多端,但万变不离其宗。其基本规律是按后卫、中场、前锋3条线配备队员的。

一般后卫线放3名队员,中场和前锋不少于2名队员,其他3名队员根据情况进行变动。若平均使用,便形成"1-3-3-3"或"4-3-3"阵形;若重点放在中场和后场,便形成"4-4-2"或"1-4-3-2"阵形;若重点放在前锋线或后卫线,便形成"4-2-4"阵形;若加强中场,便形成"3-5-2"阵形。问题的关键在于,要首先安排好攻守的核心及攻守的调节队员;其次是根据比赛的变化,巧妙使用机动球员。

(六)战术阵形要求全面发展

现代足球要求球员在运用能力上充分体现快速、全面、准确、简练、实用。在战术打法上,要从局部范围的交叉换位,发展到大范围的锋卫之间、左右之间的交叉换位,尤其是后卫与中卫能大胆参与进攻。防守时所有队员必须进入相应位置,保持好板块参与防守。这种打法要求队员必须有充沛的体力、全面的技术能力。

（七）战术阵形中各位置的职责

1. 边后卫

1）防守

防守边路为主，并根据球的位置和教练员所决定的防守战术去行动，其主要任务如下。

(1) 严防边路通道。防守对方的边锋或进入边锋位置的其他队员，为此必须做到以下几点。

第一，占据有利位置。

① 在内线，比对手更靠近自己的球门。

② 与对手保持合适的距离——上前能截球，转身后能先于对手靠近球。

③ 将运球的对手往边线挤压，以缩小其活动范围。

④ 在内线紧跟移位对手（直至与同伴交换看守对象）。

第二，识别对手特点。

① 对善于运球突破的对手，要提前靠近，对手未控好球时，要紧贴其身后，不让其转身；对手控好球后，要与其保持一定的距离。当对手有传球空切入你身后时，应及时后撤。

② 采取灵活的防守手段。由于对手的进攻是多种变换的，因此除了以上所述，应随时提前识破进攻意图，果断采取行动。

(2) 封锁攻门通路、保护球门免遭对手的攻击是防守的核心，为此必须做到以下几点。

① 防守同侧边锋（包括游移到这个位置的临时边锋）时，可以采用"堵内放外"原则，切断对手通向球门的线路。

② 当对手突破自己而中卫补位时，应积极交叉回到中卫位置，弥补中路空隙。

③ 对方在异侧边路进攻时，应该"放边保中"，随时弥补中卫防守上的漏洞，并力争抢断对手的长传转移球。

④ 对方在中路进攻时，适当向中路收缩，在人球兼顾的前提下，防中路、盯自己的边路。

(3) 参与制造越位。一般情况下边后卫的位置不要落在自由中卫的后面。制造越位时，应及时看清中后卫发出的信息，快速外出时应注意对方中后场插上队员。

2）进攻

目前高水平足球队都采取了边后卫助攻的战术，这对提高进攻质量具有重要的意义。边后卫进攻大致有以下几种形式。

（1）接守门员球发动进攻。一旦守门员控球后，边后卫应及时向边拉开，接应守门员发球，加快由守转攻的节奏。

（2）抢断球后发动进攻。当边后卫截得球后，在可能的情况下要利用中远距离长传球迅速将球传到对对手构成最大威胁的区域，发动有效的快速反击。

（3）参与中场组织的进攻。边后卫很容易参与组织进攻，尤其在对手密集中路拼抢中场时边后卫可以在侧翼接应传球，像前卫一样组织进攻。

（4）插上任临时边锋。在对手密集中路防守、边路区域出现明显空当时，边后卫应及时插上，充当边锋角色。边后卫插上一定要在完成位置任务的前提下，掌握时机，量力而行。

2. 突前中卫

1）防守

中后卫身居门前要害地域，是防守的中流砥柱。通常把双中卫突前的叫做突前中位，把拖后者叫做自由中卫。突前中卫的主要职责如下。

（1）看守突前前锋。这是突前中卫的主要任务，为此应做到以下几点。

第一，占据有利位置，应占据内线靠近球的一侧。

第二，识别对手特点。

① 对善于运球突破的对手，要提前靠近，对手未控好球时，要紧贴其身后，不让其转身；对手控好球后，要与其保持一定的距离。当对手有传球空切入你身后时，应及时后撤。

② 采取灵活的防守手段。由于对手的进攻是多种变换的，因此除了以上所述，应随时提前识破进攻意图，果断采取行动。

（2）向后交叉补位。当自己抢断失败，自由中卫上前阻截时，突前中卫则应迅速为自由中卫补位，形成新的防守体系。

2）进攻

中卫的主要任务是防守，但是一旦战术成熟，就应参加进攻。

（1）中卫抢得球后可将球按顺序传给前锋、前卫、边卫，争取比赛时间。若比赛中需要控制比赛节奏，则另当别论。

（2）在中场接应同伴传球组织进攻。

（3）一旦遇战机，可直接突入一线攻击。进攻结束后应立即回位，始终保持防守板块的稳固性。

3. 自由中卫

1）防守

自由中卫处于全队要害区域，是防守上直接干扰对方射门的最后屏障，因此，阻断对手直达球门的通路是其防守的主要职责。为此，自由中卫应根

据球的位置及双方攻守的情况，积极选好位，随时准备对付可能出现的各种复杂局面。其具体任务如下。

（1）驻守防区，截断传球。在自身的防区内自由活动，随时准备截获对方传到本方后卫身后的球，瓦解对方的进攻。

（2）阻击从中后场插上对球门最有威胁的进攻球员。

（3）机动保护，及时补漏。

（4）居后指挥，稳固防守。利用纵观全局的有利位置，适时地通过呼叫来提醒同伴站好位置，保持好板块。

2）进攻

一般自由中卫不宜参与太多进攻，确实有机会时应做到如下几点。

（1）截获球后发动进攻。

（2）突然插上进攻。

（3）居后接应配合，创造进攻区域的深度。

4．前卫

前卫队员起着锋线与后卫线之间"桥"的枢纽作用。根据比赛的实际需要，可把前卫分为以下两种。

1）组织前卫

在中场负责组织发动进攻，其基本任务如下。

（1）组织进攻。

（2）控制比赛节奏。

（3）威胁对方球门，直接攻入对方要害区域。

（4）积极防守。

2）防守前卫

（1）积极防守。

（2）控制比赛节奏。

（3）组织进攻。

（4）威胁对方球门，直接攻入对方要害区域。

不管排出什么阵形，各相应位置的中场队员都应相互呼应，在各自区域内完成以上几项任务，使前场和后场连成一个统一的板块。进攻时为抓住有利战机可以使板块暂时脱节，但防守时一定要迅速回位，保持好板块的完整性。整个前卫线在球队的整体性上起着举足轻重的作用。

5．前锋

前锋位于全队进攻的最前线，通常起着尖刀的作用，其基本作用如下。

（1）在己方控球进攻时，应积极跑动，撕开对方防守的板块，为同伴创造空间和时间。

(2) 获得同伴传球,应运用带球突破、空切突破、踢墙式"二过一"突破、中路包抄、头球向对方球门施加压力。

(3) 失去控球权后,形势危急时应积极反抢,以减轻中后场的压力,减缓对方发动进攻的速度。反抢得球后,可以依据体能情况,发动下一次进攻,为后场插上队友创造射门机会。

以上只是就比赛的基本位置做一些说明,应根据不同的比赛阵形强调每一个位置更详细的分工。

三、集体进攻战术意识的培养与运用

(一) 集体进攻战术的基本特征

建立在个人技术基础上,符合足球比赛客观规律,有自己特点,有核心内容,有明确目标,有明确的集体配合行动和行之有效的战术运作方案,才称得上是集体进攻战术意识。

目前,集体的常规战术演练多在阵形摆布上下工夫,企图排练出一套万能的、完整的、高难度的战术配合打法,以此为奇兵战胜对手。但经过比赛实践的检验,上述做法是行不通的。

为战术而战术,即战术至上的观点,生搬硬套一些标准技战术配合模式,排兵布阵,固定人选,按部就班发起进攻,偶尔为之也许有点效果,但一经对方识破则难以奏效。

按照总体足球战术意识的要求,主要讲究每次发起进攻时运用的合理程度如何。即对用什么战术,发起进攻的时间、地点,对方的防守态势,攻击一瞬时态势等方面因素考虑是否恰当、准确。

(1) 不打无准备之仗。每次进攻都要将对手纳入攻方对阵的态势中,深刻地分析每一个位置的优劣势,以及在该区域的优劣势。

(2) 对阵之势有利于进攻一方,同时也就是防守一方最有压力、最伤脑筋的处境,即瞬时的易攻难守状态。

(3) 应充分利用瞬时态势,寻找对手防守的弱点来实施尖刀突破,集体配合,致命一击,以求提高进攻射门得分的成功率。

(二) 集体进攻的能力要求

集体进攻的能力要求主要表现为每一个参与进攻的球员都具备基本的使用技战术的能力和运用技战术的意识,队员间应彼此信任,能够领会同伴发出的任何一个信息。在配合中出现失误,不将责任归咎于对方,而是彼此鼓励。此外,能够及时转移进攻的目标和区域。

四、集体防守战术意识的培养与运用

在全攻全守的攻防战中,每个队员随时随地都可能处于攻击或是防守的状态,防区之大近乎于整个球场,只是防守时的时间紧迫而已。建立集体防守战术意识,用意在于给防守战术制定一个目标,以适应各种突发状况。在足球场上要实现人人都是防守,处处都应防守,防守不只是后卫线及守门员的事,应将防守体系建立在全队球员身上,球队形成一个有效协同的整体,主要防守骨干在其间起着穿针引线的作用。当失去控球权时,防守就应向着有利于自己防守的态势运作、转化,过渡到组织起有效的防御板块。

在罚球区前应建立一个有平行保护、层次保护的防守阵形,是抑制各类进攻的战术克星,迫使进攻的一方每次进攻转入阵地战。

第四节　守门员攻守战术的运用

守门员所处位置是全队最重要的一个位置。重要,是指守门员处在全队防守的最后一道防线。

一、防守中的要素

守门员的一切防守战术行为,首先是由他的决策能力决定的。他行动的快与慢、正确与错误等,都与他的思维决策能力息息相关。守门员在比赛中任何一个防守行动,都是建立在决策基础上的。

1. 决策

决策能力是一名守门员在身经百战中积累和培养出来的,同时也是其智慧的体现。

人们把守门员的反应视为生命,是有其道理的。试想,对方一名射手若在距离球门咫尺的球门区附近大力射门,或队员不慎出现乌龙球时,守门员第一反应,甚至第二或第三反应是何等重要。守门员反应的快与慢,是以能否扑接到不该失的球、确保球门不失为标准的。

2. 选位

选位是守门员的重要防守战术之一。一次准确的选位,如同一块磁铁似的,把从四面八方射过来的球吸纳至守门员怀中。通常,守门员在移动选位时,是选在球与球门中点连线上。无论在中路纵向时球距门远近,或在侧路时距球门角度大小,原则上都会采用这种移动选位方法。由于守门员活动范围扩大,选位时既要缩小与后卫球员的空间,同时还要防止对手吊射

空门。

随着比赛中球速的加快和球飞行的路线不断变化,以及双方球员在罚球区内的激烈角逐,守门员要根据自身的特点、习惯,以及随机应变能力来移动选位。

3. 出击

客观上说,守门员出击防守一对一的球或出击截获空中球,难度是非常大的。由于当今控球队员技术已非常成熟,守门员企图捕获"单刀球"并非易事,同时,由于当今对手传向罚球区内外的球,不仅高度降低,球速极快,而且向内或向外的旋转力很大,致使守门员难以判断落点,对守门员的出击造成了极大困难。

对于一对一的单刀球而言,如果控球者从正面袭来,只要判断准确,在控球队员的脚脱离球的一瞬间出击,且保持身体与球门成平行状态,最大限度地封堵其射门角度,是有可能封堵成功的。如果控球者从侧面运球奔门而来,守门员身体侧面与同侧门柱应保持水平垂直。

（一）守门员的出击时机

对守门员而言,出击最多的时候还是截获空中球。守门员何时出击,何时不出击,这里只能介绍一些常见的出击情况。

1. 出击时机

下列情况守门员一般应该出击。

（1）攻方球员不论在何场区,凡是落入球门区内的高球,不论是否有同伴与对手争拼此球,守门员均要坚决、果断出击争夺此球。否则,因球距球门咫尺,不论任何球员触及空中或落地的球都会带来意想不到的后果。

（2）攻方球员从不同方向或角度向罚球区上方传吊高球,凡落点在罚球区中间一带,一瞬间又无双方球员争顶第一落点时,守门员应快速冲出接第一点球或控制住落点,以防止对手快速插入抢得第二点球射门。

（3）当对方将球传至罚球区两个前角区或前中区附近,自己的同伴与对手同时拼争高球,而且球又向球门方向运行时,守门员应及时、果断出击拦截此球,以防对手再次冲上来争顶球射门。

（4）当对方向球门方向传来高球且在落点上空附近,而本方同伴争顶球能力劣于对方,或争顶球的时间晚于对方时,守门员应快速、果断出击,或争接到高球,或用拳将球击向侧路,以防对方获得射门机会。

2. 不出击时机

在下列情况下守门员一般不出击。

（1）攻方球员不论从任何区域长传高吊球,使球的落点在罚球点球点与

正面罚球区之间区域,此时又有防守队员与攻方队员同时拼顶高球,在此情况下,守门员不要轻易弃门而出。其原因:一是球距门较远,对方直接顶入球门的可能性较小;二是若出击争夺不到球,对手争顶到球,很可能因空门失分。

(2) 攻方球员将高球传至罚球弧两侧的罚球区角内附近,此时又有同伴与对手拼争球,在此情况下,守门员不要急于出击。因为此区域距门较远且射门角度又小,即使对手争顶到此球,守门员也可"守株待兔",而冒失出击常会给对手头顶球入空门的机会。

(3) 攻方队员从左、右两侧传中时,常常向罚球点球点附近传出旋转力极强且球速极快的内旋球,此时防守双方又企图拼争此球时,在此情况下,守门员一般不要轻易出击,以防被内旋球假象迷惑,导致球直入空门。守门员只要选好位置,注意力集中,即使对手争顶到了球,也不会轻易破门得分。

(4) 当攻方在中场发动快速反击,将球长传至接近罚球区线与端线交接处附近时,守门员没有绝对把握不要弃门出击。这种状态下,往往对方速度快的前场球员会捷足先登,将球传至门前或另一侧,如果无人把守球门,会使门前险象环生。

守门员必须视具体比赛场景及本人特点等,把握好出击或不出击的时机,才能确保球门的安全。

(二) 出击时的原则

守门员出击时的原则如下。

(1) 守门员要在前点或最高点接触球。

(2) 在空中若争接到球,就应在空中控制住球。球在落地过程中,要快速控制住球并将球收抱于胸前,牢牢保护住球,以免脱手发生意外。

(3) 如果在球的落点附近攻守人员密集,守门员无法在空中争接住球,则可用双拳或单拳将球击向安全区域。

(4) 在出击截获高空球时,必须大声疾呼,如"我的!"、"躲开!"等,这样既能提示同伴,又可对对手起到威慑作用。必须记住:一旦呼喊出口,则必须勇敢向前,不能犹豫,更不得退缩,否则可能会造成失球的严重后果。

(5) 守门员一旦弃门而出,条件允许时处在后场的同伴必须补防球门,以防止球空门而入。

二、进攻战术

守门员的进攻战术同场上其余 10 人的进攻战术不同,进攻手段也不同。

守门员的进攻手段是用脚和手发球来组织进攻的,而场上10人的进攻手段主要是互相间以脚传球和运球为主进行的。除此之外,守门员的进攻相对较为简单,而场上10人间的进攻战术配合比较复杂。

守门员组织进攻的战术主要有以下三种形式。

（一）手掷球

手掷球的最大优点在于准确、安全和快速,且同伴容易接控。但限于手臂力量较小,故掷球距离较近。守门员在下列情况下可采用手掷球组织进攻。

（1）当全队控球技术较好,进攻有章法时,守门员通过手掷球能够有效地从后场两侧路组织进攻。

（2）当本队中场组织核心没有被对方盯死,有较充裕时间拿球时,守门员以准确的手掷球传给核心队员。

（3）边前卫接控球能力强,所处的中场边路有较大空间,守门员可以通过大力掷球,使其能安全接到球。

（4）场地条件较好,如平坦、干燥等,掷出的球能沿地面有规则地运行,同伴便于接控时,可采用手掷地滚球给同伴。

（5）在本方处于领先,且比赛时间所剩无几时,可以通过准确掷球,使同伴间通过集体控制球,以减少对方进攻次数。

除此之外,守门员在安全的前提下,可以用脚以短传的形式将球传向左右两侧的同伴。但应注意,当用脚接到一侧同伴传来球时,在一般情况下,守门员不应再传向来球同伴的一侧,而应及时传向另一侧的同伴,此时的同伴常常无人盯防,空间较大,得球后发动和组织进攻会更顺畅。

（二）抛踢长远球

抛踢长远球包括手抛踢凌空球和手抛踢反弹球。目前守门员采用手抛踢凌空球较多,但根据临场情况和守门员个人特点,也有一部分守门员常用手抛踢反弹球组织进攻。

不论是手掷球还是手抛踢凌空球或反弹球,守门员都是进攻的第一人,必须把握好进攻时机和进攻方向。

1. 手抛踢凌空球

下列情况多采用手抛踢凌空球。

（1）当守门员接到对手射门球的一瞬间,若前场同伴有反击机会时,则快速大脚长传至前场中路或侧路,以把握反击良机。

（2）本方前场球员争顶球能力强,个人或几个同伴有能力配合抢获第二、三点球,向对方发起连续进攻时,采用手抛踢凌空球。

（3）若对方大兵压境，一时间在本方后半场同伴不停地东奔西跑，甚至上气不接下气，防守处于混乱时，为缓解这种压力，守门员控制住球后，应调整比赛节奏，采用手抛踢凌空球的方式将球踢入对方半场，以缓解防守线上的压力。

（4）当场地泥泞、球又湿滑，或门前场地不平坦时，采用此踢法也不失为上策。

（5）当本方比分落后，比赛时间又所剩不多时，守门员采用此踢法可以争取时间尽快把球踢到前场，以减少因层层推进过程中遭到对方抢截或本方失误而丢球的可能性。

2．手抛踢反弹球

手抛踢反弹球具有鲜明的特点，即弧度较小，球飞行的速度较快，距离也远。当今的足球经改进后，守门员站在本方罚球区内，常常能把球踢入对方罚球区附近，但这对守门员踢球技术要求比较高。用手抛踢反弹球的基本要求如下。

（1）踢反弹球技术水平要求高，必须准确地掌握球弹起刹那的击球时机，过早或过晚都不会达到预期的战术目的。

（2）要准确地控制踢球的起飞角度，身体能够协调用力，尤其是踝关节的灵活性要很强，踝关节向前和向上用力的契合点要把握准确。踢球时场地必须平坦，使球能有规则地弹起。

无论是手抛踢凌空球还是手抛踢反弹球，前场同伴多背向或侧向跑动，而对方后场队员正面迎球，观察优于同伴，致使同伴在接球时常处于被动状态，这时同伴的判断和移动选位以及跳的时机等都是他们成功获球的重要因素。

（三）踢球门球

踢球门球时，有时是同伴踢，有时是守门员踢。不论是踢近距离球还是大力踢长距离球，都可采用手掷球、手抛踢凌空球，以及踢反弹球技术进行战术组合训练。

第五节　攻守战术运用的一般原则与方法

足球比赛是在规定的时间与场区内进行对抗的球类比赛，为达到比赛胜利的目的，运动员在比赛中应当在千变万化的攻防战术中遵循一定的准则，以提高行动效率和取胜概率。这些在比赛中应当遵循的"信条"就是比赛的攻守原则。

一、进攻战术

（一）进攻的战术原则

1. 创造宽度

比赛中一旦获得控球权，就应充分利用场地所有的空间向对方发动进攻。在利用场地空间时，无球队员要利用场地的宽度，积极跑位、交叉换位，充分拉开防守队员间的左右距离，以加大防守队员的防守面积，从而最大限度地瓦解防守队员之间的联系，使其不能成为一个板块，露出缝隙，为本方进攻队员的插上和渗透创造有利空间和时间。

2. 制造深度

在充分利用场地宽度的同时，还要充分利用场地的纵深距离。进攻队员要有意识在不同方位上形成不同距离的纵深梯次，使防守队员在前后之间的联系处于一种混乱的状态，为本方进攻队员利用防守队员身后的空间创造更多的机会。

3. 渗透

进攻时，要通过不断的传球、运球和无球队员的跑动等各种有效手段向对方球门逼近，向对方球门渗透。无球队员在防守队员之间的频繁交叉换位跑动，必然会牵制防守队员的移位、跑动。一旦防守队员移动起来，就很可能出现漏洞，此时，进攻队员要观察敏锐，反应迅速，突然向防守队员身后的防守漏洞穿插、渗透，传球或运球突破，以争取迅速接近对方球门射门得分。

4. 灵活

机动灵活是足球运动员在比赛中充分发挥自己主动性的前提。在进攻时的战术配合中，球员要在赛前制定的全队战术打法总体规划的基础上，根据比赛的实际情况，灵活机动地改变和调整战术行动的实施方案，随机应变。既争取保证赛前制定的总体方案的贯彻落实，又不被预定方案所限制。要因人、因地、因时合理变化，努力创造战术变化，以达到取得比赛胜利的最终目的。

（二）进攻基本要素

要想进攻组织得有条不紊，并取得实际的效果，就要把不同的要素组合起来。进攻中所涉及的主要要素如下。

1. 进攻队员的数量配备

进攻队员的数量配备包括组织进攻队员、策应队员、支援队员、插入突击队员。队员在比赛中的作用不同，其战术行动的方式也不同。

策应、支援队员在进攻中主要通过自己位置的调整,为组织发动进攻的队员创造传球的角度和线路,制约对方防守队员的活动,为其他同伴创造可利用的空间。组织发动进攻的队员则主要是及时将球传到最有进攻威胁的同伴控制区域,以使其能够尽快实施射门。插入突击队员则是向对方防守禁区发动突然袭击的关键队员,他们的主要任务是利用队友创造的一切机会尽快高效完成射门得分的任务。因此,在各种角色的配置上要统筹安排。一般来讲,策应、支援队员应多一些,组织发动进攻的只有控球队员,而实施插入突击的队员一般有2～3人。在实施进攻的过程中,这些角色随时都可能是互换的。插入队员可能在一瞬间成为组织队员,支援队员成为主要进攻队员。总之,只有人数多,跑位合理,才可能有更多的进攻点,增加更多射门的机会。

2. 进攻点的选择

为了尽可能地提高进攻的成功几率,进攻时可用心寻找对方防守的薄弱环节。若对方右边卫防守能力相对较弱,则本方的进攻就可以从左路发起、展开,攻击对方的右路,以避实击虚,调动对方的防线。若对手在移动弥补过程中露出其他破绽,本方就可乘势抓住机会,转移进攻点。攻击目标的选择主要着眼于提高进攻的概率,取得满意的效果。

3. 进攻方式方法的选择

应采用合理的进攻方式方法。若对方进攻失败,防守板块还未形成时,防守的纵深有较大的空间,则应坚决地采取长传冲吊的方式打身后,也可以是中前场队员运球突破对手的一点,打乱对手的整个防守体系。如果对手的防守板块已经形成,则进攻需要通过不停地来回传球,运球突破,层层渗透,寻找机会。进攻方式方法的选择,主要着眼于用最简练、最节约进攻资源的方法,取得进攻的最佳效果。如果比赛加时,则节约的人力资源就可能起到"奇兵"的效果。

(三)进攻小组战术配合

1. 交叉换位

交叉换位是比赛中常见的配合方式,也是效果很好的一种配合方法。由于交叉配合时,进攻队员通过有意识地交换各自的位置,防守队员不得不跟随进攻队员被动地调整自己的防守位置,所以,防守队员往往在进攻队员交叉换位的时候被进攻队员摆脱或因换位引起的责任不明,出现盯人漏洞,而这个漏洞往往又成为进攻队员预谋攻击的重要目标。因此,交叉换位常常可以取得时间和空间上的进攻机会。

2. 居后插上

居后插上是指位置相对较后的队员突然前插,跑到控球队员前边、防守队员的身后空当。由后向前插上,一方面可以为控球队员提供传球路线和角度,突破对手防线,使自己获得控球机会(甚至是射门机会);另一方面,又可以吸引防守队员的注意力,为其他队员插入自己跑出的空当及控球队员运球突破创造条件。

3. 斜向跑

斜向跑是指进攻队员在跑动接应时的方向与球门线成一定的角度(不是平行也不是垂直)。这种跑位可以使进攻队员对身后防守队员的情况更清楚,有助于进攻队员在接球转身时动作的顺利进行。比起单一的纵向跑、横线跑,斜线跑对防守队员的压力更大。因为,斜向跑在比赛场上属于"两维"平面跑动,它既对防守队员的防守位置造成左右距离宽度扩张的"松散"效应,也使防守队员在纵深保护距离上加大"空虚"感觉。而对进攻队员来说,斜向跑既预留了横向空间,也兼顾了深度空间。

4. 身后跑

进攻队员要取得良好的射门机会,应争取在对方的防守腹地获得控球起脚射门的空间和时间,特别是在罚球区附近获得这种时间和空间。因此,在传球的一瞬间,跑位的球员应首先考虑向防守队员的身后跑,不断向对方门前靠近,这样才可能获得良好的射门机会。身后跑的关键是及时、准确,不能早也不能晚。

5. 一次触球

一次触球是一项技术难度很大的传球技术。它要求队员在传球前就已全面观察好比赛场上的情况,尤其是周边队员的情况。通过观察,并正确判断决定自己的传球对象是谁,同时要决定如何传球,是传高空球还是地滚球,是传脚下球还是空当球。一次触球的最大特点就是快和突然,因此,在对方罚球区附近应尽可能采取一次性触球。

(四) 全队进攻战术配合

全队进攻配合是一个极为复杂和高度灵活的动态过程,在进行全队配合时,要充分考虑各方面的因素,如天气、球员竞技状态、对手、场地、比赛阶段等。应特别注意比赛中战术打法的及时调整。为了保证全队战术打法的顺利实现,应当对全队进攻打法的基本特征和能力要求有清楚的认识。一次完整的全队进攻阶段是由发动、发展、结束三个阶段组成。

1. 发动阶段

发动阶段一般是指在本方半场内发起的进攻,主要有两种形式:一种是快速反击;另一种是逐步推进。快速反击一般用长传高球较多,也可以连续快速地直传低球。前锋队员在控好球后也可采取运球突破战术,快速逼近

对方球门。以上战术主要在对方全队进攻压上,后方空间大,防守队员空虚时运用。若对方进攻后及时回防,建立了牢固的防守阵形,可采用短传渗透,逐步推进,寻找攻击点。一旦出现进攻机会,就突然加快速度,突破防守。

2. 发展阶段

发展阶段一般是指在中场到对方罚球区附近发起的进攻。在发展阶段,通过中场一定要快,不要过多地横传、回传。通过前场队员的交叉跑位,创造宽度和空当。一旦出现机会和空当,应立即传球或自己带球突破,把球推向对方罚球区附近进行决战。若对手已形成了稳定的防守板块,收缩在门前(门前30米)密集防守,就应不停地来回传球,无球队员跑位,寻找战机,再突然发动进攻。这个阶段主要注意控制比赛节奏,控制好球。

3. 结束阶段

结束阶段是指在对方球门前30米左右的进攻。这个阶段的进攻拼抢激烈,防守队员多,进攻队员很难有一个可以顺利传接球的缝隙。在此阶段进攻一定要快速、突然,只要在时间与空间上有突破的可能,就要敢于突破。即使只有30%的突破可能性,也要敢于冒险传球,或是运球突破,敢于抢点射门。

在高水平足球赛中,如果两队实力均等,每个队平均有135次的进攻机会。不是每次的进攻都包括三个阶段,这主要是因为有些进攻是在中前场直接抢断球后就发起的,而有的进攻是在发起阶段就被对手抢断。

(五)全队进攻战术方法

全队进攻的主要方法有边路进攻、中路进攻、转移进攻、快速反击、层次进攻、破密集防守、定位球进攻、掷界外球进攻和球门球。

1. 边路进攻

1)边路进攻的主要形式

边路进攻一般是指进攻的最后阶段发生在进攻半场罚球区以外的进攻。边路进攻通常有两种构成形式:一是进攻过程始终沿边路进行;二是通过中路转移到边路。

边路进攻的主要目的在于充分利用场地的宽度,拉开防守线,削弱中路防守力量,寻找对手防守中的漏洞,创造射门得分的机会。

2)边路进攻的方法

(1)边路传中。

(2)边路横向或斜向推进底线传中。

(3)边路斜向突破射门。

(4) 边路高吊球或弧线球射门。
(5) 边路斜向二过一短传配合射门。

2. 中路进攻

1) 中路进攻的主要形式

中路进攻通常是指进攻最后阶段发生在进攻半场中间区域的进攻。中路进攻形成一般来自于中路直接推进和边路向中转移两种形式。中路进攻比边路进攻更具有威胁性和直接性。由于中路往往防守队员密集,进攻难度较大,一旦得手,则比边路进攻效果明显多得多。

2) 中路进攻的方法

(1) 运球推进中远射。
(2) 个人运球突破射门。
(3) 2打1或3打2快速配合射门。
(4) 包抄传中球射门。
(5) 进攻中受阻将球转移给边路。
(6) 中场队员插上射门。
(7) 任意球直接射门或配合射门。

3. 转移进攻

转移进攻是指进攻不能实施,而改变进攻方向的进攻战术。

1) 转移的时机

当进攻展开时,防守队员如果及时将板块位移到进攻场区,就给进攻增大了难度或根本无法突破防线,此时应迅速转移进攻方向。

2) 转移的场区与形式

通常将场区分为前、中、后场。每个场区都可以进行转移进攻,但转移进攻最多的是中场,其主要形式有:一是中路转向边路;二是边路转向中路;三是一侧边路转向另一侧边路。

3) 转移的手段

转移的手段有两种,即长传球和短传球,主要是长传球。

4) 转移进攻应注意的问题

(1) 应有意识地主动转移。转移进攻有两种形式:一是主动转移;二是被动转移。主动转移进攻方向是在对方将注意力集中在进攻一侧时,新的防守板块还未形成之前的瞬间,突然改变进攻方向。被动转移是在进攻时感到无法突破对方防线,盲目地将球转移到任何一个区域。

(2) 应有固定的转移点和接应点。应根据本队的人员特点和能力,设计出一套固定的转移战术打法,结合每场比赛的实际状况,运用到比赛中。

(3) 转移速度要快,长传球要有较高的准确率。

4. 快速反击

所谓快速反击是对手在全力进攻时,所有队员几乎压到进攻半场,后场空虚,防守队在获得控球权后乘对手立足未稳,通过简练的配合或个人突破,进行突然袭击的一种有效进攻手段。

1) 快速反击组织形式

(1) 守门员得球后的快速反击。

(2) 抢断球后的快速反击。

(3) 个人运球的快速反击。

(4) 定位球的快速反击。

2) 快速反击的最佳场区和时机

快速反击最多的场区是在中场,但威胁最大、效果最好还是在前场。在前场通过反抢球组织进攻,能直接对球门构成威胁。快速反击的最佳时机是在由守转攻时,此时对手压到进攻半场,后场空隙大,防守板块还未形成。

3) 快速反击应注意的问题

(1) 要创造快速反击的机会,全队必须回到防守半场,建立防守层次,使进攻方投入更多的球员参与进攻,此时对方防守人员相对减少,造成后场空虚。

(2) 要在尽可能短的时间内完成快速反击,形成一次有威胁的进攻。

(3) 前场、中场、后场都可以发动快速反击,关键在于对方的防守板块是否建立。

(4) 应固定快速反击的进攻点,但一旦进攻点被对手察觉,应及时改变反击的进攻点。

(5) 必须掌握好快速反击的节奏。一味的大脚长传冲吊球,会使对手很快适应。对手很可能先行回位,加大纵深,使防守反击失去作用。

5. 层次进攻

层次进攻一般运用在对方已形成很好的防守板块的情况。此时,进攻应该有组织、有步骤地层层推进。

6. 破密集防守

(1) 快速进攻。

(2) 充分利用场地宽度。

(3) 个人运球强行突破。

(4) "空战袭击",争顶第一落点。

(5) 实施远距离射门。

(6) 利用回传球,把对手吸引到自己的防守半场。

（7）增加进攻人数。实施这一战术时，球员应具备高度的战术素养，主要是跑位、接应、传球的技术素养。进攻不是在2个队员之间进行，可以有更多队员参与。

（8）进攻速度要变化。

（9）前锋、前卫不断换位。

7. 定位球进攻

定位球指任意球、角球。有40%～50%的进球是来自于定位球的配合进攻。在许多关键的比赛场次中，一些决定胜负的进球，是通过定位球射入球门。

1）任意球

任意球主要有直接任意球、间接任意球战术运用。

（1）直接任意球。直接任意球是可以直接射门得分的罚球。直接任意球是得分的最好机会，尤其在罚球区附近的直接任意球，更是作为当今足坛进攻得分的一个主要手段。其主要进攻方法如下。

① 劲射。防守队员人墙不严密，宽度不够，有空隙利用时可采取劲射。

② 弧线球射门。队员防守严密，没有可以利用的缝隙时可采用弧线球射门。

③ 快速射门。裁判员判罚任意球时，进攻队员乘防守队员未形成防守板块，在裁判员未鸣哨时，迅速实施射门。如果裁判员给出了必须听鸣哨再罚球的信号，则进攻队员应放弃这一战术。

④ 战术射门。为了提高射门得分的几率，可采取战术配合，避开防守人墙。其战术方法多种多样，在此不一一述说。

（2）间接任意球。间接任意球是罚球队员不能直接将球射入对方球门的任意球，球必须触及第二个球员后射入对方球门方才得分有效。其射门的战术主要如下。

① 点球即射。一球员轻点一下球，主罚队员即刻射门。

② 拨球射门。一球员向主罚球员处轻拨一下球，避开防守人墙，主罚队员射门。

③ 空间抢点射门。一般离罚球区较远的地区执行间接任意球时使用。可采用前点和后点战术：前点一般是低平球，后点一般是高空球。

④ 声东击西。通过无球队员跑动，吸引防守队员的注意力，突然将球传向另一侧。

2）角球

角球进攻有两个非常有利的条件：一是发角球可以直接射门得分；二是发角球时进攻队员不存在越位。角球进攻一般有以下几种战术。

(1) 直接踢弧线球射门。

(2) 将球直接踢向有威胁的区域,如选择前点(第一门柱)、后点(第二门柱)。如果对方守门员有很好的制空能力,就不能使球落在球门区附近。

(3) 进行中短距离的战术配合。

8. 掷界外球进攻

重视掷界外球进攻能大大增加进攻的机会。掷界外球时,掷球队员和接应队员应做好以下几个动作。

(1) 尽快将球掷出,迅速发动进攻。

(2) 掷给无人防守的同伴。

(3) 尽可能向前掷球。

(4) 掷出的球便于队友接控。

(5) 接球队员要为掷球队员创造足够的空间。

9. 球门球

如果认为在比赛中球门球只是恢复比赛的一种手段,就等于在中场附近把控球权交给了对方。虽然很多球队都认为,有了控球权就要充分利用和创造空间,但他们在发球门球时没有体现出这一点意识。除了缺乏控球的意识外,害怕在自己半场失去控球权也是一个重要的因素。因此,应敢于在自己的防守半场拉开空间,接应发球门球。在发球门球时,发球队员和接应队员应考虑以下几个因素。

(1) 后场、中场接应队员应拉开宽度,为传接球创造纵深空间。

(2) 前场队员应考虑同伴将球直接传到自己的控制区域,或是回位到中场接应球门球。

(3) 传球队员应将球传到接应队员远离防守队员一侧的脚下。

(4) 如果对方采取过中场的压迫打法,则发球门球的队员可直接将球踢到对方半场乃至离对方球门更近的区域。

二、防守战术

(一) 防守原则

1. 延缓

快速回防,延缓对方进攻速度是防守成功的重要因素。当本方失去控球权的瞬间,每一个队员都要意识到不能让对方发动快攻。此时,离球最近的球员要以最快有效的方法去封堵对方控球队员向前运球或传球的路线,以争取时间让本方球员迅速恢复防守板块,形成稳固的防守体系。

2. 构成纵深防守体系

快速回位,形成防守板块,构成纵深的防守体系是防守成功的关键所在。当离球最近的队员去抢截球时，其他队员要迅速边回位边随身盯紧其他的进攻球员，将自己防守区域内的对手纳入自己的防守范围内，形成一道纵深的防守体系。

3. 平衡

加强保护，争取防守力量平衡和局部优势是防守成功的基础。当对方控球继续向本方球门区域进攻时，防守队员要向中路收缩，减小防守队员之间的距离，压缩身后的防守空当，争取在局部防守中获得人数上的优势。这样可以大大提高防守队员间相互支援的有效性，特别是彼此对身后空间的保护。

4. 控制

控制原则主要是针对后场防守而言，但作为一个整体的球队，防守应该是从失球的一瞬间就开始。应该控制球的路线、控制运球进攻路线、控制对方队员跑动路线。尤其是在后防线上，防守队员必须采取盯人方法，以控制对手在此区域的一切行动。

（二）战术组合防守

防守战术合理有效的运用必须有一个整体的防守基本要素，其基本原则如下。

1. 选位

由攻转守后，每一个队员要根据自己的位置职责及当时比赛场上的情况，在整体意识的支配下，迅速地、有目的地选好自己防守的位置。选位的基本原则是：每一防守队员在本方失球后应尽快回位，站在进攻者与本方球门线中点的连线上。选位在防守战术中是由攻转守的第一步。合理选位不仅有助于提高个人防守行动的效果，而且它也能密切联系整体布局，对防线的稳固性起着重要作用。选位的基本要求是：由攻转守时必须及时、快速，每一个防守队员必须依据对手的布局保持适宜的纵向和横向联系，提供保护、补位的前提条件。

2. 堵缓

堵缓通常意味着且堵且退，以积极地干扰封堵对手，减缓进攻速度，瓦解对方快攻的意图，为全队防守板块的形成赢得时间。

堵缓可以说是一种防守技巧，它既要求防守队员对控球者有攻击性，牵制对手行动，同时又要求其必须善于观察控球者的心态。堵缓并不排斥有效的抢截，如果在堵缓中对手控球失误，防守队员应把握机会，果断出击。堵缓一般运用于以少防多时，它可能出现在比赛的任何时候。如在局部进攻中，对手运用配合或是运球突破一个或几个同伴防守区域形成以多打少

时，这时防守队员就应运用堵缓战术遏制对手的快攻，为丢掉位置的队员回位争得时间。

思 考 题

1. 简述技术与技术意识。
2. 简述战术意识。
3. 简述进攻中个人主要技、战术意识的培养与运用。
4. 接球的基本要求与要领有哪些？
5. 简述运球意识。
6. 简述射门技术的运用。
7. 简述射门机会。
8. 简述无球技术运用的基本要求。
9. 无球状态时跑位、选位的技术要领有哪些？
10. 如何进一步认识战术阵形？
11. 详述战术阵形中各位置职责。
12. 简述进攻的战术原则。
13. 简述防守的战术原则。

第七章
足球比赛的指导工作

第一节 足球比赛指导工作的意义

　　足球比赛既是双方球员实力的角逐,又是双方教练员控制比赛过程能力的较量。比赛的胜负一方面取决于竞技能力的优势,另一方面取决于竞技能力在比赛过程中的转化结果。把握这一转化过程体现了教练员控制比赛过程的能力和艺术水平。教练员若想有效地驾驭整个比赛过程,使本队竞技能力淋漓尽致地得以展现并转化为胜利成果,其卓有成效的比赛指导工作是关键的一环。在许多重大比赛中,教练员由于指导得法而"扭转乾坤",或因指导失策而"功亏一篑"的无数事实充分证明了这一点。因此,教练员必须具有高超的指导比赛的能力。赛前准备工作、赛中临场指挥和赛后总结是教练员比赛指导工作的主要内容。

第二节 足球比赛前的准备

　　赛前准备是有效控制比赛的基础。比赛作战方案的正确制定、比赛中战术运用的合理性,首先取决于对与比赛有关的各种信息的了解和赛前的精心筹划。唯有如此,教练员才有可能对影响比赛效果的所有因素进行全面、认真的分析,尽可能利用一切有利因素,并采取有效措施,从心理、身体、技战术上把全队的力量协调起来,为赢得比赛胜利创造一个坚实的基础。

一、赛前信息收集

　　知己知彼,百战不殆。赛前全面细致地了解与比赛有关的各种信息是正确制定作战方案的基础,也是取得比赛胜利的重要前提。

　　收集信息的过程主要有以下三个方面。

（一）回顾

回顾和总结与参赛对手过去相遇过的情况，尤其是参赛对手近期比赛情况。认真回顾和总结多次相遇的经验、教训，这些都是十分宝贵的信息资料。

（二）走访了解

走访的对象，一是知情者，二是与自身有利害关系者。在向他们索取信息时，应全面、客观地掌握和运用这类信息。

（三）赛前观察

赛前观察指比赛前数周内，教练员对比赛对手、比赛环境等情况进行直观了解。这种信息相对真实、客观。

赛前信息收集的重点内容如下。

1．比赛环境

诸如场地、气候、交通、食宿、观众等方面的情况。

2．竞赛规程

对日程安排、比赛时间、场地、替补人数、分组等因素和规定进行认真分析。

3．对手信息

切实了解对手的比赛风格、比赛基本阵容、技战术水平及攻防技战术打法特点、核心队员特点、队员的伤病情况等。此外，还应了解和掌握比赛对手教练员的情况，包括个性特征、指挥经验与能力、在队中的权威性，以及协调队内外关系的能力等。

4．本队信息

全面了解和掌握队员对比赛的态度、信心、责任感，尤其是主力队员的身体状况、伤病、竞技状态等情况。

5．裁判员信息

球队是不能左右裁判员的，但对该场的裁判员和助理裁判员的执法水平、判罚特点、习惯及心态等应予以掌握和分析，以便告诫全队更合理地利用规则进行比赛，以赢得裁判员为本队取胜创造良好的前提。

二、分析比赛、研究对策、决定方案

正确的决策来自于正确的判断，正确判断的基础在于对自己和对手的全面了解及对各种情况的认真思考和分析。实践证明，认真全面地分析比赛形势和各种利弊因素，对正确制定比赛方案尤为重要；正确的决策往往可以决定一场实力相当的比赛的结果,甚至出现以弱胜强或逼和实力明显高出一筹的对手。因此,教练员应在全面、准确了解比赛双方的各种信息的基础上,将本队与对手的实际情况进行认真细致的对照分析,从而正确估计本队与对手的竞技实力。既要看到自己的优势和对手的不足,又要清楚地知道自己的不足和对手的长处,摆正位置,不盲目乐观。通过对双方竞技实力及影响比赛胜负的各种因素的细致分析,教练员应制定出具体可行的对策,确定相应的比赛目标、战术对策及最佳上场人选。

在分析比赛、研究对策过程中应注意以下几点。

(一) 客观分析、实事求是

应从本队和对手的实际出发,正确估计彼此的竞技实力,制定符合本队实际的作战方案,绝不能违背客观事实,有意夸大实力或为引起队员重视将弱队对手说成强队。

(二) 避实就虚,弱中找强

面对强队,既要承认对手的优势也要看到它的不足之处,要避实就虚,攻其不足,达到以弱胜强的效果。遇到弱队,则应发现其长处,并加以重视,采取措施,以防万一。

(三) 扬长避短,有备而战

在认真分析对手战术特点的基础上应看到自己的有利条件,相信自己的实力,增强自信心,并充分利用自己的优势,扬长避短。对任何对手,在战略上要藐视对手,在战术上要重视对手,绝不可以掉以轻心。应预想到比赛中可能出现的情况或遇到的问题,并提出解决这些问题的对策,做到有备而战。

(四) 周到细致,准备充分

足球比赛千变万化,难以预料。比赛的胜负虽然取决于实力的对比,但绝不能忽视临场发挥的效果和难以预料的偶然因素。因此,赛前分析应周到细致,准备充分。对影响比赛结果的一些变化应充分估计,并提出各种应变措施,避免出现由于场上变化而造成措手不及的情况。

(五) 有的放矢,知人善任

根据比赛对手的实力和特点确定比赛阵容及比赛阵形,做到知人善用,尽力发挥队员个人的特长,调动全队的积极性。

(六) 以我为主,确定作战方案

作战方案一旦确定,应及时进行有针对性的模拟训练。通过训练,发现问题,调整队员,完善打法,使制定的作战方案更加符合比赛实际。

三、开好准备会

任何球队都不会打无准备之仗。准备会就是战前做好充分准备的一种形式。准备会的目的是振奋精神,统一认识,明确打法,充满信心地迎接即将到来的比赛。

（一）准备会内容

（1）做好心理准备,明确比赛的目的、任务,树立争取胜利的荣誉感和责任感;强调团结一致,努力拼搏,胜不骄,败不馁,发扬勇敢顽强的战斗作风,力争打出风格,打出水平。

（2）介绍比赛双方的信息,分析对手的优势劣势,如对双方赛前形势的分析、双方实力的对比分析等。

（3）布置战术打法,明确战术重点,交代比赛细节:如何进行攻、防及攻防重点;任意球、角球、罚球点球战术及主罚人选;准备活动时间及注意事项;对核心队员的特殊要求;对替补队员的要求等。

（4）宣布上场队员名单。

（5）对异常情况的发生需有所准备:如果先失球或先胜一球,10人对11人或11人对10人,则如何作战;如果核心队员意外受伤下场,打法和阵容如何调整等,应使全体队员有一个良好的心理准备。

（6）客场作战应注意的问题等。

（二）准备会的要求

（1）应充分让队员放下包袱,树立信心,全身心投入比赛。

（2）教练员的语言应具感染力,并富有幽默感和趣味性。

（3）准备会应简练、明确,时间不宜过长,一般以1小时为宜。

（4）应在充分准备和听取有关人员意见后,经集中决策后再召开准备会。

第三节　足球比赛中的临场指挥

赛前的准备工作是基础,临场指挥是关键。一些实力水平相当或比分落后的队,由于教练员的指挥有方而取胜的战例屡见不鲜。因此,教练员的临场指挥调度是否得当对决定比赛胜负起着十分重要的作用。临场指挥的基本任务就是根据赛场上双方攻守情况,及时修正预定作战方案中不符合客观实际的内容和环节,果断采取对策,及时调整人员配备、改变阵形与打法,以增加获胜的机会。

一、临场观察

临场观察是教练员了解比赛情况最直接、最重要的信息渠道,比赛双方的技战术表现通过这一渠道真实、客观地投射在教练员的大脑,为其分析判断场上局势、采取应变对策、下达各项比赛指令、改进完善技战术打法提供了最基本的依据。

(一)观察、收集对手信息

(1)了解对手基本比赛阵形及位置配置、比赛阵形运用变化的特征。

(2)了解对手总体战术打法、攻守战术重点与我方准备会估计、推测和分析的情况是否有较大出入。

(3)了解对方各位置,前、中、后三条线的主力,核心队员与原估计的上场阵容有何区别,以及位置变化情况、核心队员的技战术特点。

(4)重点观察对手的攻击点和得分点在何处、是何队员;防守的主要漏洞和弱点在何处、是何队员。

(5)观察踢定位球对手的特点。

(二)观察、收集我方信息

(1)我方队员能否贯彻准备会的意图或灵活地贯彻教练员的意图。

(2)我方在阵形、打法上是否与临战的实际赛势相吻合。赛前布置的攻守战术是否有效,能否控制和驾驭对方。

(3)我方攻守战术运用上的优势何在,不足和弱点何在;哪些环节需要调整。

(4)随比赛时间的推移及场上赛势的变化(比分暂时领先、平局或暂时落后),队员心理、体能状态能否适应场上竞争,能否保证其发挥出技战术水平。

(5)队员场上的赛风和战斗作风问题,也是教练员应予以观察的内容。

二、临场决策与调整

教练员应牢牢抓住临场观察中所获得的那些有可能影响比赛战局和决定胜负的关键信息,充分借助经验、知识和技能,经周密分析,迅速、果断地作出决策,及时调整攻守打法,切忌优柔寡断、贻误战机。

临场调整的主要方式如下。

(一)保持原有场上人员

场上原班人马继续迎战,只是在某些位置和场区上队员间的角色、职能有所改变,赋予新的攻守打法。

（二）换人

换人是一种较大的人员调整和战术变化,教练员应慎重从事。尤其是足球比赛时间长、换人少、胜负又难以预料,一般不宜过早而频繁地更换场上队员。在下列情况下应考虑换人。

(1) 对方打得得心应手,而我方陷于十分被动的局面,需要改变打法。

(2) 队员心态失常,情绪很不稳定,技战术水平发挥欠佳,不能继续胜任比赛任务。

(3) 队员因伤势严重,不能坚持比赛或难以发挥作用。

(4) 队员体能不佳,不能继续适应激烈比赛要求,无法坚持打完全场。

(5) 个别队员赛风不良,影响其他队员的比赛情绪。

(6) 比赛已成定局,为保存核心队员体力或避免罚红黄牌。

(7) 我方队员无法制约、限制、盯不住对方核心队员或极有威胁的队员。

(8) 本方处于领先而比赛又即将结束前,可通过换人合理地拖延时间,以保持已获得的成果。

(9) 有目的地培养新生力量,可适当更换新队员上场。

（三）指挥方式

足球比赛不允许暂停,教练员临场指挥的区域和行为受到规则的严格限制。因此,要使教练员的作战意图和决策让场上队员及时地了解和贯彻,这就有赖于教练员运用适当的指挥方式来达到此目的。一般可用下列方式来传达教练员的意图。

(1) 用事先规定好的简明手势传达意图。手势必须简单明确,队员一看就懂。

(2) 通过换人传达意图。教练员应对替补上场队员清楚地讲明自己的意图,并由他传达给场上每名队员。

(3) 可用适宜声音向临近指挥区的队员传达意图。

(4) 通过处理伤员时传达意图。

(5) 授权场上队员或核心队员进行场上指挥。

因此,在日常训练中,应注意培养责任心强、比赛经验丰富、沉着冷静、有威信的队员担任队长,并有意识、有计划地培养队长和核心队员的指挥能力。

（四）中场指挥

中场休息是教练员进行临场指挥的重要时机。教练员指挥的重要任务是进一步调动队员的积极性,明确下半时的战术打法及应变对策,集中力量打好下半时的比赛。

1. 中场指挥的基本内容

（1）稳定情绪。教练员首先要掌握、控制好休息室的秩序和气氛，让队员在安静的环境中得到片刻的休息，补充饮料，使队员情绪稳定下来。也可利用短暂的休息时间与全体队员或个别队员交换意见，听取他们对比赛的感受。

（2）有针对性地小结。教练员应简明扼要地小结上半时比赛情况，要充分肯定成绩。以鼓励为主，指出双方攻守的主要优缺点，尤其应抓住本队攻守中所出现的共性和影响全局的关键问题进行重点分析与讲解。

（3）合理部署。在小结上半时比赛情况的基础上，调整、部署本队下半时比赛的作战方案。明确在进攻中应重点利用对方哪些不足和漏洞，在防守中应加强哪个区域和环节的防守，并提出相应的战术打法措施；推断对手在战术策略及战术打法上有可能的变化，并提出相应的策略，使队员对下半时比赛有充分的准备，在比赛中应变自如。

2. 中场指挥的基本要求

（1）牢牢把握指导目标。指导的主要方面是战术部署和心理状态的调整。教练员的指挥内容，应抓住关键问题，绝不可把宝贵的时间浪费在对眼前比赛毫无意义且需要长时间训练才可改正的某些问题上。

（2）指令应言简意赅。教练员对队员的指导应是决策结果，而不是分析过程。语言应准确、恰当而富有感染力。

（3）神态自若，具有鼓舞性。无论本队处于何种比赛形势，教练员在指导时应控制自己的情感，神态自若，充满信心。

（4）重视对队员进行正确的心理导向。比分领先时，严防骄傲和松劲情绪；平局时，要沉着冷静，力争打破僵局；失利时，教练员应勇于承担责任，减轻队员心理压力，唤起更积极的拼搏意念，竭尽全力投入下半时的比赛。

（5）批评应慎重且注意时机。一般不轻易对队员加以批评或指责。即使批评，也应注意语气和方式方法，让队员能够愉快接受。

（6）不轻易批评裁判，不和裁判发生矛盾。中场指挥应消除队员对裁判各种不公正判决的不满，否则只能给全队带来不利。

（五）比赛最后阶段的临场指挥

比赛的最后阶段是指比赛结束前 20 分钟左右的一段时间，这个时段是决定比赛胜负的关键时刻。在一般情况下，激烈的比赛争夺将进入白热化的状态，这时教练员要特别重视临场指挥，充分发挥自己的指挥艺术。

在这个阶段，教练员临场指挥的决策和调整主要取决于比赛场上的局势和比分情况。大致有以下几种应考虑的对应措施。

（1）比分领先，应考虑稳固防守，控制比赛节奏，伺机扩大战果。

（2）比赛成平局，若占有明显优势，应考虑在稳固防守的基础上发动强大攻势，争取比赛胜利；若不占优势或较被动时，应考虑加强防守，控制好球，进行战略性进攻以求能胜则胜，胜不了则保平局，保证不输球。

（3）比分落后，应考虑全力以赴，积极、大胆进攻，以争取扳平或转败为胜。

（4）如果有延长期比赛，教练员应考虑延长期比赛的作战方案。在90分钟比赛结束前，考虑把体力好、善于罚点球的队员换上场。

第四节 足球比赛后的总结

在足球比赛的实践中，运动员或教练员所获得的成功经验、失败教训都是极其宝贵的，足以给人留下深刻印象。比赛后进行认真总结是为了更好地强化和发扬本队的优势，找出不足，纠正错误，以利再战。这不仅为以后的比赛方案的制定提供了科学依据，而且也有利于进一步改进和提高训练工作质量，有利于丰富比赛经验，提高运动员对足球比赛及比赛中技战术运用等方面的理性认识，有利于提高分析和解决问题的能力，做到全队和个人不断比赛、不断总结、不断进步。

一、赛后总结的内容

（1）赛前制定的作战方案与对手的实际攻守打法是否吻合、对路。如赛前收集、分析对手的信息与临场实际比赛情况是否相符，作战部署调整是否得当，在战术运用、用人方面是否做到了知人善用、扬长避短等。

（2）队员贯彻教练员的意图及全队和个人任务完成得如何。这主要体现在队员执行作战方案的坚决性和灵活性，以及完成位置职责的效果方面。

（3）涉及直接得失分、险球、关键球和机会把握的能力与处理情况。

（4）全队和个人运用技战术的合理性、准确性，以及根据临场赛势的变化，队员场上的创造性、应变能力表现如何。

（5）身体素质的运用及表现、体力状况等情况。

（6）比赛心理的稳定性，思维的清晰性、敏捷性，意志品质等方面的表现。

（7）全队和个人赛风上的表现。如对待观众、对手，以及对待裁判员的判罚等方面的表现。

（8）临场指挥问题。如换人及换人时机的掌握、场上赛势发展的不同时段改变，战术打法的合理性、针对性、及时性，比赛中对队员心理导向的引导等方面的情况。

（9）学习对手的长处和吸取的教训是什么，今后努力的方向及改进意见。

二、总结的形式

总结的形式多种多样，一般有如下两种总结形式。

1．集体总结

由教练员先总结，然后队员讨论、补充，或先由队员总结，再由教练员最后归纳总结。

2．分组总结

可先由各线的队员进行分组总结，各抒己见，进行讨论，最后由教练员做归纳，在全队进行总结性发言。

三、赛后总结的要求

（1）坚持用一分为二的观点进行总结，即在胜利中要看到不足，从积极因素中找出不利因素。同时，还应从失败中看到长处，从不利因素中找出积极因素。

（2）总结应以肯定成绩、表扬为主，而对个别思想作风表现较差的队员，应进行耐心而严肃的批评教育。尤其在本队失败后的总结会上，应注意批评的方式方法，避免过多的批评与指责，更应注意稳定队员情绪，体谅、安抚他们受挫的心情和情感，保护他们的积极性，以避免失利的阴影投射到以后的比赛中。

（3）要充分发挥民主，各抒己见。教练员要善于听取不同的意见，以改进今后的工作。

（4）比赛失利时，教练员、领队应勇于承担责任，杜绝相互指责或埋怨，影响团结。

（5）总结会应在教练员和队员们充分准备的基础上进行，一般安排在比赛后的1～2天为宜。

思 考 题

1．简述足球比赛的指导工作的意义。
2．赛前信息收集的内容有哪些？其意义何在？
3．如何开好赛前准备会？
4．简述足球比赛中临场指挥的重要性。
5．比赛中换人应考虑哪些因素？
6．如何写好足球比赛后的总结？

第八章

院(系)足球队训练

各院(系)足球队教学训练计划是课外群体工作的重要环节。这里，我们以每年一次的"华中科技大学足球联赛"(以下简称华科大联赛)为例来说明。为了能够使足球队有一个满意的比赛成绩，就有必要制订教学训练计划，使院(系)足球训练工作有条不紊地开展。

第一节 足球队的训练计划

制订院(系)足球训练计划以四年一个周期为宜，因为踢足球的同学多在大三、大四时才能把自己的最佳水平表现出来。计划应包括四年训练计划、全年训练计划、阶段训练计划、周训练计划、课时训练计划，所有这些训练计划都应与学生所在专业的学习不相抵触。这几项计划是一个统一的整体，紧密相连，由远而近，后者比前者在内容、时间安排上更具体。

一、四年训练计划

四年训练计划是一批队员从大一进校时开始一直到大四毕业时的训练计划，主要是大一到大三期间这批同学的目标计划(冲入华科大联赛甲级队，而且在甲级队中取得较好的名次)。计划以文字为主，可以结合表格形式，参考一些专业球队的训练计划，结合各院(系)的专业学习特点来制订。

二、全年训练计划

全年训练计划是院队(系队)四年训练计划的细化，是一系列计划中最重要的一个。全年训练计划一般应包括以下几个方面的内容。

(1) 新队员的基本情况。通过"新生杯"比赛，了解这些队员的基本情况，概要说明这批队员的思想、技战术基本能力、身体素质水平、心理能力，他们的优缺点与其他院(系)队员相比在一个什么样的水平上，这批队员如何融入到现在的球队中来。

(2) 训练的指导思想。

(3) 在校期间的奋斗目标。

(4) 训练的基本任务、内容和手段。

(5) 时期的划分,各项训练的任务、内容,比赛、训练负荷的安排。尤其应注意考试期间运动负荷的合理安排。

(6) 训练的考核与总结。

(7) 主要的措施。全年训练计划应根据本专业的学习时间安排,划分为两个周期,即上学期和下学期。整个训练过程可以循环往复进行,但两个周期不是单一的重复。依据竞技状态具有"获得"、"保持"、"暂时消失"三个阶段的客观规律,以及"华科大联赛"每学年第二学期举办的特点,可以将训练分为准备期、比赛期和调整期。

① 准备期。准备期的任务是获得竞技状态,从心理、身体、技战术上为参加"华科大联赛"做好充分的准备。开始阶段应重视身体训练,特别是一般的身体训练,主要是耐力素质的练习;其次应注重柔韧、灵敏和力量素质的练习。一般每周至少训练3次,或是更多。在此基础上进行技战术的练习,尤其是加强足球基本能力的练习。可以更多地通过比赛促进训练,以赛带练。

② 比赛期。比赛期主要是要处理好比赛与上课的关系,在不影响专业学习的前提下,调整好自己的身体状态。在此期间特别应重视对运动损伤的预防,应在训练中增加一些保护身体的技术动作练习。

③ 调整期。主要是参加完"华科大联赛"后,在身心上进行调节,尤其应重视对参加足球赛后的负面情绪的调节,应及时将注意力回归到专业学习上来。可适当参加一些足球活动,同时认真总结球队及自己在这次"华科大联赛"上的表现,在下一个周期的训练中有针对性地进行训练。

三、阶段训练计划

根据四年训练计划在各个学期的训练任务、内容、要求,划分出各个阶段来制订训练计划。在制订阶段训练计划时一定要考虑到各个年级同学的时间安排,做到落实训练计划时,至少全队四分之三的队员能够参加训练。

阶段训练计划的主要内容有:本阶段训练的主要任务、内容、时数,各项训练内容的比重,训练的主要方法和手段,运动量与强度的安排等。

四、周训练计划

根据阶段训练计划确定各周训练计划。尤其应注重安排好在下雨天气情况下训练内容的安排。每周至少有一次比赛,以激发队员训练的积极性。

五、课时训练计划

课时训练计划就是训练课的教案，主要内容有：训练的日期、时间、地点、对象、课时任务、内容、训练方法、运动量安排等。

第二节　足球训练课计划制订与组织实施

足球训练课教案一般由准备部分、基本部分和结束部分组成。

一、准备部分

准备部分也叫热身部分，即运动前进行的一些准备活动，目的是使人体能够有准备地从安静状态逐步过渡到运动状态。准备活动是否适当，与练习的效果有密切关系。表现为注意力集中，肌肉和心肺系统良好，神经系统达到适宜的兴奋，身心两个方面具有承受计划负荷的最佳状态。

准备活动的四点基本要求是顺序性、全面性、重点性、科学性。

（一）顺序性

所谓顺序性是指在准备活动时，要有一个完整的顺序，以确保活动充分全面。要么从头上向下肢进行活动，要么由下肢往头上进行活动。

（二）全面性

所谓全面性是指身体的各个关节、韧带、大肌群、小肌群、骨骼及心血管系统都应该得到充分的活动，以期能适应即将到来的激烈的足球比赛。

（三）重点性

所谓重点性是指对足球运动过程中经常使用到的身体部位重点进行热身活动，如踝关节、膝关节、颈部、腰部等部位的活动。

（四）科学性

所谓科学性是指热身活动完后，心脏每分钟跳动的次数应达到150次左右，使心血管系统能够适应安排的训练活动。这时，身体的温度也略有升高，达到了最适于肌肉做激烈活动的程度，这样就可以保证在正式运动时充分发挥工作效率。

准备活动有一般性和专门性两种。一般性准备活动能使人体神经系统的活动首先调节好，并使人体各器官系统的工作能力提高，例如肺脏的气体交换量增加、心脏输出的血液量增多、新陈代谢过程增强等，以适应即将正式开始的运动。专门性准备活动是针对专项活动的特点，所以其内容和要求也就各不相同。

专门性准备活动的主要内容有各种传接球练习、各种运球练习、各个部位的踢球练习、各种有球游戏等。

二、基本部分

基本部分主要是完成教案中提出的任务要求,它包括技术、战术、身体素质等各方面的内容。根据不同的任务,在练习方法、训练手段、组织形式及运动负荷等方面也应有不同的安排。

三、结束部分

结束部分的主要任务是促进机体恢复,可采用一定的整理活动,同时对上课情况进行总结,明确下一步训练的目标。这有助于队员克服缺点,发扬优点,提高球队的整体战斗力。

附:足球训练(教学)课一般结构模式

一、准备部分(15分钟～20分钟)

准备部分可考虑安排下列内容。

(1) 结合足球特点,以不同形式进行有球、无球的跑动。

(2) 进行个人或两三人的技术练习(无对抗或消极对抗)。

(3) 做轻微牵拉练习。

(4) 游戏:如猎杀狐狸、喊数起动跑或集中注意力练习。

(5) 进行传、抢等有球练习(以调动或激发队员情绪等)。

(6) 适当用力地再次做牵拉练习。

(7) 完成以小组为主的适当的传、抢练习,如3×1,3×2,4×2,5×3等。

(8) 完成与本课时主要练习联系紧密的其他一些相关练习。

二、基本部分(60分钟～80分钟)

基本部分大致分为三个阶段。

(一) 引导阶段(20分钟～25分钟)

以复习、改进比赛中出现的主要问题为主,并为下阶段做准备。

(1) 主要是以基础技战术练习为主,并在对抗中进行。

(2) 可安排体能练习,如起动速度、灵敏、协调性练习,可结合球进行。

(3) 可根据本队需要,另加练习内容。

(二) 练习阶段(20分钟～25分钟)

结合实战情景的练习内容如下。

(1) 在较困难条件下完成技术练习,以提高技术运用能力。

(2) 进行攻守战术练习,并在有对手干扰的情况下完成,以提高队员的

应变能力。
(3) 进行加速或爆发性技战术练习,以摆脱对手的干扰。
此阶段可停下来纠正错误,进行讲解分析。
(三) 巩固阶段(20 分钟～30 分钟)
以比赛形式进行,检查本课时任务完成情况。
(1) 可按 5 人制、7 人制、11 人制进行,但必须有守门员参与。
(2) 可采用 1～6 个球门,场地大小视人员多少而定。
(3) 比赛中按本次训练课确定的任务进行,以巩固、提高队员技巧。
此阶段尽量少停止比赛,可边赛边纠正。
三、结束部分(5 分钟～10 分钟)
结束部分为以放松、恢复为主的活动。
(1) 慢跑。
(2) 牵拉、放松。
(3) 小结。
建议:同学们的个人基本能力训练可以在平时的课外活动中根据教师的安排来进行。

第三节　足球运动员的体能与营养

足球比赛时间长,强度大。高水平的足球赛,球员以中等强度跑 10～11 千米。其特点是以中等强度的间歇性有氧运动为主。参与足球运动就存在着如何训练体能、摄取营养的问题。

一、体能训练的概念及内容

体能即运动员的基本运动能力,又称身体素质。它由身体形态、身体机能和运动素质组成。身体形态是指机体内外部的形状;身体机能是指机体各器官系统的功能;运动素质是指机体在活动时所表现出来的基本运动能力,通常包括力量、耐力、速度、灵敏性、柔韧性。3 个构成因素中,运动素质是体能的外在表现,所以在运动训练中多以发展各种运动素质为身体训练的基本内容。体能训练一般分为一般身体训练、专项身体训练和专项能力训练。

(一) 一般身体训练

一般身体训练是指在足球运动员身体素质训练过程中,运用多种非专项的身体训练手段,提高球员各组织、器官、系统的机能水平,促使球员身体素质全面发展,为球员专项身体素质训练打下基础。其目的是全面协调、发展人体各肌肉群的力量素质,并按照足球专项特点的需要,在足球训练过程中,有计划、有目的地按比例发展各种身体素质,以改善球员机体的协调能力、运动速度,为形成合理的足球技术创造有利条件。此外,还可以促进球员的整体素质提高,即力量、耐力、速度、柔韧性、灵敏性各单项素质得到全面发展,球员逐步具有达到身体素质训练目标和比赛成绩目标所需要的神经肌肉协调能力以及承受大负荷训练的机能能力,为球员参与足球运动能力的逐步提高打下坚实的基础。

(二) 专项身体训练

专项身体训练是指球员在训练过程中,采用与专项密切相关的专门身体训练手段,改善与足球运动成绩有关的身体素质,以保证掌握合理的足球技术,并能在足球比赛中加以运用。

一般身体训练是专项身体训练的基础,专项身体训练又是专项运动能力改善和提高的基础。足球专项身体训练是针对足球场上比赛的特点,对球员各项身体素质中与足球有最高关联度的一些素质进行的专门的训练,如对速度耐力素质、动力性力量等的训练。

(三) 专项能力训练

专项能力训练是指球员参与足球运动的各个因素的运动机能水平、身体素质水平、运动技术与战术水平、智能控制水平、比赛的心理状态和比赛环境适应性等多方面因素综合的整体运动能力。专项能力的改善和提高,是参与足球训练的最终目的。

许多专业运动员的训练实践证明,专项能力的提高,对提高参与足球运动的能力及运动成绩有着直接的关系。这就要求训练的方法和手段不断改革和完善,才能最大限度地挖掘人体运动的极限潜力,创造最优成绩。学生足球比赛虽然是业余性质,但同样应遵循身体训练的基本规律,这样可以避免不必要的运动损伤。

二、体能恢复和提高的营养学手段

有资料显示,对国内外大量不同运动项目的运动员的膳食营养调查发现,营养失衡主要涉及 6 个方面。不合理的膳食使运动员的机体代谢处于紊乱状态,使训练难以达到预期的效果,疲劳难以消除。

(一) 碳水化合物 (糖) 摄入

碳水化合物也简称为糖,这个糖不仅仅指我们所吃的砂糖或块糖这一类的单糖,更多的是指主食(如米、面、土豆、白薯、点心)中的多糖。按照合理膳食的要求,一天的食物中碳水化合物所提供的能量应占总能量摄入的50%~60%,足球运动员最好能够达到60%,其次是脂肪供能、蛋白质供能。

为此,参加足球运动的同学应多吃主食,因为主食中高含量的碳水化合物是运动员训练和比赛时的最佳能源。

碳水化合物供能迅速。在以碳水化合物为燃料时,需要的氧气少。消耗同样量的氧,以碳水化合物为燃料比用脂肪为燃料产热量高4%~5%,这对从事高强度的足球运动无疑是有益的。

碳水化合物在无氧的条件下仍然可以通过糖酵解提供能量ATP,这是足球训练中反复冲刺跑、做各种变向动作所必需的,也是脂肪和蛋白质供能所做不到的。

碳水化合物燃烧的最终产物是二氧化碳和水,不会增加体液酸度,可减缓疲劳的发生。

(二) 不要摄入过多的脂肪和蛋白质

合理膳食中脂肪和蛋白质的供给能量应分别为总热能的25%~30%和12%~15%。过高的脂肪和蛋白质摄入对运动能力有害无益,其主要原因是:过剩的脂肪和蛋白质造成热能过剩,增加体重(主要是身体脂肪)。蛋白质和脂肪代谢加重肝的负担,并产生酸性代谢产物,使体液酸化,从而导致疲劳过早发生。过多的膳食脂肪使肠道内铁和蛋白质的吸收降低。过多的蛋白质摄入造成钙丢失和脱水,引起小腿抽筋。

(三) 要摄入一定量的维生素

人体摄入的碳水化合物、脂肪和蛋白质要燃烧变成热能必须要有B族维生素参加。在碳水化合物摄入严重不足的情况下,B族维生素的缺乏将使球员在足球运动中能量供应严重缺乏。

(四) 重视运动中水的补充

水占人体重量的65%~70%,它在体温调节,氧、二氧化碳、营养物质和代谢废物的运输及各种代谢过程中起到不可缺少的作用。球员运动中丢失的水分若得不到及时补充,将导致血容量下降,从而增加心脏的负担,使心率过度升高。运动中失水达体重的2%~3%(90分钟的训练课出汗量),即可使运动能力下降。一般情况下,一次足球训练课下来,冬天的出汗量为0.75~1千克,夏天的出汗量为1.2千克。

同学们参加大强度的训练和比赛,不能补充白水,也不能补充高浓度的果汁,而应补充运动饮料。饮白水会造成血液稀释,排汗量剧增,进一步加重脱水。而果汁中过高的糖浓度使果汁由胃排空的时间延长,造成运动中胃部不适。运动饮料中特殊设计的无机盐和糖的浓度将避免这些不良反应。

(五) 钙摄入不足

对运动员进行的膳食调查发现,30%的运动员钙摄入不足,这与我国运动员不重视牛奶和奶制品的补充(有的运动员甚至不喝牛奶)和所食用的奶制品质量有关。钙摄入的不足对肌肉的收缩和神经肌肉的正常兴奋是十分不利的。

(六) 三餐摄入热量不合理

一日三餐的热能分配对运动员的训练有重要的作用。目前大多数运动员不重视早餐,甚至有人不进食早餐。运动员早餐的热能仅占全天的19%(合理量为28%);午餐的热能比也只有23%,低于正常的39%。

三、体能训练的基本内容

足球运动是一项需要身体素质水平很高的运动项目,它既要求速度、力量、灵敏性,又要求具备良好的爆发力和耐力。优秀运动员在一场高水平的足球比赛中的跑动距离超过14 000米,同时还要进行频繁的加速、减速、变向、跳跃等运动,由此可见,体能是参与足球运动的基础。

足球训练中的体能练习涉及许多学科,科学认识体能训练的内容、价值、原则及体能发展的敏感期等基本问题,对于同学们利用足球体能训练来增强体质和指导体能练习具有重要的意义。

对于一般人来讲身体形态和身体机能只要具备正常的功能,就可以适应日常环境和正常的生活活动。绝大多数同学是具备这种基本能力的。但对于想进一步提高自己足球运动能力的同学来说,增强在足球活动中所必需的有关体能能力是十分必要的。

在足球比赛中,要在承担超常的运动负荷和极度紧张的心理状态下进行活动,仅仅使身体形态、身体机能和运动素质维持在一般的水平上是远远不够的。以"华科大联赛"为例,许多同学由于对体能训练不重视或训练不科学,导致在比赛的下半场出现抽筋现象。因此,同学们必须在正常的生理范围内挖掘其最大的潜力,乃至达到自己生理水平的极限,才能在"华科大联赛"赛场上充分展现自己的综合素质和能力。

体能训练的基本内容是充分发展与足球专项运动成绩密切相关的力量、速度、耐力、灵敏性、柔韧性等运动素质,从而大大促进同学们的身体形态和机能的改善,为在足球场上取得优异成绩奠定良好的基础。

四、体能练习的价值

体能练习的价值体现在以下几个方面。

（一）促进身体健康，充分发展运动素质

健康是同学们从事足球训练的必要条件，良好健康体质是系统训练的根本保证。体能训练能够有效提高同学们内脏器官特别是心血管系统、呼吸系统机能水平，增强骨骼、肌肉、韧带等的功能，使中枢神经系统得到明显改善，从而有效提高同学们的身体健康水平。

通过体能训练，能够有效地增强同学们的体能能力，提高速度和耐力素质，为参加足球训练奠定良好的基础。在"华科大联赛"比赛中，通过调查了解，许多受伤的同学就是因为平时缺乏专门的体能练习而引起运动损伤。

（二）保证身体机能适应足球比赛的需要

从第一届奥运会到现在，训练已经经历了自然发展阶段、新技术广泛运用阶段、大运动量阶段、科学训练阶段。训练手段的发展都是为了使每一个竞技运动的参与者具备强健的体魄、良好的身体机能，为创造优异成绩奠定基础。足球比赛是一项大强度、强对抗的运动，体能水平如何，对比赛的胜负有着直接的影响。因此，更应重视体能能力的增强。

（三）有利于掌握技术，避免运动损伤

体能训练实际上是使机体的各器官系统功能协调发展，使其具有从事专项竞技运动能力的过程。只有在充分发展各项运动素质的基础上，才能很好地掌握复杂、先进的技术，并避免运动损伤。

五、体能练习的原则

同学们在进行足球训练之前应该了解体能训练的基本原则与方法，应清楚地认识到体能练习是绝对不能少的一个重要环节。

（一）系统性原则

系统性原则是指开始从事训练到创造优异成绩，都应按照体能发展的内在规律，做出相应的合理规划，持续不断地进行训练。系统性原则要求对整个训练过程不仅系统规划，对多年训练计划做出安排，而且对训练的内容、手段、负荷等方面也应做出系统安排。

（二）全面性原则

全面性原则是指在发展专项技能的前提下，应全面安排和充分发展各项运动素质，提高一般身体机能水平，以促进专项素质和技术的提高。同学们在大一期间就应重视体能的全面练习，应该将在大一期间学到的五种基本素质练习方法合理运用到平时的锻炼中，即使不参加校、院（系）队，也进行增强体能能力的训练。

（三）从实际出发原则

从实际出发原则要求体能训练必须有针对性，安排练习内容时要因人、因项目、因时而定，合理确定和安排体能练习内容和负荷。此外，还应使各个运动素质按比例地平衡发展。

六、体能练习的生理学本质及其对身体机能的影响

体能训练是一门科学，其科学性在于训练安排必须高度符合人体生理机能变化规律。体能训练也是一门艺术，其艺术性在于合理安排运动训练的各个要素（负荷强度、持续时间、运动量、恢复方式等），使机体产生最大的反应与适应，即产生最大的训练效果。

同学们一定要清楚，体能练习过程中强度刺激的反应及适应有一定的规律可循，并非刺激强度越大，训练的效果就越好。只有将运动负荷与恢复进行最佳组合，完全按照身体机能变化的内在规律安排体能训练，才能使参与足球运动的体能水平不断提高。鉴于此，要获得体能练习的最好效果，就必须了解体能训练的生理学本质，了解身体机能对训练所发生的反应、适应规律及恢复规律，从而获得事半功倍的效果。

（一）体能训练的生理学本质

1. 球员体能练习过程中的刺激反应

生物体最基本的生理特征之一，是可以对任何内外刺激发生应答性反应，称为"应激性"。体能练习的本质是一种外部刺激，而且是一种非常强烈的刺激，并会导致机体发生非常剧烈的应答性反应。可以说，在球员体能训练的过程中，在运动负荷强烈刺激作用下，机体每一个系统与器官都会受到不同程度的影响。这种刺激是我们有意识、有目的按计划实施的，希望机体能够产生所预期的变化。

2. 机体结构的破坏与重建

经过体能训练达到疲劳后，身体结构与机能均会发生许多明显的变化。在机能变化方面，随着肝糖原和肌糖原几近耗竭，以及相关酶的消耗及酶活性的下降，身体工作能力明显下降。在机体变化方面，肌纤维的微细结构会发生程度不等的损伤，受力骨骼的微细结构也会发生某些变化。而当某种刺激长期存在时，机体自身形态、结构与机能必然出现一些适应性的变化以适应这种刺激，减少这种刺激对身体的破坏。同样，在训练后的恢复期，所损伤的肌纤维不仅可以得以修复，而且修复后肌纤维有所增粗，可以产生更大的收缩力量；骨密度有所增厚，骨小梁的排列方向有所改变，可以承受更大的力量；运动中所消耗的糖原及酶等物质不仅可以得到恢复，而且会发生

超量补偿。通过长期的"刺激—反应—适应"过程,身体结构与机能不断进行着破坏与重建的循环过程。通过这个循环过程,运动能力不断增强,体能水平逐步提高。但是,机体对刺激和适应不是无限制的。长期大负荷的练习使机体发生的不仅仅是适应性反应,还会发生疲劳现象,体能水平反而会降低。

综上所述,足球体能训练的本质就是人为地、有目的地、按计划地给机体加以系统化的适宜的运动刺激,使之发生所预期的适应性反应。

(二)机体对运动刺激的基本反应

机体对运动刺激的基本反应大致可以分为以下几个阶段。

1. 耐受阶段

体能训练的开始阶段,机体的耐受水平并不会在负荷的最初阶段即表现为衰减或降低,总会或长或短保持一段时间,此阶段称为耐受阶段。在这段时间内,由于机体已经从上次训练中得到不同程度的恢复,机体会表现出比较稳定的工作能力,能高质量地完成体能练习中的各项任务。

2. 疲劳阶段

随着训练不断进行,机体机能水平逐渐降低,即出现疲劳现象。体能训练到何种程度及耐受多长时间以后出现疲劳,这完全取决于训练的目标。唯有机体达到一定程度的疲劳,在恢复期才能发生结构与机能的重建,体能水平才能不断提高。

3. 恢复阶段

训练刺激一旦停止,即进入恢复阶段。机体开始补充所消耗的能源物质,修复所受到的损伤。恢复所需要的时间主要取决于疲劳程度。疲劳程度越深,恢复所需要的时间越长,反之越短。

4. 超量补偿阶段

体能练习后若有足够的恢复时间,在身体结构和机能重建完成后,训练中所消耗的能量等物质及所降低的身体机能不仅能得以恢复,而且会超过原有水平,这种现象称为"超量补偿"或"超量恢复"。评价体能训练是否有效,机体能否得到足够的恢复并发生超量补偿现象是重要的衡量标准。出现超量恢复现象,意味着若让机体再对抗与以往相同的负荷刺激,机体反应会变小,或者能够完成更大身体负荷量,这标志着体能水平得到提高。

5. 消退阶段

体能训练所产生的超量恢复现象不会永久保持,若不及时在已产生超量恢复的基础上继续施加新的刺激,则已经产生的训练效果经过短暂时间后又会逐渐消退。因此,同学们在安排体能练习时,应根据自己专业学习的时间合理安排体能练习,不仅应重视训练负荷安排的合理性,而且必须重视训练后的恢复,在不影响专业学习的前提下,出现超量恢复后及时安排下一次体能练习。体能训练效果的保持时间和消退率主要取决于超量恢复的程度,即出现的超量恢复现象越明显,保持的时间相对越长,反之越短。

（三）体能训练效果的累积

适时适量的运动负荷是保证体能水平不断增长的重要因素,但即使以最佳方式安排超负荷,体能水平也不会无限提高。这是因为受遗传因素制约,每个人的体能水平都可能有一个可达到的最高限度,即运动潜能。在体能水平发展的过程中,即使合理运用负荷,其体能水平会随着训练水平提高而越来越接近运动潜能,训练效果也会越来越小。这就是为什么在开始接受训练时成绩提高较快,而达到高水平后就会减慢,甚至停滞不前,只能保持原有状态的原因。

（四）体能训练对身体机能的影响

1. 对消化机能的影响

适宜的体能练习对消化机能有良好的影响,可以使胃肠的蠕动增强、消化液的分泌增多,增强消化和吸收的能力。但应该知道,经常性大负荷的训练会因为运动引起延迟性排空、胃肠血流减少。因高温与脱水等出现的胃肠道症状主要为恶心、呕吐、腹痛。

2. 对肝脏的影响

动物实验表明,体能训练对肝的结果有一定的影响,而且肝的结构与运动时间长短有关。运动时间短、运动量小,肝适应运动过程所需时间短;相反,运动时间长、运动量大,则肝对运动所需要的适应时间长。肝对持续运动是可以适应的。

3. 对心脏的影响

1899年,瑞典医学家汉森提出了"运动员心脏"这一术语,在历时百余年的研究中,尽管人们存在不同的观点和看法,但有一点是可以肯定的,就是长期的运动训练能引起心脏增大。我国学者浦钧宗在20世纪60年代对我国7个运动项目300名运动员进行了心脏X线测量,结果显示:有108人心脏面积增大,左心室增大的占45%,右心室增大的占4%,左右心室都增大的占11%,而且运动员等级越高,心脏增大的人数越多。林福美等对我国国家队17名优秀运动员心脏形态结构变化的研究结果显示:这些运动员左心室增厚,内径增大,室间隔增厚,每搏量和心肌重量加大,与无训练青年相比有显著差异。还有一些学者用不同的方法研究了体能训练对心脏的影响,结论相似,即经过长期系统的运动可使训练者心脏形态结构与功能发生适应

性变化,这种良好的反应对提高心脏泵血能力和增加身体氧代谢能力都是十分重要的。

4. 对血管及血容量的影响

研究证明,长期、系统、科学的训练不仅可以使动脉管壁中膜增厚,弹性纤维增多,血管的运血功能加强,还可以改善毛细血管在器官内的分布和数量,以利于物质和气体交换。动物实验证明,长期运动引起的心肌肥厚与冠状动脉直径明显相关,冠状动脉的大小与其体能活动的大小有关,运动致使局部血流改变造成冠状动脉直径变大是长期运动引起的适应性变化。

运动可引起血容量改变,国外有学者研究表明,一次体能训练可引起血容量减少,其主要原因是运动必然大量出汗,继而出现血液浓缩现象,这对持续运动是不利的。血容量减少使中心静脉压难以维持,心室充盈量减少,每搏输出和心输出量减少,引起低血溶性血管收缩,血管阻力加大。如果机体长时间处于低血容状态下运动,将使心血管功能受损。但长期的耐力训练可引起血容量增加,进行耐力训练3周即可见血容量明显增加。这种增加对运动中体热的散失和热调节的稳定是一个积极的因素。耐力训练后血容量增加的主要机制为:开始时升高是由于运动后血浆中肾素和血管加压素水平的大幅度提高,引起肾脏吸收的增加。长期训练导致血浆蛋白,主要是白蛋白的增加提高了血浆渗透压,从而使血液保持更多的水分。

5. 对肺功能的影响

长期从事耐力训练,呼吸肌和胸廓得到良好的发展,呼吸肌的机能得到增强,反映在胸围上表现出明显的加大。我国学者曲锦域对运动员多年的检查和观察的结果表明:2～3个月的短期运动对大多数运动员的最大通气量(MMV)和肺活量(VC)没有明显影响;长期运动对 MMV 值和 VC 值有显著影响,且随着运动年限的增长而增加,而 MMV 值增加较 VC 值明显。

6. 对泌尿系统的影响

运动后尿量与气温、运动强度、运动持续时间等相关。在夏季进行强度较大、持续时间长的体能练习,由于大量出汗,故尿量减少。短时间运动后,尿量无明显变化。

第四节　足球运动中损伤的预防

在运动过程中,造成人体组织或器官在解剖学上的破坏和生理上的紊乱,称为运动损伤。简单地说,运动损伤是指运动过程中发生的各种损伤,如踢球时脚扭伤、腿拉伤、髌骨劳损等。对于参与足球运动的同学们来说,了解和掌握一定的引起运动损伤的原因,以及出现运动损伤后的应急措施,可以避免遇到受伤后造成不必要的痛苦及终生遗憾。

一、运动量过度

运动量过度指运动训练的负荷与机体机能状况过于不相适应,以致疲劳连续积累而引起一系列功能紊乱或病理状况。如果运动量过度,不仅不能通过足球运动锻炼身体,而且会引起运动性疾病。

(一) 原因

在足球运动中没有遵守循序渐进和系统性原则,持续时间过长或是某一单元时间内运动强度过大,睡眠不足,营养不良,作息时间安排不合理,比赛心理压力大,致使身体的机能水平下降,身体无法承受正常的运动负荷。

(二) 体位与症状

运动量过度,轻者表现为全身无力、头晕、睡眠欠佳、记忆力差。

运动量过度,重者在各方面表现的症状如下。

在心血管方面:心慌、胸闷、气短、心律不齐,运动后心率急剧提高,恢复时间延长,甚至出现心前区刺痛和呼吸困难,血压不稳定,比平时略上升。

在呼吸系统方面:重者常出现呼吸频率提高,肺活量、最大摄氧量值都降低。

在消化系统方面:以食欲下降最常见,还可出现恶心呕吐、肝区疼痛,也可出现腹泻和便秘。

此外,肌肉持续酸痛、压痛和肌肉痉挛、疲劳性骨膜炎、跟腱腱围炎,体重下降、身体抵抗力差,免疫力降低,感冒,男生出现遗精次数增加。

(三) 防治

适当减轻足球运动负荷,严格控制运动强度和时间,减少速度和力量性练习。

洗温水浴,做自我按摩,多吃新鲜水果和蔬菜。酌情补充蛋白质、维生素、葡萄糖、三磷酸腺苷(ATP)及各种微量元素。保证有充足的睡眠时间。服用人参、刺五加、五味子、灵芝。按摩内关、环跳、足三里、阳陵泉、承山等穴位30分钟。

二、足球运动中晕厥

晕厥又称昏厥、昏倒,是由于脑血流暂时降低,常因大脑暂时缺血、缺氧而引起,有短暂性意识丧失。健康的青年男子有25%～30%发生过晕厥,足球运动中或运动后发生晕厥也较常见,虽然原因很多,但主要原因是低血糖

症。

（一）原因

多见于同学们不吃早餐，饥饿或是体力过于消耗时，由于长时间的足球运动，体内血糖大量消耗，中枢神经系统调节糖代谢功能障碍，引起胰岛素分泌增加，导致低血糖症。

（二）症状与体位

晕厥前有些人会感到全身无力、头晕、眼花、眼前发黑、面色苍白、出冷汗，还有强烈的饥饿感（低血糖症患者），继而突然昏倒，意识丧失，手足发凉，或恶心、呕吐等，脉率快而细弱。

（三）处理

让晕厥患者平卧或头稍放低，也可稍垫高双下肢，松解衣服，注意保暖，做双下肢向心性重推摩或揉捏，以加速血液回流心脏，必要时嗅氨水或针刺人中、百会、涌泉等穴位促其清醒。如果有呕吐，应将患者头转向一侧，防止呕吐物堵塞呼吸道。有呕吐时，均不应进食食物、药物和饮料，清醒后，可给予含糖热饮料，注意休息保暖。

（四）预防

坚持不间断的足球运动，提高心血管机能水平，每次运动前应做好充分的准备活动，应循序渐进地加大运动量。在激烈的运动后不能立即坐下，应不停地走动十几分钟。久蹲后要慢慢站起，疾跑后要继续慢跑（或步行一段距离），并做深呼吸，然后慢慢停下来。饥饿或空腹时不要进行运动，长时间运动要及时补糖、盐和水，剧烈运动至少 30 分钟以后才能进行沐浴。此外，一定要吃早餐。

三、运动性腹痛

足球运动中的腹痛主要是胃肠痉挛和功能紊乱。

（一）原因

在进行足球运动时，肌肉和内脏血流量重新分配，骨骼肌血流量增加，胃肠道血流量相对减少，胃肠道缺血、缺氧，可引起胃肠道痉挛或蠕动紊乱，使胃壁、肠壁和肠系膜上的神经受到牵拉，因而出现疼痛和绞痛。

饭后过早参加运动，运动前吃得过饱或喝水过多都会使胃里充满食物，由于食物的重力作用及运动时震动较大，牵扯了肠系膜而引起疼痛。运动前吃了容易产气或难以消化的食物（如豆类、薯类、牛肉等），均可引起肠蠕动增强或肠痉挛而引起腹痛。

（二）症状和特点

疼痛部位多在右上腹，其次是左上腹和下腹部，呈钝痛和胀痛。疼痛的程度与运动负荷大小和运动强度成正比。多数人安静时不痛，运动时才痛。一般除腹痛外，没有其他症状。个别人腹痛时有无力、胸闷和下肢发沉等症状。

（三）处理

调整呼吸和动作节奏，用手按住疼痛部位，或弯腰跑一段距离，症状加重，就应停止比赛。服解痛药物（如阿托品、十滴水等），点掐或针刺足三里、内关、大肠俞等穴位，并热敷腹部。腹直肌痉挛引起的疼痛，可同时做局部按摩。

（四）预防

遵守循序渐进的原则，长期坚持参与有一定运动量的活动。实践证明，全面的身体素质锻炼不够者，容易引起运动性腹痛。参加剧烈运动前要做好充分的热身活动。不要吃得过饱、喝水过多，不要吃平时不习惯的食物，饭后1.5～2小时活动为佳。

四、肌肉痉挛

（一）原因

（1）寒冷刺激。因受到寒冷的刺激，通过神经系统作用于肌肉，使肌肉的兴奋性增强，造成肌肉强直性收缩而引起肌肉痉挛。

（2）电解质（钾、钠、钙、镁、磷）丢失过多。足球运动时大量出汗使体内大量电解质从汗液中丢失。长时间的剧烈运动，或在高温环境下进行运动，或因运动急性降体重，造成体内电解质平衡紊乱，引起肌肉兴奋性增强而发生肌肉痉挛。

（3）肌肉舒张失调。由于肌肉连续过快的收缩，放松时间太短或肌肉突然强烈的收缩，均可使肌肉收缩与放松的协调关系发生破坏，引起肌肉痉挛。

（二）症状与体征

肌肉痉挛多发生在运动中或睡眠时，痉挛使肌肉僵硬，疼痛难忍，涉及的关节屈伸功能暂时受限。痉挛解除后，局部仍有酸痛不适感。痉挛的部位多在大腿股四头肌和小腿腓肠肌。

（三）处理

解除肌肉痉挛（如小腿腓肠肌痉挛）可采用牵引痉挛肌肉的方法。让患

者仰卧或坐位,膝关节伸直,治疗者双手握住患者的足部,将患者足踝关节缓慢地背顶,用力将其脚尖上跷推动,然后伸屈膝关节几次。牵扯时切忌用力过大,以免造成肌肉拉伤。还可配合局部按摩(如用揉、捏揉、按压的手法对大腿股四头肌进行调理放松)、电疗和针刺(承山、委中等穴位)等。

肌肉痉挛解除后,不宜继续进行比赛,应针对原因进行治疗。如补充盐水,注意保暖,并可按摩、理疗或热敷痉挛的肌肉。如果经常性地发生肌肉痉挛,也许与缺钙有关,可适当地补充钙。

五、踝关节损伤

踝关节损伤是足球运动中最常见的运动疾病。

(一)原因

运动前没有进行循序渐进的热身活动。在比赛过程中大多是因为身体失去重心,落地时踩在别人的脚上或脚被绊时出现扭伤。扭伤后局部会发生关节肿胀、疼痛,严重时甚至造成骨折。

(二)症状

踝关节(外踝)肿胀,可根据关节是否畸形来判断损伤程度。疼痛、压痛点的位置多在外踝,向外扩散,踝关节出现功能障碍。

(三)处理方法

先用弹性绷带将踝关节固定,于伤处外敷冰袋,再用绷带固定冰袋和踝关节,固定3~5分钟,可先取下绷带,此时受伤部位肿胀尚不明显。可先进行简单的检查,抬高患肢,一手握住踝关节上端向后推,同时另一只手握住足跟向前拉。检查活动范围,并同未受伤一侧比较,若只是轻度扭伤,可继续冰敷并施以压迫性包扎。检查的目的主要是确定有无骨折或脱臼的可能及韧带损伤的程度。

六、运动性头痛

运动性头痛是一种由运动诱发的头部血管舒缩功能障碍而引起的发作性头痛,可伴有恶心症状,多见于体能训练中运动量过大及训练水平低。

(一)原因

运动期间和运动后一段时间内内生性鸦片状物分泌增多,可引起脑膜血管扩张,导致头痛发作。这种内生性鸦片状物的增加同时诱发胃滞留,刺激含有脑膜支的迷走神经胃支,这也是促使发生头痛的因素之一。脱水、低血糖和气温高是构成本病的直接诱因。

（二）症状

头痛位于枕、额部位或定位不明确，呈强烈的跳动性，可持续5～7小时。用力加大和颈部动作增加时头痛加剧。

（三）处理方法

循序渐进地安排好运动量，提高身体素质和训练水平。可酌情使用镇静剂、镇疼药或麦角制剂。

七、运动性消化道综合征

运动所引起的，除其他病因包括过度紧张的消化道症状（如恶心、呕吐、腹泻）外的消化道病症，称为运动性消化道综合征。多见于训练水平低及一次运动负荷过大者。

（一）原因

（1）胃灼热（烧心感）。其主要原因是食管括约肌松弛，胃内容物反流食管。食管、胃结合部角度平坦的体位变化和运动时腹内压明显增加可能促发胃内容物反流。

（2）胸骨下部疼痛。胸骨下部疼痛也是食管运动功能不良或胃内容物反流的一个症状，其与运动剧烈程度有关。这种运动时的胸痛有时比心绞痛更常见。

（3）恶心、呕吐。恶心、呕吐发生在较大运动量的运动中。运动强度超过最大吸氧量的70%，直至力竭，都将延迟胃的排空。运动前摄入食物过多，食物中糖和脂肪过多，也会减慢胃排空的速度。

（二）症状

特别是剧烈运动时或训练水平较差的运动员运动后会出现以上症状，导致食欲不振、缺乏训练的积极性。

（三）处理方法

运动前一餐进食量包括糖和脂肪量不宜过多，安排好运动与进餐的间隔时间，一般进餐后2.5～3小时进行训练或参加比赛。训练时准备活动要充分，注意循序渐进地提高自己的体能水平和参加足球运动的训练水平。

第五节 足球运动中疲劳的预防与消除

一、运动性疲劳的概述

运动性疲劳是指机体不能将其机能保持在某一特定水平，或不能维持一定的运动强度。也可以理解为运动性疲劳是运动本身引起的机体工作能力暂时下降,经过适当的休息和调整可以恢复到原有的机能水平。

按疲劳发生的部位划分有脑力疲劳和体力疲劳。按身体整体和局部划分有整体疲劳和局部疲劳。按运动方式划分有快速疲劳和耐力疲劳。

二、疲劳产生的原因

足球竞技中产生运动性疲劳的机理很复杂,不同强度、不同时间、不同训练方式产生的疲劳是不同的。因此,对疲劳的解释有以下几种:能量耗竭、代谢产物堆积、离子代谢紊乱、突变理论。

(一)能量耗竭

能量耗竭主要是运动过程中体内能源物质大量消耗而得不到及时补充,在短时间、大强度运动中,三磷酸腺苷(ATP)和磷酸肌酸(CP)明显下降。在中等强度、长时间足球运动中,体内糖原消耗大,血糖含量下降是主要原因。

(二)代谢产物堆积

运动过程中某些代谢产物在体内大量堆积(如乳酸在体内堆积),又不能及时消除,从而影响体内的正常代谢,造成运动能力下降。

(三)离子代谢紊乱

运动中离子代谢紊乱可导致运动性骨骼肌疲劳。与运动性疲劳密切相关的离子有钙离子、钾离子和镁离子。

(四)突变理论

突变理论认为,肌肉疲劳是能量耗竭、力量和兴奋性下降等多方面因素导致的,疲劳是由于这些综合因素的三维空间关系突然发生改变而引起的。

此外,还有从氧自由基、内分泌调节机能下降、保护抑制等方面对运动性疲劳进行解释的。总而言之,运动性疲劳是体内的一系列复杂变化,必须综合分析和认识,消除运动性疲劳也必须根据足球训练方式、运动强度、运动时间、个体差异采取有针对性的措施。

三、足球训练中判断疲劳的简易方法

目前判断足球训练中的疲劳主要采取主观感觉、简易客观指标及运动中的经验指标。

(一)主观感觉

足球运动时的自我感觉是判断运动性疲劳的重要标志,尤其在训练中,不可能有非常专业的技术人员进行生理指标的测试,因此,掌握一些主观感觉的评定疲劳的方法就显得尤为重要。如果出现以下几种情况,要综合考虑是否出现疲劳:

(1) 感到精神不振,厌烦运动;
(2) 下肢肌肉有酸沉感,动作迟缓;
(3) 食欲不佳,食量减少;
(4) 睡眠差,入睡迟或失眠;
(5) 在相同的运动负荷中,排汗量较已往增加。

疲劳程度的简易判断标准如表8-1所示。

表8-1 疲劳程度的简易判断标准

内容	轻度疲劳	中度疲劳	极度疲劳
自我感觉	无任何不舒服	疲劳、腿痛、心悸	除疲劳、腿痛、心悸外,尚有头痛、胸痛、恶心甚至呕吐等症状,且这些症状持续一段时间
排汗量	不多	较多	非常多,尤其是躯干部分
呼吸	中度加快	显著加快	显著加快,并且呼吸表浅有时会出现节律紊乱
动作	步态轻稳	步态摇摆不稳	摇摆现象显著,出现不协调动作
注意力	较好,能正确执行口令	执行口令不准确,会出现错误技术动作	执行口令缓慢、技术动作出现变形

(二) 客观指标

这里主要介绍同学们易于掌握的两种指标。

1. 骨骼肌指标

(1) 肌肉力量。一般以肌肉绝对力量为依据,观察疲劳前后肌肉力量的变化。运动后肌肉力量明显下降而且不能及时恢复,可视为肌肉疲劳(如果没有其他特殊原因,如肌肉损伤)。评定疲劳时可根据参与肌肉的主要肌群确定测试内容。以活动上肢为主的运动可用握力或屈臂力量测试,以腰背肌活动为主的运动可选择背力测试等。足球运动中一般主要以下肢大腿为主,可进行深蹲的力量测试。

(2) 肌肉硬度。肌肉疲劳时不仅收缩机能下降,放松能力也下降,表现为肌肉疲劳时,肌肉不能充分放松,肌肉硬度增加。

2. 心血管系统指标

运用心率的评定方法来了解、控制运动量的大小。一般用基础心率、运动中心率、恢复期心率对疲劳进行判断,也称为心率恢复评定法。

(1) 用训练结束后5分钟时的心率来评定。

① 训练结束5～10分钟立即测脉搏,与安静心率比较。

② 高出安静心率6～9次/分以上,说明运动量过大。

③ 高出2～5次/分,说明运动量适度。

④ 基本恢复安静心率状态,说明运动量偏小。

(2) 用晨脉来评定。

① 每次训练后,次日早晨醒后静躺1～3分钟。

② 自测脉搏,并与安静心率比较。

③ 高出6～9次/分以上,说明运动量过大。

④ 高出2～5次/分,说明运动量适度。

⑤ 基本恢复安静心率,说明运动量偏小。

四、消除训练疲劳的方法

运动性疲劳是足球训练中常出现的一种生理现象,根据超量恢复的原理,运动水平的提高就是"疲劳—超量恢复—再疲劳—再超量恢复"的过程。

消除运动性疲劳主要有以下几种方法。

(一) 改善代谢法

改善代谢法是用各种方法使肌肉放松,改善肌肉血液循环,加速代谢产物排出。常用的方法有整理活动、做各种柔韧性动作牵拉、温水浴、桑拿浴、理疗、激光疗法等。

(1) 整理活动。整理活动是一种简单易行、效果良好的消除疲劳方法,一般在锻炼后进行。

(2) 按摩。也称推拿,是消除疲劳的重要手段,目的是放松肌肉,改善局部血液循环,增加关节活动度,促进代谢产物的排出。按摩除能消除肌肉疲劳外,对神经系统也具有较好的调节作用。按摩可在锻炼前、中、后结合锻炼内容来使用。

(3) 温水浴。温水浴是一种简单易行的消除疲劳方法。水温在40℃左右为宜。温度不宜过高,时间为10分钟左右,勿超过20分钟,以免加重疲劳。

(4) 桑拿浴。桑拿浴又称蒸汽浴或芬兰浴,是利用高温的环境,加速血液循环,使人体大量排汗,体内的代谢产物从而能及时排出体外。桑拿浴时间不宜过长,每次停留5分钟左右,最好与温水浴交替进行,反复4~5次。在桑拿浴的过程中,也要不断地补充水、电解质平衡。桑拿浴一般不要在训练结束后立即进行,以免造成脱水加重疲劳。锻炼结束后,休息一段时间,补充足够的水和营养物质后进行桑拿浴,效果会更好。

此外,还有理疗、激光疗法都是通过促进机体的新陈代谢,加速疲劳的消除。

（二）调节神经系统法

（1）睡眠。充足的睡眠是消除训练疲劳的好方法。人体在睡眠时大脑皮层的兴奋性最低,机体的合成代谢最旺盛,有利于体内能量的蓄积,同学们正值青春时期,每天至少应有6~8小时的睡眠。

（2）放松练习。通过言语暗示来调动肢体,使肌肉放松,改善呼吸系统和循环系统,使机体的疲劳尽快消除。一般在整理活动结束时或在睡眠前安排一些放松练习,会有较好的效果。

（3）音乐疗法。通过一些舒缓、优美的音乐来放松神经系统,帮助同学们建立愉快的心理模式。音乐疗法可作为一种辅助手段配合其他消除疲劳的方法,以增强消除疲劳的效果。

（三）营养补充法

营养补充法是指通过补充机体在训练中大量失去的物质,促进疲劳的消除。营养补充一般有以下几种。

（1）碳水化合物（糖）的补充。糖是人体运动时的主要能源,糖的适量补充,不论对消除疲劳或提高运动能力都是一个促进因素。补糖不仅仅是在运动后,而应当贯穿于足球训练的整个过程,这样既可延缓疲劳的出现,同时又有利于消除疲劳。补糖的三个最佳时间点是：

① 训练前1.5~2小时补糖；

② 运动中补糖（以运动饮料的形式）,可安排在每隔15~30分钟补糖一次为宜；

③ 运动后补糖时间越早越好,最好不要超过运动后6小时。

（2）脂肪的补充。脂肪对消除疲劳没有明显作用,不必专门补充,但可以适当补充一些磷脂。可通过饮食多样化来补充脂肪。

（3）蛋白质的补充。蛋白质具有构建细胞结构的功能,同时又参与组成各种酶和许多激素,因此蛋白质的及时补充对消除疲劳也很重要。训练后补充蛋白质最好以易消化的优质蛋白为主。

维生素和矿物质对许多生理机能具有调节作用,所以一定要及时补充,

并且尽可能从食物中补充。

第六节 足球运动中的挫折及其心理分析

挫折是一种大量存在于足球运动中的心理现象,每位足球运动员在其运动生涯中都会遇到这样或那样的挫折。比赛失败、训练水平上不去、得不到教练员的重用,等等,大大小小各种各样的挫折,都会引起运动员内心一定的紧张和震撼,并产生烦躁、暴怒或是忧郁、压抑、沮丧的情绪体验,从而对训练和比赛产生相应的影响,严重者会干扰日常生活和学习。

一、挫折的概述

所谓挫折就是不能如意,不能按着自己的思想方式、行为方式和期望的结果去实行。足球比赛中常常出现这种情况:当你左算分右算分,以为可以如愿以偿时,结果你不愿看到的情况发生了。苏永舜所带领的中国足球队可以说是半只脚跨进了世界杯门槛,结果沙特队"放水",不过还算义气,没有"放"到你完全失去希望,最终造成"决斗"场面。而我们呢,没有足够的心理准备,队伍已解散休整,准备进军世界杯。在极大的心理不平衡状态下与新西兰进行"决斗",结果1比2负于对手,失去进军世界杯决赛资格。于是多少年来我们善良的球迷就以此为基准,似乎中国足球队非闯入世界杯决赛圈不可。在这种心态下出征的中国队,挫折的阴影和心理的包袱越背越重,导致演出了中国足球"5·19"事件和两个黑色的三分钟。

足球运动员挫折包括三个方面的含义:其一,是指运动员的需要不能获得满足的内外障碍或干扰等情境状态和情境条件,如比赛成绩不尽如人意、受到舆论的批评和球迷的讽刺挖苦等,这是造成挫折的情境因素;其二,是指运动员对情境因素的知觉认识和评价,称为挫折认知;其三,是指运动员伴随着挫折认知,对于自己的愿望和需要不能实现而产生的情绪和行为反应。当挫折情境、挫折认知和挫折反应三者同时存在时,运动员便产生心理挫折。没有挫折情境,只有挫折认知和挫折反应这两个因素也可能产生心理挫折。这是因为运动员既可以是对实际遭遇的挫折情境的认知,也可以是对想象中可能出现的挫折情境的认知。例如,一个运动员总怀疑裁判员对自己有敌意,就会产生愤怒、抗争心理,对于裁判员的判罚,认为是故意整自己和队友,无形中使得运动员产生一种紧张恐惧的挫折心理。

面对挫折情境,关键在于运动员如何去认知它。例如,当出现某种挫折情境(如在比赛中连续失分或动作失误,受到球迷讽刺谩骂)时,运动员并没有意识到这些情境因素出现,或虽然意识到了,但认为对自己没有什么影响,而是从内心认为对自己是一种激励:"一定要处理好每一个球,一定要战胜对手。"并认为可以借此锻炼自己的意志品质,以适应在各种不利情境下进行比赛。主观上将挫折情境感受为一种激励而不是挫折,就不会形成心理挫折。只有在运动员将挫折情境认知为挫折时,才会产生挫折反应。因此,如何培养足球运动员正确认知挫折、承受挫折的能力是足球训练中不可忽略的一个重要问题。

二、关于产生挫折的心理分析

挫折的产生和形成必须具备一定的条件,只有当这些条件具备的时候,运动员才有可能感受到挫折。足球运动员产生挫折的条件如下。

(一)具有强烈的需要动机和一定难度的比赛目标

足球运动员感受到挫折的主要原因是在实现比赛目标的道路上遇到障碍或阻挠。但是,遇到障碍和阻挠并不一定必然造成心理挫折,是否造成心理挫折还同目标与障碍及运动员的认知能力和心理承受能力有关。在遇到障碍时,运动员一般会出现以下几种情况。

(1)克服障碍达到自己的目标。

(2)绕过障碍改变目标值和行为方向。

(3)障碍不可克服和逾越,又无法降低目标值时,应该进行正确的认知,提高自身承受挫折的心理能力。

从以上分析中可以看出,运动员的需要和动机受到干扰而不能实现是产生挫折的根本原因。当运动员缺乏某种东西的时候,如不能进行正常训练、训练水平上不去、参赛成绩不如意、不能作为主力队员参赛等,都会伴有某种生理上和心理上的紧张状态,以至于非常想获得所缺乏的东西,以消除这种紧张状态,这就是需要的产生。由于需要与运动员的情绪活动密切相关,因此一旦运动员达到目标之后,需要得到满足,紧张心理状态消除,就会产生愉快、满意等积极的情绪反应。反之,就会使运动员产生沮丧、失意、焦虑等消极的情绪反应,随即产生挫折。

运动员的需要越强烈、越迫切,它所产生的行为动机的动力就越大,遭受挫折时的反应也就越强烈。反之,运动员的需要不强烈,也不太迫切,它所产生的行为动机也就比较小,遭受挫折时产生的反应也相对较弱。

运动员的需要一旦获得满足,动机性行为也达到目标,其结果又会反过来对动机起激励和强化作用,使动机性行为重复出现,运动员的需要心理训练水平也会逐渐提高。如果运动员的需要和动机性行为在行动的过程中遇到干扰和障碍而不能达到目标,其结果将会对动机起消退和抑制作用,并可能使动机性行为减少以至不再出现,运动员的需要训练水平也会逐渐降低。例如,一个运动员在训练比赛中,有获得好成绩的需要和动机,并在行动上表现为刻苦训练,但是由于某种条件的限制或训练方法不科学,导致其训练水平总是上不去,不能上场比赛,运动员的需要和动机得不到满足,以后取得好成绩的需要和动机就会越来越弱,对技术水平提高的要求也会越来越低,甚至可能逃训,借病不参加训练。相反,如果运动员在训练中水平不断提高,不断被派上场比赛,取得好成绩的需要和动机性行为重复出现,并促使运动员提出更高的要求,追求更好的成绩和更大的成就。

(二)要有挫折情境

除了客观存在的挫折情境,运动员也可能通过想象产生挫折情境。挫折情境是指使运动员的需要不能获得满足的各种障碍和干扰因素。构成挫折情境因素是多种多样的,但归纳起来可分为外部与内部因素。

1. 外部因素

足球运动员构成挫折情境的外部因素又称为环境因素,是指由于外界的事物和情况给运动员带来阻碍和限制,使运动员的某种需要不能满足,动机受阻而引起的挫折。

(1)训练比赛场地。实行主客场比赛制度以来,作为客场比赛的球队往往以打平来要求队员。很显然,这是因为场地观众等环境因素造成了教练员和运动员在这场比赛中自信心的挫折。因为运动员若对比赛场地十分熟悉,对地面空间的感觉良好,在比赛中情绪就会积极向上,充满信心;反之,运动员若对场地不熟悉、不了解,就会谨慎小心进行适应,压抑比赛情绪。

(2)球队的氛围。教练员与教练员、教练员与运动员、运动员与运动员之间如果关系融洽,就形成了一种良好的氛围。在一个团结向上的球队内,运动员的挫折感一般不会持久,因为大家彼此能够相互理解和支持,起到一种缓冲、消除挫折感的心理治疗作用;反之,运动员即使没有什么过错,也会产生极度压抑的挫折心理,导致竞技水平下降。

(3)舆论对运动员心理的导向。各种媒体以及观众对运动员的期望、批评和指责,都可能把运动员导入挫折情境。如"5·19"事件中中国国家队对香港队一战,就是典型的舆论导向失误,导致了教练员和运动员产生了一种想象中的挫折情境,似乎在自己的家门口不大胜香港队就是中国国家队的耻辱,似乎踢平了球都没脸见江东父老。这种想象中的挫折情境导致运动员情绪失控,心理失衡。正是这种由挫折感引发的失衡心理导致了中国国家队反而以1比2被淘汰的命运。

2. 内部环境

构成运动员挫折情境的内部因素是指由于其生理、心理因素带来的障碍和限制,成为挫折的来源。包括运动员个体生理条件的限制、动机冲突和自身能力与期望值的矛盾。

(1)个体生理条件的限制。有的运动员由于体能欠佳,往往只能拼抢45分钟,比赛时间长了,就会出现较多的失误;有的运动员由于身体协调能力差,在训练比赛中动作不规范,引起队友的戏谑或教练员的讥讽;有的运动员生病,不能参加盼望已久的比赛。所有这些内在因素都可能使运动员产生极大的挫折感。

(2)动机冲突。动机冲突是指运动员同时产生了两个或两个以上动机,且都是急需达到的,但由于某种条件的限制,不能使它们同时兼得,必须有所取舍。由于动机之间的互相对立和排斥,使运动员产生难以抉择的心理状态。如果这种矛盾心理持续得太久、太激烈,或是由于其中一个动机得到满足,而其他动机受到阻碍,就会产生挫折感。

足球运动员的动机冲突十分复杂,尤其是实行了俱乐部制以后,运动员的流动性增大,各种动机冲突在所难免。如果不慎重处理这一问题,势必造成人、财、物的极大浪费。足球运动员的动机冲突表现在以下几个方面。

① 双趋冲突。双趋冲突是指个体在活动中同时兼有两种并存的目标,相同强度的两种动机同时追求而又不能同时都得到满足,被迫从两种目标中选择其一的矛盾心理状态。这是一种"鱼和熊掌不可兼得"的冲突心境。例如,一个运动员同时有两个俱乐部都要他去踢球,这两个俱乐部有同等的吸引力,可他只能选择其中一个俱乐部,结果造成抉择上的困难。假如运动员对两者的动机有强弱之别,便自然会选择吸引力强而放弃吸引力弱的,此时较强动机的满足自然抵消较弱动机受到的挫折。但在动机强度相等时,个体的心理冲突就无法避免。因此,在这种情况下运动员应及时调整动机强度,以克服由此造成的心理挫折感。

② 双避冲突。个体同时遇到两个威胁性目标想躲避时,但迫于形势必须接受其一才能避免另一结果,这是一种从两种不利中择其一的为难心理状态,称为双避冲突。例如,运动员对体能训练怀有恐惧心理,但是如果不训练,体能水平上不去,不能参赛;运动员受伤住院,他可能会担心不住院治疗病情会进一步恶化,同时又担心因住院影响了训练和比赛,从而失去比赛场上的位置。

③ 趋避冲突。具体对同一目标同时产生两种动机:一方面好而趋之,另一方面又恶而避之。这种对同一目标既趋之又避之的矛盾心理状态就是趋避冲突。例如:运动员非常想增强自己的奔跑能力,但又非常害怕进行体能

训练;非常想提高自己的技术水平和增强自信心,毛遂自荐担任某一位置参赛,但又担心比赛中失误遭队友嘲笑;非常想提出与教练员不同的观点,但又害怕教练员指责自己狂妄自大。诸如此类,这种同一事物对运动员同时具有同等强度的吸引力和排斥力,使运动员处于进退两难的境地,都能构成趋避冲突的情境。

④ 双重趋避冲突。双重趋避冲突是指个体在活动中如果同时具有两个或两个以上的目标,而每一个目标又同时形成趋避冲突。例如,在同一时期内某队员有可能入选国家队,但又怕落选;想转会到另一个俱乐部踢球,又担心转会不成影响与现在俱乐部的关系。这种复杂的趋避冲突,就形成双重趋避冲突。

（3）自身能力与期望值的矛盾。这是指运动员的期望值太高,但由于自己的能力不及而招致的挫折。如有的队员自以为可以胜任场上的各种位置,能连续进行 120 分钟的比赛,其结果是动作质量下降,在某些位置上限制了自己特长的发挥。队员产生这种自负心理以后,就会对自己提出不切合实际的要求,制定过高甚至无法达到的目标和计划,凭空臆断,想入非非,一旦这些目标或计划因能力不济无法达到,而自己又不能清醒地认识到这一点,就会产生强烈的挫折感。

三、挫折对运动员身心的影响

（一）挫折影响运动员身心的原因

挫折之所以影响运动员的比赛情绪是因为:一方面运动员是生物的个体,另一方面运动员又是体现着特定社会关系的社会成员。由于足球运动有着广泛的群众性,运动员的心理和行为的发生、发展和变化过程除了受生物学心理影响外,必然受社会、文化因素的影响和制约。

由于运动员的心理活动与生物因素、社会和文化因素有一种内在的本质的协调一致的关系,对于客观外界事物和周围环境的刺激所作出的反应,既取决于客观刺激本身的特点和强度,也取决于运动员的内部状态。因此,运动员所遭遇的各种挫折,都与社会生活有着密切的联系。由于环境的变化(如观众和上级领导的态度)过于迅速,超出运动员所能适应的范围;或是运动员不能适应变化的环境(如不能按照教练员要求胜任新的角色);或是环境虽没变化,但运动员本身的个性与内在心理品质和行为方式发生了显著变化,而又不能相应地协调起来,这些都会导致运动员的心理活动与环境关系失调,产生紧张情绪,并给其身心带来一定影响。

（二）挫折对运动员身心健康的不良影响

运动员遭受挫折,既定目际不能顺利达成,个人需要不能满足,预定行为方式受到限制和阻碍,使其受到挫折的压力,并引起激动、焦虑与消极的情绪反应和紧张状态,这对于运动员的身心健康会产生不良影响。

运动员参加训练、比赛总有一定的目标要求,如果训练、比赛的结果达不到运动员所期望的要求,机体的心理平衡状态就会受到破坏,甚至引起生理功能的紊乱,以致影响正常的训练、比赛。这就要求运动员通过心理训练,适应变化了的训练、比赛环境。在这个过程中,需要运动员做出意志努力。如果不能对客观关系和环境变化正确认识,就谈不上去适应新环境,必然造成心理上的许多矛盾冲突。

(三)挫折对运动员身心健康的积极意义

挫折造成的长期的高度紧张情绪和心理压力对运动员是有害的,但这并不是说凡是紧张和压力就一定有害。适度的紧张和压力是必要的和有益的,它能使运动员更加警觉,有利于提高机体对环境变化的应付和调整能力,是运动员克服困难,排除障碍最终达到目标的必要心理条件。其意义如下。

(1)可以促进运动员认真正确认识挫折情境,分析造成挫折的外因与内因,认识排除挫折的客观和主观条件,制定排除挫折的方案。如果运动员遇到挫折无动于衷,没有任何压力和紧张,也就不可能去探求排除挫折的办法和措施。

(2)可以促使运动员认真分析自己的行为动机,探求训练、比赛目标的可行性和真实意义,从而对自己的目标进行修正,实事求是提出当前力所能及的目标值。此目标值既不能过于超前,更不应滞后。

(3)可以促使运动员最大限度地动员身心潜能,使自己的知识、经验、技能、身体活动能力、意识达到激活状态,从而有利于跨越障碍,实现比赛目标。

运动员在适度紧张的情况下,体内会产生一系列生理变化,使身体释放更多的能量应付当前的挫折。这时运动员的注意力会更加集中,思维会更加敏捷,反应速度加快,训练、比赛的动作质量提高。如果一个运动员对任何挫折都没有紧张反应,没有想到要动员全部力量来投入训练、比赛,行为上也没有充分调动自身能力做出有力的反应,那么他就已经不适应从事足球运动。

心理平衡的失调是有害身心健康的,然而适度的心理不平衡又是足球运动员所需要的,正是这种适度的心理不平衡使得运动员产生拼搏进击的力量。有矛盾、有冲突就会有突破、有前进,这就是心理平衡和不平衡的两重性。足球运动员所需要的是动态的、发展的、充满活力的适度的心理不平衡，而不是机械的、静态的心理平衡。运动员承受挫折的心理能力宛如一架满月的弓弦，如果紧张过度，不仅射不出弓箭，反而会绷断弓弦。

　　挫折之后产生情绪并不奇怪，一个成熟的足球运动员不仅能产生情绪，更能控制情绪。作为足球运动的竞技者遇到各种挫折是不可避免的，因为足球运动就是战胜挫折的运动。是竞技运动就会有胜负，失败会给运动员带来痛苦，也能磨炼其意志品质。只有学会正确地对待比赛中胜与负或由此带来的荣誉和痛苦，经受住严重的精神负担和压力，才能保持最佳心理状态，精神饱满、意志坚定地投入到以后的训练、比赛中去。

思 考 题

1. 如何制订院（系）足球队的训练计划？
2. 热身活动有哪些基本的要求？
3. 简述一般身体训练。
4. 专项身体训练与专项能力训练有何区别？
5. 简述体能恢复和提高的营养学手段。
6. 体能训练的基本内容有哪些？
7. 简述体能训练的价值。
8. 简述体能训练的原则。
9. 简述体能训练的生理学本质及其对身体机能的影响。
10. 何谓运动量过度？
11. 简述肌肉痉挛的原因及处理方法。
12. 简述足球运动中疲劳的预防与消除。
13. 简述踝关节损伤的原因及处理方法。
14. 消除训练疲劳的基本方法有哪些？
15. 简述疲劳程度的简易判断标准。

第九章
足球竞赛的组织工作

第一节 足球运动竞赛的意义和种类

一、足球运动竞赛的意义

足球运动竞赛可宣传我国体育运动的方针、任务,激励广大群众锻炼身体的热情,有利于推动体育运动的广泛开展,对增强人民体质、丰富文化生活、振奋民族精神具有重要意义。

足球运动是我国广大人民群众和青少年所喜爱的运动项目之一。我国每年都有成千上万的运动员参加各级足球比赛,比赛可以检查训练的成果,互相观摩学习,交流经验,取长补短,共同提高足球技术水平。

学校足球运动的开展,可以很好地丰富队员的课余文化生活,并且结合当前体育发展的趋势,体教结合,开创足球运动的新局面。

国际足球比赛的交往可加深同世界各国人民的相互了解,增进友谊,促进我国足球运动技术水平的提高。

二、足球运动竞赛计划

足球运动竞赛计划是指为了实现某一个时期的竞赛目标,预先规划和拟订竞赛内容及步骤的文件,它是指导足球竞赛活动的依据。足球运动竞赛计划分不同的等级,制订竞赛计划时应依照上级有关的竞赛工作计划,再根据本地区或单位的实际情况制订各自的竞赛计划。制订足球竞赛计划应遵循价值性、可行性和可塑性等基本原则。

三、足球运动竞赛的性质与种类

(一)足球运动竞赛的性质

从目前足球运动竞赛的性质来看可分为两类:一类是职业足球竞赛,如中国足球超级联赛、足协杯,其中中国足球超级联赛是我国目前足球俱乐部最高水平的比赛;另一类是业余足球竞赛,如全国、各省市大型运动会上的足球竞赛,青少年、儿童足球竞赛等。

(二)足球运动竞赛的种类

足球运动竞赛的种类比较多,它是根据不同的任务和目的来组织的。我国目前足球运动竞赛活动有全国足球联赛、邀请赛、选拔赛、锦标赛(杯赛)、表演赛(友谊赛)、冠军赛等。

(1)全国足球联赛:目的是提高我国足球的竞技水平,创造更好的社会效益和经济效益,同时根据比赛的成绩划分等级。例如,每年举行的中超联赛、甲级联赛和乙级联赛(预赛)都采用主客场制、双循环的竞赛方法。只是乙级联赛在决赛阶段采用集中赛制的方法进行。全年比赛结束后重新调整球队的级别,中超联赛的后几名降为甲级队,甲级队的前几名升为中超队伍,以此类推。

(2)邀请赛:近年来随着足球运动的发展,各级邀请赛比较多,有国际足球邀请赛,也有省、市之间邀请赛。这些邀请赛都是为了达到互相学习、增进友谊、共同提高的目的。

(3)选拔赛:选拔赛的目的是为选拔一支优秀队或选拔优秀运动员组成代表队参加某种比赛而举行的一类竞赛。

(4)锦标赛(杯赛):锦标赛是为了检阅足球运动水平,推动足球运动的开展和培养后备力量,主办单位对优胜队奖以锦旗或奖杯的比赛。如每四年一次的"世界杯"足球赛,我国每年一次的"足协杯"赛等。

(5)表演赛(友谊赛):表演赛是为互相观摩学习、增进友谊和团结、宣传和普及足球运动、丰富群众节假日的文化生活等目的进行的足球比赛。

(6)冠军赛:冠军赛是为了争夺某种范围的冠军,授予该竞赛冠军称号的比赛。

足球运动竞赛种类很多,不仅限于以上这些,还有足球协作区比赛等,有些还具有传统性。足球运动竞赛的种类还可以按参加者的年龄、职业、系统范围来区分,如各年龄级别的儿童、少年、青年足球赛,工人、农民、大队员、中小队员足球赛及军人足球赛等。

另外,根据足球比赛上场人数的不同,足球运动竞赛又有11人制、9人制、7人制、5人制、4人制、3人制足球赛。

第二节 足球运动竞赛的组织工作

足球竞赛的主办单位应根据竞赛工作计划安排有秩序地进行工作。组织竞赛是一项比较复杂而细致的工作,涉及面广,它是决定竞赛能否顺利进行的关键,直接影响到竞赛任务的完成。

竞赛的组织工作可分为竞赛前的准备工作、竞赛期间的工作和竞赛结束的工作。

一、竞赛前的准备工作

这一阶段工作是决定竞赛能否顺利进行的关键。目的是为竞赛做好组织和物质准备,其主要内容是:成立组织机构(竞赛委员会)、制订工作计划、讨论和决定组织方案、制订竞赛规程、研究制订竞赛计划及有关事宜。

(一)成立组织机构——竞赛委员会

在上级组织领导下,由承办单位负责组织竞赛委员会,领导筹备工作。

竞赛委员会的机构根据竞赛规模大小和精简原则而定。

(二)制订工作计划

1. 竞赛处的工作

(1)编排比赛秩序册。编排时应注意:第一,采用淘汰制时,应避免种子队在第一、二场比赛中相遇;第二,采用循环制时,若参加队伍较多,可以比赛2~3天,休息一天(每队每天比赛一场)。若分组循环比赛,强队应分配到不同的组中去,比赛顺序可由抽签办法决定。

(2)分配和安排好裁判员及工作场地。

(3)审查参加者的资格。

(4)组织裁判员学习规则、裁判法,统一认识,统一执法尺度,进行分工、分组和实习。

(5)根据计划要求,确定参加科研工作人员的人数和组织实习。

(6)安排各队赛前和赛中休息日的训练场地、时间。

(7)组织安排好部分比赛场次深入到工厂、部队、学校等单位比赛或表演。

(8)检查场地、器材和设备准备情况。

(9)制订竞赛须知。

(10)绘制各种表格。

2. 秘书处的工作

(1)制订思想教育和宣传鼓动工作计划。

(2)制订竞赛工作日程。

(3)制订经费预算和生活管理制度。

3. 组织医疗组、治保组

（1）比赛现场医疗保障。

（2）比赛相关区域突发公共事件医疗保障。

（3）后备定点医院保障。

（4）负责报批委员会的统一工作证件，指导协调赛区保卫工作。

（三）讨论和决定组织方案

根据上级组织下达的精神，结合承办单位、地区的具体情况确定竞赛的组织方案。如竞赛的规模、竞赛委员会的成员及其分工、明确各组的职责和注意事项、要解决的主要问题及此次大会的要求等。

（四）制订竞赛规程

竞赛承办单位根据上级组织的指示精神和此次竞赛的目的、任务制订竞赛规程。它是竞赛组织者和参加者进行工作的依据。

竞赛规程应提前发给有关单位，以便各单位做好参加比赛的准备工作，其包括如下内容。

（1）竞赛名称：根据竞赛目的、任务而定，例如××大学足球联赛。

（2）竞赛目的、任务：根据总的要求而定。例如为了检查训练工作、提高足球运动水平，选拔代表队等。

（3）竞赛日期和地点：根据采用的竞赛制度定出初赛、决赛的日期和地点。

（4）报名和报到日期：规定报名的资格、确定报名和报到的日期和地点。

（5）参加资格：根据竞赛目的、任务和性质而定，如球队的等级限制、队数、人数和年龄限制等。

（6）竞赛办法：规定所采用的竞赛制度（如淘汰制、循环制、混合制）、比赛规则（包括用哪一年的足球规则）和本次比赛的特殊规定（如替补队员人数）等。

（7）组织领导：根据上级指示，确定主办单位负责筹建组织机构。

（8）奖励方法：确定具体奖励方案。

（9）抽签日期和地点：规定抽签日期和地点。

（10）注意事项：运动服装的规定等。

（五）研究制订竞赛计划及有关事项

依据竞赛方案、竞赛规程规定的日期，各部门根据自己的职责范围拟订出具体工作日期计划，有计划地做好赛前各项准备工作。办公室（或秘书处）应定期检查准备工作落实情况。

二、竞赛期间的工作

(1) 组织裁判员对每场比赛进行工作总结，不断提高裁判水平。

(2) 对技术统计工作进行检查。

(3) 经常检查比赛场地、设备、器材。

(4) 遇有特殊情况需更改比赛场地、日期和时间时，有关部门应及时通知各队。

(5) 要加强宣传教育工作，做好观众的组织工作。

(6) 裁判组在每天比赛结束后，应及时将比赛成绩交大会竞赛处或宣传组进行登记和公布。

(7) 总务组应深入各队，了解其生活和交通安排情况，及时改进工作。

(8) 医疗组应充分做好准备工作，认真在比赛现场值班，及时处理伤害事故。

(9) 治安组应随时注意住宿及公共场所的治保工作。

(10) 秘书处应有人经常与各队取得联系，定期召开领队、教练、裁判员联席会议，及时处理和研究发生的有关问题。

三、竞赛结束的工作

(1) 做好总结工作，如裁判员工作总结、技术统计工作总结、大会各部门工作总结等。

(2) 组织领队、教练员、运动员、裁判员工作和训练经验交流会。

(3) 条件许可时，可组织各队参观游览，进行革命传统教育和爱国主义教育。

(4) 组织技术总结报告会。

(5) 组织大会闭幕式、发奖，必要时安排冠、亚军进行表演比赛。

(6) 办理各队离开比赛地区的交通手续。

(7) 竞赛委员会结束工作，向上级汇报情况，送交各种总结材料。

第三节 足球运动竞赛制度、编排与成绩计算方法

竞赛制度是在竞赛活动中确定参赛队名次的方法、体系的总称。足球竞赛中常用的有循环制、淘汰制和混合制三种。

根据比赛的目的、任务、要求，以及竞赛时间的长短，参加队数的多少和训练水平，比赛场地，人力、财力等因素来考虑选择某种竞赛制度。

一、循环制

（一）循环制的基本概念

循环制可分为单循环、双循环和分组循环三种。

单循环即所有参加比赛的队在比赛中都要相遇一次，最后按各队在单循环赛中的全部比赛成绩排定名次。

双循环即所有参加的队在比赛中都要相遇两次，进行两次单循环，最后按各队在双循环赛中的全部比赛成绩排定名次。

分组循环即将所有参加的队分成若干个小组，各组先进行单循环，排出小组名次后，再按竞赛规程规定的方法进行下一阶段的比赛，最后排定名次。

（二）循环制的特点

循环制的特点是参加竞赛的各队相遇的机会多，有利于互相学习，共同提高技术水平。由于各队比赛总场数相对较多，因此名次的排定较客观，较能反映各队真实的技战术水平。当参赛的队数较多而又受时间限制时，采用分组循环的方式进行比赛；当参赛队数不多而时间又允许时，则可采用双循环或单循环的方式进行比赛。

（三）循环制的编排方法

1. 单循环

1) 比赛总场数和轮数的计算方法

单循环比赛总场数＝[参赛队数×（参赛队数－1）]/2

单循环比赛轮数：若参赛队的队数是单数，则比赛轮数等于参赛队数；若参赛队的队数是双数，则比赛轮数等于参赛队数减1。

例如：有7个队参加比赛，即

比赛总场数＝[7×（7－1）]/2＝21（场）

比赛轮数＝参赛队数＝7（轮）

又如：有10个队参加比赛，即

比赛总场数＝[10×（10－1）]/2＝45（场）

比赛轮数＝参赛队数－1＝10－1＝9（轮）

2) 比赛轮次表的排列

比赛轮次表的排列可采用轮转法。

编排的方法：不论参赛队是单数或双数，一律按双数编排。若参赛队为单数时，用一个"0"号代表一个队，使之成为双数，各队碰到"0"号队即为轮空。

编排时先以号数代表队数,将其平均分为两半,前一半号数由1号起自上而下写在左边,后一半号数自下而上写在右边,然后再把相对的号数用横线连接起来,这就是第一轮的比赛。轮转的方法一般采用逆时针轮转法(见表9-1)。

表9-1 逆时针轮转法对阵表

第一轮	第二轮	第三轮	第四轮	第五轮
0—5	0—4	0—3	0—2	0—1
1—4	5—3	4—2	3—1	2—5
2—3	1—2	5—1	4—5	3—4

一般参赛队为双数时,轮转方法是1号位置固定不动,其他位置每轮按逆时针方向轮转一个位置,这样可排出各轮比赛顺序。一般参赛队为单数时,可用"0"代表轮空,补成双数。但"0"号位置固定不变,其他位置每轮按顺时针方向轮转一个位置。

确定各队赛序,编写比赛日程表。

轮次排出之后,还应明确各参赛队的代表号码数,将各队队名按其代表号码数填到轮次表中,然后编写比赛日程表。

决定参赛代表号码数的方法一般有以下两种。

(1) 抽签法。赛前召集各队代表一起抽签,以明确各个号码分别代表何队。

(2) 直排法。根据上届比赛名次,直接将队名填于相应号码处。若上届排名中有不参加本届比赛者,须将其后名次队依次升填到缺队号码处。若本届比赛有若干新增加队,则须将新队按报名先后或其他竞赛名次的高低,依次排在上届最后一名之后。如果有同一地区或同一单位两队以上参加比赛,则应安排第一轮先打。

2. 双循环

双循环最显著的特点就是增加了各参赛队之间的比赛机会,使足球比赛胜负的偶然性大大减少,比赛名次的排定更合理、客观。

双循环可分为集中赛会制和主客场制两种形式。

集中赛会制和主客场制这两种双循环在编排上没有区别,均以单循环方法为基础。两次循环的赛序可以相同,也可以根据需要而改变第二循环的赛序,实践中以两次循环的赛序相同最为常见。

例如:5个队不同赛序双循环,第一循环以左上角"0"号定位逆时针轮转,第二循环以右上角"0"号定位顺时针轮转(见表9-2)。

表 9-2　主客场制双循环轮转法对阵表

赛　序	第一轮	第二轮	第三轮	第四轮	第五轮
第一循环	0—5 1—4 2—3	0—4 5—3 1—2	0—3 4—2 5—1	0—2 3—1 4—5	0—1 2—5 3—4
第二循环	1—0 2—5 3—4	2—0 3—1 4—5	3—0 4—2 5—1	4—0 5—3 1—2	5—0 1—4 2—3

3. 分组循环

分组循环的特点在于它既保留了循环制中各队相遇机会较多的优点，又缩短了比赛时间。但因其只能确定出各队分组赛中的名次，所以一般在非单一循环复合赛及混合制复合赛中采用。

分组循环比赛时，为了使分组比较合理，能反映出比赛的实际水平，一般采用种子队或蛇行排列分组办法。如果有同一地区或同一单位两队以上参加，则应分别排进各组。

（四）循环制竞赛的计分方法

循环制竞赛的计分方法必须在竞赛规程中明确规定。

国际足联要求所属会员国在其本国的正式足球比赛中均采用 3 分制。目前我国联赛的计分方法如下。

（1）每队胜一场得 3 分，平一场得 1 分，负一场得 0 分。以全部比赛积分的多少决定名次，积分多者列前。

（2）若全部比赛结束时两队或两队以上积分相等，依下列顺序名次列前：

① 积分相等队之间相互比赛的积分多者；
② 积分相等队之间相互比赛净胜球多者；
③ 积分相等队之间相互比赛进球数总和多者；
④ 整个联赛中净胜球多者；
⑤ 整个联赛进球数总和多者；
⑥ 抽签优胜者。

循环制竞赛计算成绩时，可制出单循环比赛成绩登记表（见表 9-3）。

表 9-3　单循环比赛成绩登记表

	一队	二队	三队	四队	五队	积分	净胜球	进球数	名次
一队									
二队									
三队									

续表

	一队	二队	三队	四队	五队	积分	净胜球	进球数	名次
四队									
五队									

二、混合制

（一）混合制的基本概念

混合制是在一次竞赛中分为两个阶段进行：前一阶段采用循环制，后一阶段采用淘汰制；或先采用淘汰制，后采用循环制。较为常用的是先循环后淘汰的混合制，如第 16 届世界杯足球赛采用的就是这种方法。

（二）混合制的特点

混合制综合了循环制和淘汰制的优点，弥补了两者的不足，较全面地兼顾了竞赛各方面的要求。它有利于参赛队的相互学习和交流，激励运动员的比赛热情，最大限度地减少比赛胜负的偶然性，因而使比赛名次的产生较为合理、客观。同时，随着比赛进程的推进，比赛逐渐进入高潮，精彩激烈。

（三）混合制竞赛中进行淘汰赛的一般方法

1. 交叉赛

第一阶段可分成 A、B 两组进行单循环赛，决出各组的名次。第二阶段淘汰时，可将两组的第一、二名进行交叉赛。即 A 组第一名对 B 组第二名，A 组第二名对 B 组第一名进行比赛，然后两组的胜者进行决赛，胜者为冠军，负者为亚军。若要排出三、四名时，两组的负者进行附加赛，胜者为第三名，负者为第四名。各组的第三、四名同样采用此方法决出第五至第八名，以此类推（见图 9-1）。若有 4 个或更多组的第一名或第二名参加第二阶段的淘汰赛，可以相邻组进行交叉赛，即 A、B 两组的第一、二名，C、D 两组的第一、二名进行交叉赛；也可隔组交叉，即 A、C 两组的第一、二名，B、D 两组的

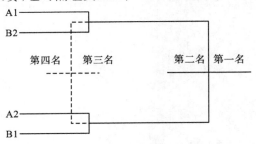

图 9-1 交叉、淘汰、附加赛图

第一、二名进行交叉赛。

2. 同名次赛

第一阶段可分成A、B两组进行单循环赛,排出各组名次,第二阶段淘汰赛时,两组的第一名比赛决出第一、二名,两组的第二名比赛决出第三、四名,以此类推。

如果第一阶段是分成4个组循环赛,那么先由4个组的第一名进行半决赛,然后胜队与胜队进行决赛,负队与负队进行附加赛,决出第一至第四名。1982年第12届世界杯足球赛就是利用这种方法定出第一至第四名(见图9-2)。

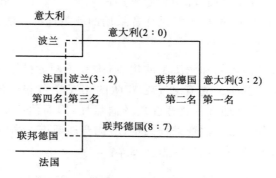

图9-2 第12届世界杯第一至第四名竞赛图

思 考 题

1. 简述足球运动竞赛的意义。
2. 足球运动竞赛的种类有哪些?
3. 足球运动有几种竞赛制度?
4. 如何拟订足球运动竞赛计划?

第十章
足球竞赛裁判法

第一节 足球裁判员的基本要求

足球运动发展到今天,已成为世人生活中一种不可缺少的精神享受,人们在观看足球比赛的同时得到了快乐和满足。由于运动队技战术水平及整体配合能力的不断提高,运动员的个人技术不断娴熟,以及职业性的、隐蔽性的犯规和伪装更加逼真,为使比赛更加激烈、精彩、流畅,更具有观赏性,这就给作为足球竞赛中的执法者——足球裁判员提出了更高更新的要求。

一、良好的职业道德和职业意识

廉洁奉公是裁判员应具备的美德,严格执法是裁判员廉洁奉公的具体表现。优秀的裁判员应有强烈的责任感,应时刻牢记"三个服务意识",时刻将规则精神融入于"三个服务意识"中:将公平竞争、保护运动员的身体健康融入服务于运动队中,确保运动队和球员的利益不受损害;将促进足球技战术的发展融入于服务足球运动本身中,确保足球运动朝着健康、良性的方向发展;将使比赛更具观赏性融入于服务观众中,使观众能够欣赏到真实的、激烈的、精彩的足球比赛。自觉提高认识,端正态度,树立责任感、事业心。公正无私,执法严明,勇于坚持原则,敢于实事求是。不断加强自身的修养,通过实践,培养自己沉着、果断、谦虚、谨慎的工作作风,自觉加强组织性和纪律性,克服自由主义,懒散思想。时时严格要求自己,处处以身作则,作风正派,事事检点,用实际行动赢得社会的信赖和尊重。

二、严格执行规则与运用策略、实施技巧相结合

严格执行竞赛规则是每一位裁判员的首要职责,但为了顺利地引导比赛进行,裁判员又不能一味机械地执行规则。首先,要精通足球竞赛规则和裁判法,深刻领会规则的精神实质;其次,要提高对足球运动本身的理解,了

解足球运动的发展规律,对足球技战术进行学习和实践,进一步增强比赛执法的能力;最后,还要不断地观摩、分析和实践,掌握并熟练运用一些执法的技巧和策略,这样才能沉着冷静地应对一切突发事件,面对各种压力,运用最恰当的方式方法灵活、巧妙地处理和解决问题。

三、良好的心理素质

足球裁判员责任重大,执法时间长,面对问题复杂,工作环境透明,置身矛盾之中。优秀裁判员的心理条件包括:强烈的成就动机(为追求目标而乐于奉献);强大的迎战能力(乐于、敢于、善于执法);成功意识和信心(具有坚定的自信心);高度的自控能力(控制情绪、思维、行为等);顽强的意志品质(抗疲劳、抗挫折、抗压力);积极的适应能力(适应自然环境和社会环境);灵敏的应变能力(保证反应、思维、决策、行动的敏捷);良好的注意能力(符合足球裁判员特殊需要)。

足球裁判员作为比赛场上的执法者、指挥者、协调者,头脑清醒、情绪稳定、注意范围适度、独立性和抗干扰能力强、心理承受能力强、突出的洞察力和反应能力、自主性与果敢性是不可缺少的。自信、敢为、清醒、果断是优秀裁判员心理特征的集中体现。

四、团队合作的意识

足球比赛场地大、人数多、时间长、对抗激烈,单靠裁判员一个人的力量是不够的。近年来足球竞赛规则不断修改,赋予了助理裁判员及第四官员更大的职责,"四位一体"的团队合作进一步得到了加强。足球运动本身就是一个集体项目,按国际足联的提法,裁判员队伍是足球场中的第三支队伍,同样需要依靠团队的相互配合、相互协作来圆满地完成比赛的执法工作。

五、全面、良好的身体素质

现代足球正朝着"全攻全守"的方向发展,随着足球比赛的速度加快、对抗加剧,对裁判员的身体素质要求也越来越高。为了适应足球运动的发展趋势,提高裁判员的工作质量,近几年来,国际足联对新申报的国际裁判员的年龄作出了年轻化的规定,并对裁判员体能测试和标准作出了相应变化。

足球裁判员体能特点如下。

(1)足球比赛场地大、比赛时间长,在90分或120分钟的比赛过程中,裁判员的跑动距离达8000至10000米以上,需要裁判员具有出色的耐力素质。

（2）随着足球运动技战术的发展，攻方节奏明显加快，对裁判员快速冲刺跑的能力要求提高。

（3）主客场制比赛需要长途旅行，还有时差、高原等因素都对裁判员的体能提出了很高的要求。

临场过程中体能不仅是大范围跑动及合理选位的保证，同时也是准确观察、判断推理及思维敏捷的前提条件。人的体能在最佳状态时，信心、勇气都倍增。人在体力不支、上气不接下气的情况下，观察、注意、反应及思维能力肯定会随之下降，心有余而力不足。因此，没有良好的体能作保证，裁判员临场执法就达不到高水平，合理跑位、选位及如何准确地判罚都是纸上谈兵。

六、较强的沟通能力

沟通能力，首先，表现为语言表达能力，语言是能够直接完成沟通的基本条件。准确、合理、恰当地表述自己的意见和态度，有利于完成自己的执法工作。其次，沟通能力表现在裁判员的交际能力和组织能力上，善于控制和调节自己的情绪和感情，取得他人的信任，在协调各方面因素的基础上，灵活、恰当地处理各种关系，这样才能圆满完成任务。

第二节　裁判工作的分工和配合

一、裁判员与助理裁判员的跑动和选位

（一）裁判员的跑动和选位

1. 裁判员的跑动与选位的重要性

现代足球运动的发展对裁判员的工作提出了更高的要求，责任更为突出。为了做到保护运动员身体健康，使双方在条件对等的情况下进行比赛，促进技战术的发展，使比赛精彩、流畅、具有观赏性，裁判员必须提高判罚的准确性及控制比赛的能力。积极的跑动和恰当的选位正是达到上述要求的不可缺少的重要条件之一。

2. 裁判员跑动的原则、要求和方法

1）裁判员跑动的原则

一般情况下，裁判员应处于球的左后侧方 10～15 米，并始终将球和助理裁判员放在视线内；不影响运动员的跑动和技战术水平的发挥。距离比赛的焦点近，选好观察角度；快速通过中场。

2）裁判员跑动的要求

现代足球朝着技能、体能和心智能等全面发展的方向前进，而片面强调技能或体能的时代已经结束。攻守平衡、整体而快速的攻守，是现代足球运动的发展趋势之一。这种"快"对裁判员的执法工作提出了更高的要求，它要求裁判员在跑动时必须做到耐力好、速度快，具有预见性。

（1）耐力好。足球场地大，比赛持续时间长。根据历年来统计资料，一场比赛中裁判员的跑动距离一般在8000～10000米，说明裁判员要完成一场比赛的裁判任务必须具有良好的耐力基础。裁判员除了具有一般耐力之外，还必须具有良好的速度耐力，因为现代足球攻守转换频繁，需要裁判员连续往返的冲刺，没有良好的速度耐力是难以紧紧跟随球的发展变化的。同时，在紧张而激烈的比赛中往往容易产生疲劳，致使注意力分散，影响判罚的准确性。

（2）速度快。现代足球的特点突出体现在"快"字上。队员的跑动速度及比赛中攻守转换速度加快，双方争夺更加激烈，犯规次数增多，这种情况对裁判员速度的要求也相应提高。如果裁判员没有良好的速度素质，不能跟随球的发展变化及时到位，往往造成在关键时刻或关键问题上失误，出现不必要的纠纷，影响比赛顺利进行。

（3）预见性。裁判员往往跟不上球的速度，因为裁判员的跑动是根据球的移动而变化的，是被动的。如何变被动为主动，这就要求裁判员要提高预见的准确性，也就是说裁判员要预见球的发展方向，提前跑动。如果提前0.5秒，裁判员就可提前跑动几米，这样，就可以弥补速度慢的缺点，裁判员的跑动就可以变被动为主动。

3）裁判员跑动的方法

裁判员的跑动方法可分为正面跑、倒退跑、侧向跑。不论采用哪种跑动方法，其基本的要求是始终面向球，因为双方队员争夺的焦点是球。在一般情况下，裁判员在球的进攻方向后面时采用正面跑；裁判员在球的进攻方向前面时采用倒退跑；裁判员在球的进攻方向侧面时采用侧向跑。由于场上情况变化无常，裁判员的跑动方法也要随之变化。

目前，国内外均采用对角线裁判制。对角线裁判制是沿球场的对角线方向活动，但并不意味着裁判员的活动不能离开这条线，而是应根据不同情况采用不同的跑动路线。根据跑动路线的不同，可以归纳为四种：大S形跑、跟踪跑、小S形跑和直线跑。

（1）大S形跑。这种跑动路线使裁判员保持在球的左侧后方，与助理裁判员保持密切的联系，球在进攻方向的左侧发展时能与球保持较近的距离。采用这种跑动路线，一般情况下先向前插入不多，所以裁判员基本上不会影响运动员的活动和传球路线。但当某队快速反击时,裁判员往往距球较远。球在右边发展时,裁判员向右路靠近较少,因此,往往距球较远,一旦在右路判罚犯规后不易及时到位。目前这种跑动路线基本上不被采用。

(2) 跟踪跑。这种跑动没有固定的路线,裁判员是以球为中心进行跟踪,它的最大优点是始终与球保持较近的距离。但当球由右路向左路转移时,裁判员不能始终面向助理裁判员并保持与助理裁判员的联系,有时也容易影响队员的活动和传球路线。这种跟踪跑对体力要求相当高,因此采用不多。

(3) 小S形跑。这种跑动路线使裁判员与球保持较近的距离,球在中路或右路发展时能在球的左侧后方保持与助理裁判员的联系,球在左路发展时裁判员往往背向助理裁判员。采用这种跑动路线,裁判员可根据球的发展提前插到其运行的前方,球发展到罚球区内能及时跟上。采用小S形跑比较节省体力。

(4) 直线跑。这种跑动与小S形跑大体上相似,由于它基本上是在两个罚球区之间的直线活动,对左右两路都保持较近的距离,因此,对左右两路的情况观察较清楚,判罚能及时到位,避免不必要的纠纷。由于是在两个罚球区之间活动,因此,裁判员就能把握罚球区内的判罚。直线跑较节省体力,但球在左路发展时,裁判员往往背向助理裁判员。

现代足球运动对裁判员跑动提出了更高的要求,但是由于裁判员的年龄、身体及训练水平始终与运动员存在一定差距,因此,从足球运动发展看,小S形跑和直线跑是比较适宜的,采用也较多。

各队都有自己的技术风格与战术特点,有一定的应变能力,他们往往在比赛中根据不同对象改变自己的打法。因此,裁判员不能一成不变地采用一种跑动路线来执行一场比赛,裁判员也应具有应变能力,根据不同的打法与特点,采用不同的跑动路线。例如:某队采用长传为主的打法时,裁判员可采用直线或小S形跑;某队采用以短传为主,稳扎稳打,层层推进的打法时,裁判员可采用跟踪跑等。总之,裁判员的跑动路线也要随着不同情况而有所改变。

裁判员在选用跑动路线时应考虑到场地、气候情况及本人体力状况而有所变化。如果气候炎热、比赛场地地势高(高原)、裁判员体力差,则应采用较为节省体力的跑动路线。

3. 裁判员的选位

裁判员具有预见性就可以紧跟球的发展,与球保持适当的距离,但这不等于裁判员就能看清楚双方队员的动作。在比赛中经常出现这种情况,有时观众在看台上看到运动员的犯规动作,而裁判员却没有看到。裁判员与运动员的距离比观众与运动员的距离近得多,为什么看不到呢?显然,这主

要是裁判员所选择的位置不当,由于与双方队员的位置重叠,而影响裁判员的视线。这说明裁判员不仅要与球保持适当的距离,更重要的是选择好位置。

1) 裁判员的选位

裁判员的选位要做到:一快、二勤、三防止。

(1) 一快:裁判员反应要快。

(2) 二勤:裁判员脚步移动要勤。

(3) 三防止:裁判员在移动中要防止与双方队员位置重叠。

2) 裁判员在"活球"时的位置

比赛应该在裁判员和比赛时球所在半场的助理裁判员的控制之下进行。比赛时,球所在半场的助理裁判员应在裁判员的视野之内,裁判员应采用大对角线跑位法。选择距球稍远的位置有利于轻松监控比赛,并将助理裁判员放在视野之内。裁判员在不干扰比赛的情况下尽可能接近并观察比赛的发展。需要裁判员观察的情况并不总是发生在球的附近,因此裁判员应该注意:

(1) 个别队员的挑衅引起突发事件并不一定在球的附近;

(2) 当比赛向某一区域发展时应注意周边可能发生的犯规情况;

(3) 犯规发生在球被争抢队员踢到一边之后。

(二) 助理裁判员的跑动和选位

《足球竞赛规则》明确规定裁判员所作的判决应为最后判决,助理裁判员只是给裁判员提供合理的示意,他的职责由裁判员决定。同时,明确指出助理裁判员应协助裁判员按照规则控制比赛。助理裁判员要成为裁判员的好助手,对执行任务中的跑动和选位也要引起足够的重视,因为往往由于助理裁判员的一步之差或选位不当,可能造成判断上的失误而影响比赛,造成不良后果。

1. 助理裁判员的跑动

助理裁判员的跑动方法可分为后退跑、侧向滑步跑和向前跑三种。一般情况下运用后退跑、侧向滑步跑较多。这两种跑法有利于助理裁判员保持面向场内,扩大助理裁判员的观察面,做到人球兼顾。

球在助理裁判员左侧方向移动或球与倒数第二名防守队员距离较远时,助理裁判员应采用后退跑;球在助理裁判员对面方向移动或球与倒数第二名防守队员距离较近时,助理裁判员应采用侧向跑;当队员快速推进突破对方防线时,助理裁判员应采用向前跑。

2. 助理裁判员的选位

助理裁判员的选位有两种情况:一是球在移动中的选位;二是死球及恢

复比赛时的选位。无论是哪一种情况下的选位,都应遵循以下几点要求。

(1) 便于观察越位。

(2) 便于观察球是否出界、进门。

(3) 便于协助裁判员执行规则。助理裁判员在选位时要抓主要矛盾,即越位与进球。越位的判断是否准确直接影响得失分。倘若攻方射门时不存在越位,就应快速跑到球门线观察球是否进门。

(4) 观察面大。助理裁判员观察面大有利于了解双方的活动;有利于对越位作出正确的判断;有利于与裁判员保持联系,协助裁判员执行规则。

二、裁判员与助理裁判员的配合

(一) 对越位判罚的配合

(1) 判罚越位是助理裁判员协助裁判员的一项重要工作,裁判员应经常保持与处在同一半场的助理裁判员的联系,这是避免"漏旗"的首要条件。

(2) 由于判罚越位的首要条件是同队队员踢(触)球的一瞬间,他是否处在越位位置,因此,比赛进行中,队员向前踢球时,裁判员认为攻方某队员可能越位,即应注视助理裁判员有无越位旗示。有时还会考虑助理裁判员因故举旗较慢,而在适当的时刻第二次看旗。

(3) 为了协助裁判员掌握好对越位的判罚,助理裁判员始终与守方倒数第二名防守队员处在齐平位置,并随时注意攻方其他队员的位置。重要的是扩大视野和观察的范围,以利于判断队员踢球时处于越位位置队员是否越位。如果发现有队员越位,应及时将旗上举,向裁判员示意,裁判员则应及时鸣哨判罚越位犯规。

(4) 尽管裁判员判罚越位在很大限度上需要助理裁判员的协助,但裁判员始终不应放弃自己的主观观察和判断,做到心中有数。

(5) 裁判员看见助理裁判员的越位旗示后,认为不需要或不应判罚时,应回以简明的信号,助理裁判员则应及时收回旗示(这种情况在场上应尽量避免)。

(6) 若助理裁判员的越位旗示是正确的而裁判员又漏看了旗示,其发展可能有以下两种情况:

① 球被对方截获或踢出成死球,越位给守方造成的威胁已不复存在,助理裁判员应及时收回旗示;

② 越位队员对守方的威胁仍然存在,继续进攻有可能进球或已射球入门,此时助理裁判员应坚持其上举的旗示,以供裁判员发现后改正,这只是一种补救的方法,裁判员应尽量避免漏看旗示。

(7) 在罚球区附近,攻方踢任意球时,如果裁判员负责观察越位,则助理裁判员一定要跑到球门线看球是否进门。两人形成一条对角线。在球场上绝对不能形成两个人站在一条直线上。当攻方队员踢球后不存在越位和球进门时,助理裁判员应及时回到原来的位置观察越位。

(二) 观察定位球的配合

(1) 开球:裁判员应站在开球半场内中圈附近,球的左侧后方,观察球是否合法开出,同时保持与守方半场助理裁判员面向联系,两个助理裁判员则分别与两队倒数第二名队员处在齐平位置,观察可能出现的越位等情况。

(2) 球门球:裁判员应站在中圈附近,观察球踢出后双方争夺及攻守发展情况。

(3) 踢角球:无论在哪一角球区踢角球,裁判员都应根据双方队员的位置,在罚球区的左侧区域选择自己便于观察的位置。踢角球所在半场的助理裁判员根据裁判员的配合要求,站在球门线延长线的角旗后面,裁判员与助理裁判员互相配合,观察球是否合法地放在角球区内;守方队员在球踢出前距球是否够9.15米;球踢出后运行中是否在空中越出球门线;球踢出并进入比赛状态后,可能发生的犯规及球进门的情况。另一名助理裁判员在中线附近,注意守方踢出的球和可能的长传反击。

(4) 罚球点球:罚球点球又称点球、球点球。裁判员应站在罚球区内与罚球点的左侧并接近罚球弧和罚球区线的交点附近,以便于观察球是否合法地放在罚球点上、守方守门员及攻守方其他队员在球未踢出前是否站在合法位置上、球是否合法地踢出等。该半场助理裁判员应站在近端的罚球区线与球门线交接处场外。

(5) 任意球:若在中场踢任意球,裁判员应站在便于观察犯规情况并能与助理裁判员保持联系的位置上。若在接近守方罚球区处踢任意球,裁判员应站在与守方倒数第二名防守队员齐平的位置上,观察球踢出时是否越位、犯规和球是否进门等情况。

(三) 观察掷界外球的配合

在掷界外球时,裁判员应注意掷球队员的手部动作,助理裁判员应注意掷球队员的脚部动作。

(四) 观察球出界的配合

1. 球出边线

规则赋予助理裁判员的职责之一,就是举旗示意球的整体越出边线,并示意由哪一方掷界外球。当助理裁判员明显看清最后触球者时应及时举旗示意由对方掷界外球;若球出界时助理裁判员距球较远或由于其他原因看不清最后触球为哪一方时,助理裁判员可将旗上举,裁判员应迅速出示手势指示由某队掷界外球,助理裁判员根据裁判员手势作出相应的旗示。

2. 球出球门线

规则赋予助理裁判员的职责之一,就是举旗示意球的整体越出球门线,并示意由哪一方踢球门球或角球。当助理裁判员明显看清最后触球者时应及时举旗示意;若球出界时助理裁判员距球较远或由于其他原因看不清最后触球为哪一方队员时,助理裁判员可将旗上举,裁判员应迅速出示手势指示球门球或角球,助理裁判员根据裁判员手势作出相应的旗示。

(五)观察球进门的配合

球进门判某队胜一球,是足球比赛裁判工作中至关重要的问题,必须借助助理裁判员的旗示。对球的整体是否在地面或空中越过球门线作出准确的判定,裁判员必须有自己的判断。因此,裁判员应随时观察,当球有可能入门时,必须全力接近罚球区,在不影响队员活动的情况下,深入到球门区附近,以便准确观察。助理裁判员也必须跑到球门线,以协助裁判员观察球是否进门,其配合如下。

(1)若是清楚的球进门,助理裁判员从靠近球门线的位置上沿边线向中线快速移动向裁判员示意球已进门,裁判员见到助理裁判员的行动信号,结合自己的判断,再鸣哨判定球进门。

(2)双方在球门前争夺,一瞬间发生球的整体越过球门线,裁判员由于位置不利等原因未看清楚,如果助理裁判员在所处的位置已经看清楚球已进门时,助理裁判员应将旗直接指向中圈,示意球已进门,裁判员根据助理裁判员的旗示判进一球。

(3)如果在混乱中,守方队员故意用手和臂部阻止球入门,裁判员没有看到这个犯规,而助理裁判员已清楚地看到这个手球犯规,此时应及时举旗摇动,裁判员根据助理裁判员的旗示,立即停止比赛,作出相应的判罚。

(4)双方在球门前的争夺中,裁判员对某一球是否进入球门有怀疑时,必须密切注意助理裁判员的旗示,如果助理裁判员清楚地看到球并未入门,应站在原位置不动,按比赛前准备会预定的信号向裁判员提示球未进门。

(六)关于比赛时间的配合

上、下半时即将结束时,根据准备会的分工,在最后3分钟内助理裁判员应给裁判员一个明显的信号提示,裁判员再根据场上的实际情况决定延长多少时间,并在最后1分钟内用明显信号通知第四官员。

第四官员根据裁判员的决定,将延长时间用换人牌向观众显示。在延长时间内,因故损失的时间裁判员仍可补足,最终由裁判员决定比赛结束。

（七）关于决胜期罚球点球的配合

第一助理裁判员站在球门线上，负责观察守门员是否站在球门线上，球的整体是否越过球门线；而裁判员则观察守门员是否站在球门线上，球未向前移动时，守门员是否向前离开球门线，以及攻守双方的其他犯规情况；第二助理裁判员则在中圈附近负责管理双方准备罚球的队员。

（八）处理场上运动员发生突发事件的配合

1. 在裁判员视线以外的突发事件

在裁判员视线以外的突发事件，是指裁判员未看见的突发事件。一般较多发生在裁判员身后，有时也可能发生在裁判员身前，只是由于各种原因，裁判员视线被挡而未看见。当比赛中出现裁判员视线以外的突发事件时，凡就近看清的助理裁判员应予以协助，具体可视情节轻重，举旗示意裁判员停止比赛，或在比赛成"死球"时举旗。如果裁判员背向举旗的助理裁判员，不能及时看见旗示，则另一名助理裁判员应迅速呼应，举旗提示裁判员。此后，裁判员可根据助理裁判员提供的情况和建议，对有关运动员作出判罚。

2. 围攻裁判员的突发事件

这种情况一般发生在比赛成"死球"时。具体可视情节轻重，可以采取由裁判员独自处理，就近助理裁判员观察情况，默记主要肇事者号码，或者就近助理裁判员（必要时另一助理裁判员和第四官员）迅速进场协助裁判员处理，并保护裁判员和默记主要肇事者号码。一旦在事件平息后，当裁判员需要时，助理裁判员能够提供情况，从而有利于裁判员作出准确的处罚。

3. 围攻助理裁判员的突发事件

一般多见于比赛成"死球"时。当裁判员发现这种情况时，应及时上前制止，并视情节轻重，作出准确的处罚。如果这种情况发生在裁判员身后，被围攻助理裁判员可举旗示意，另一侧助理裁判员也举旗示意。此后，裁判员应迅速到达围攻地点予以制止，并根据助理裁判员提供的情况和建议对有关运动员作出准确的处罚。

三、裁判员的信号及助理裁判员的旗示

（一）裁判员的信号

裁判员的信号包括手势、哨声和身体语言。

1. 手势

手势如图10-1所示。

| 间接任意球 | 有利 | 直接任意球 | 警告 | 罚令出场 |

图 10-1　手势

2. 哨声

需要鸣哨的情况包括以下几种：

（1）比赛开始（上、下半场）及进球后；

（2）停止比赛（判罚任意球或罚球点球，比赛需要暂停或中止，当一段时间的比赛应该结束时）；

（3）恢复比赛（踢任意球时裁判员组织人墙以后，罚球点球，对不正当行为出示红黄牌后，队员受伤，替换队员）。

不需要鸣哨的情况包括以下几种。

（1）停止比赛时为了示意（球门球、角球、掷界外球及进球）；

（2）以任意球、球门球、角球及掷界外球恢复比赛。

过于频繁、不需要的哨声将会减小在需要哨声时的作用。当可以不用鸣哨恢复比赛时，裁判员应该清楚地告诉队员只有他给出信号后比赛才能恢复。

3. 身体语言

身体语言可以当做裁判员工作的一个手段使用：

（1）帮助裁判员控制比赛；

（2）显示裁判员的权威和自控能力。

身体语言不是用来解释他的判罚决定的。

（二）助理裁判员的旗示

助理裁判员的旗示如图 10-2 所示。

四、第四官员的职责

（1）第四官员按竞赛规程指派。此外，在其他三名比赛裁判中的任何一人不能担任执法工作时上场替补。第四官员应在整场比赛协助裁判员进行

| 替换 | 越位 | 掷界外球 | 近端越位 | 中间越位 | 远端越位 |

图 10-2　助理裁判员的旗示

图 10-3　第四官员的职责

工作。

（2）比赛开始前，组委会一定要明确在裁判员不能继续担任临场工作的情况下，是由第四官员担任比赛的裁判员，还是由第一助理裁判员担任裁判员，而第四官员担任助理裁判员。

（3）根据裁判员的要求，负责赛前、赛中和赛后的赛场管理。

（4）负责比赛中的换人（见图10-3）。

（5）负责比赛换球。

（6）负责检查替补队员入场前的装备。若发现替补队员装备不符合竞赛规则的要求，应告知裁判员。

（7）比赛结束后，第四官员应向有关负责机关提交有关裁判员和助理裁判员没有看到的任何不正当行为，或其他事故的报告。第四官员必须将所写报告内容通报裁判员或助理裁判员。

（8）第四官员有权将技术区域内任何人的不负责行为通知裁判员。

第三节　场地与设备

按照国际足联对体育场安全问题颁布的新规定、观众对改善场地设施的要求及多功能体育场的发展趋向，国际足联对新体育场建造和旧体育场改造制定了指导性建议。

（一）现代足球场的一般标准

1. 安全

体育场安全和舒适的程度取决于资金，但无论资金多少，都要绝对保证坚固和所有使用设备及人（包括观众、球员、官员和工作人员）的安全。

在体育场筹建前制订相关计划，设计和负责建筑的每个人必须明确人的安全是第一位的，没有任何理由可以忽略安全。

2．舒适

设计时应考虑以下几点。

（1）要有遮盖所有观众的顶棚。这在冷天、雨天或阳光的照射下都是特别需要的。

（2）所有观众应有单椅或坐席并附着地面，后背高度不少于30厘米，座号应清晰且易于识别。

（3）所有观众席都不应有障碍物挡住观众视线。

（4）场内和场外必须提供足够数量的男士和女士分别使用的卫生间。

（5）出售饮料和食品的地点应当宽敞、醒目和方便。

（6）场内应考虑到公共通信设备的问题，如巨大的计分屏幕、公众播音系统、足够数量的公用电话等。

3．体育场的位置和场地方向

建筑一个新体育场时，首先要考虑它的位置和比赛场地的方向。一般选择在阳光充足、空气新鲜、地势较高容易排水的地方，同时场地的纵轴应选定南北方向，以使运动员、观众和其他人员尽可能远离强烈阳光的照射。力求体育场周围有足够的空间，便于将来的发展；靠近城市的公路和铁路，使观众来去方便。另外，也要考虑和谐的环境。

4．配套服务

计划建一个新的体育场时，应充分考虑诸如会议室、餐馆、体育馆、运动设备、商店、办公室等配套服务设施。

（二）现代足球场地的基本设施

1．比赛场地区

比赛场地必须绝对平整，有天然草皮，还应当装有干燥环境下使用的浇水系统和寒冷气候下防止场地结冰的地下暖气系统。

1）场地线

比赛场地线至挡网的最短距离：距离边线6米，距离球门线7.5米。在比赛场地边线外应当有不小于1.5米宽的草皮边缘。

2）下水道

比赛场地必须有良好的排水系统，以免因大雨而影响比赛进行。

3）可能的危险物

比赛场地及其周围不应当有任何可能伤及队员、裁判员或其他人员的

潜在危险物。

4）替补席

中线的每侧应各配置一个与边线平行且距离比赛场地至少5米的带顶棚的替补席。

5）急救通道

具有救护车、消防车等直达场地的急救通道。

6）观众与场地隔离带

确保比赛参加者不受观众的侵扰是很重要的。可采取下列的某一措施或几个措施：在赛场周围设置警察或保安人员；前排观众席的座位有一定的高度；用足够宽度和深度的护壕沟保护比赛场地；设置明显不可逾越的屏障或栏杆。防止观众进入比赛场地的保护措施必须经当地公安机关批准，并且在紧急疏散时不会对观众构成任何威胁。

7）场地周围广告牌

（1）建筑新的体育场时，必须注意场地周围广告牌的放置不可阻挡观众的视线。一般广告牌的最高高度是90厘米，比赛场地线和广告牌之间的最小距离是：边线外5米，球门线后角旗处为2米，球门区线与球门线相交处为3.5米。

（2）在任何情况下，广告牌不应当：

① 放置于对运动员、官员和其他人员构成危险的地方；

② 在安装的方式或使用的材料上对运动员构成危险；

③ 用对运动员、裁判员和观众视线构成干扰的反光性表面材料；

④ 在安装的方式上对观众紧急疏散而进入场地产生障碍。

8）准备活动区

靠近更衣室，每个队应有一个室内或室外的准备活动区。

9）更衣室到比赛场地的通道

每个队的更衣室和裁判员的更衣室应有各自通向比赛场地的通道，并有伸入比赛场地的伸缩篷。

10）旗杆

体育场至少需要装5根旗杆，或是配置至少能悬挂5面旗帜的相关设施。

2．更衣室区

1）比赛队更衣室

（1）入口应当有一个单独能停放比赛队汽车的安全区。运动员可从该处远离观众安全地进入体育场。位置应当设置在直接进入比赛场地的保护入口，并且观众和新闻媒体人员无从接近。

（2）至少要有两个房间，分别提供给主、客两队，每间最小面积为100平方米。

（3）更衣室（含卫生间和洗浴间）的通风条件好且有空调，具有易于清洁的地面和卫生材料装修的墙面，铺建的地面不滑，照明效果好。每一房间的设备有按摩桌、长凳、挂衣设备和衣橱、战术演示板、冰箱、电话（外线/内线）。

（4）每一房间的卫生间与更衣室相连并有直接通道，有淋浴室、镜子、洗脸盆、清洁足球鞋的池缸、便池等。

2）裁判员更衣室

（1）位置与比赛队的更衣室分开，但相距不远。拥有直接进入比赛场地的保护入口，观众和新闻媒体人员无从接近。最小面积为24平方米。

（2）裁判员更衣室（含卫生间和洗浴间）设备与比赛队更衣室的设备相同，有挂衣架、衣橱、桌椅、按摩桌、战术演示板、冰箱、电话（内线/外线）等。

（3）卫生间与更衣室相邻并有直接通道，有淋浴室、镜子、洗脸盆、清洁足球鞋的池缸、便池等。

3）比赛官员室

（1）位置应靠近运动员和裁判员的更衣室。最小面积为16平方米。

（2）设备有桌椅、衣橱、电话（内线/外线）、带洗浴的卫生间、电视机。

4）医务监察室

（1）位置在更衣室区域并尽可能接近比赛队的更衣室和比赛场地，有到外面出口的便利通道。进入房间的门和过道应足够的宽，以便通过担架和轮椅。最小面积为24平方米。

（2）设备有检查床、便携式担架（比赛期间放在场边）、洗脸盆、装药剂的玻璃柜、治疗桌、带有面罩的氧气瓶、血压计、电话（内线/外线）。

5）兴奋剂检测室

（1）体育场应有一个作为兴奋剂检测室的房间。相邻处设有等待区（或房间）和一个工作间。工作间应靠近比赛队的更衣室，并且公众和新闻媒体人员无从接近。最小面积为16平方米。

（2）兴奋剂检测等待区（或房间）和卫生间的通风条件好且有空调，有易于清洁的地面和卫生材料装修的墙面，铺建的地面不滑，照明效果好。设备有桌椅、洗脸盆、镜子、电话（内线/外线）、配锁的橱柜。

（3）卫生间有直通工作间的单独通道，有便池、洗脸盆、镜子、淋浴室。

（4）等待间是工作间的一部分或紧邻工作间。最小面积为16平方米。设备有桌椅、衣橱、冰箱、电视机。

3. 观众区

1) 观众席

(1) 每座体育场容纳的观众数量取决于该地区的需求。若要承办重大赛事，体育场的观众容量至少在 30 000 人以上。

(2) 所有观众座椅应被固定且使人感觉舒适。不可使用长凳，不能提供站席。

(3) 体育场至少要划分为四个区，每一区应有各自的出入口、食品店、卫生间及其他必要的服务设施。还应该按次序将每一区划分为更小的看台区。除疏散观众外，必须阻止观众由一个区、看台向另一个区、看台自由活动。

(4) 体育场的每一部分，包括入口、出口、楼梯、大门、通道、顶棚、公用和专用区域及房间等设施，必须达到地方政府颁布的安全标准。

2) 贵宾席

(1) 位置应设在主看台的中部并位于比赛场地上方的显要位置，与公众坐席隔开。

(2) 贵宾席应有专用入口，并与公众入口分开。贵宾席的座位应是带有座号、品质精良的折叠椅，配有顶棚且对比赛场地有极佳的视野，每排座位之间应有足够的空间。

(3) 比赛性质不同，贵宾席需求也不同，但为了满足重大赛事的要求，现代化体育场至少能提供 300 个座位的贵宾区包厢和坐席。

(4) 接待区应有可容所有贵宾使用的餐厅，并且应与贵宾席紧邻。有到贵宾包厢的直接入口、足够的卫生设施(男宾和女宾的)、直播电视点、电话(内线/外线)。

3) 公众出入口

(1) 现代化体育场的四周应设有一道环形围栏，它的作用是进行第一次检票，必要时还可在此进行安全检查。第二次检票处是在体育场的入口处，在环形围栏与体育场入口之间应有足够的空间以保证观众能自由活动而不显拥挤。

(2) 在公众出口处应有一些避免拥挤的措施，如通过设计有序的屏障把观众导向各自的出口。

体育场内外的公众服务设施(如卫生间、食品店等)不应设在靠近体育场大门或出入通道的位置。

4) 残疾观众区

所有体育场都应为残疾观众提供安全而舒适的配套服务设施，包括良好的观赛视线、行驶轮椅的坡道、卫生设施和服务设施。应尽可能使残疾观众，包括乘轮椅来的观众，更便利地找到入口，并到达观赛席位。决不可将残疾观众安置于体育场任何由于其自身生理残疾而不能迅速移动的地点，这样会在紧急事态时给其他观众带来危险。

4. 宣传媒介区

1) 新闻报道设施

（1）赛事的不同，对相关媒介设施的需求也不同。国际赛事中倘若需求量很大，可把一般的观众席位临时改建为新闻与电视报道席。通常将办公桌设在前排席位上，凡引起媒介极大关注的比赛，对电话设备的需求量就大。

（2）应为新闻报道人员的工作区提供保护。报道席设置于比赛队更衣室所在看台的同侧。新闻报道人员为了进行赛后采访，不可避免地要从场地一侧向另一侧穿行，为此设定的路径必须清晰明确，新闻报道人员应被安排在具有良好观赛视线的区域内。

（3）根据足球比赛的报道惯例，在队员与参赛队官员从更衣室走向出口的通道上，会有一个供赛后采访的"混合采访区"，在此，有证件的新闻记者可对赛事进行采访。"混合采访区"应设在紧邻更衣室的位置，此工作区不必专门建造，可就地改建，面积大小取决于进入采访区的记者人数。

2) 电视转播设施

随着新技术的不断发展，尽可能扩大转播覆盖区域，提高照明设施的要求（如高清晰度电视的引入）。建造新的体育场时，应就此向一流的电视公司或电视转播联合体进行咨询。

（1）摄像机的位置。

安放摄像机的位置要征求组织者和有关转播机构的同意，机位的放置地点能避免公众的干扰，主要机位应位于看台中部，正对足球场地的中线，机位点与邻近中、边线交点的连线与水平线所成夹角应为27°～35°，机位点和场地中心线与水平线所成夹角为15°～20°。若机位的放置无法满足这一要求，至少要使摄像机的安放背对阳光并将整个比赛场地清晰地摄入，每台摄像机所占的空间为2米×3米。拍摄进球的机位应在球门后方并处于比赛场地纵轴上，机位所在高度应能将罚球点从球门横梁上方摄入镜头，两点连线与水平线所成夹角为12°～15°，占地为2米×3米。拍摄赛场气氛的摄像机应是移动的，通常为3～6台，随比赛重要程度的不同有所变化，应保证沿边线外和球门后方区域的移动拍摄。其他可能的机位有相反角度的机位、与罚球边缘平行的机位，还应考虑到对足球比赛电视转播覆盖面不断加大的要求。

（2）麦克风的位置。

麦克风设在看台和沿边线的附近区域是非常必要的，不可放在替补席附近，要确保赛场气氛可清楚地传送给观众和听众。

(3) 评论席。

评论席包括 3 个紧靠的座椅和足够大的办公桌以便放置电话和评论材料等，夜间比赛时应提供照明，每一评论席应用塑料屏风与过道隔开。若是露天体育场，通常应搭建临时顶棚，以保护评论席和设备。评论区应设在主机位的同侧且尽可能地靠近场地中心，既不阻碍观赛视线，又便于使用其他工作设备，与公众隔开。

(4) 看台上的转播区。

转播区由组织者和转播机构协商解决，该区应位于评论区一侧或后方，在该区有为转播人员专用的观赛席位。

(5) 照明。

夜间比赛时，比赛场地必须充分照明，光照度至少要达到 1200 lx。应备有应急照明设备，光照度至少应达到上述水平的三分之二。

5. 其他系统

1) 通信系统

体育场应设有电话总交换机，同时必须为下列各处配置电话：比赛队更衣室、裁判员更衣室、比赛官员的房间、兴奋剂检测室、医务室、警务室、工作人员管理处、播音室、急救室、贵宾室、管理办公室、售票处、位于替补席之间的比赛控制区。

这些电话内线必须联通，并要在各处提供一份各分机号的电话簿。体育场的所有分区应安装大量提供公众使用的电话设备。要为比赛组织者、体育场管理人员、警察、保安、医生和消防部门配置无线电话。

2) 扩音系统

体育场的扩音系统必须保证体育场内外有完美的收听效果。该系统除了保证对体育场各区的语言广播之外，还应能播放音乐和其他形式的文艺节目。警察指挥室应有切断公众播音的控制装置。扩音系统应有备用的电力供应系统，以确保在电力出现问题时播音不会被中断；播音室应与警察指挥室紧邻，并有综观体育场的视野。

3) 监视系统

在体育场内外应安装对公众进行监视的电视摄像机，摄像镜头应被固定于适宜处，可以摇动和倾斜。此外，还需有手持摄像机，以确保对体育场所有通道和场地内外公众区域的监视。

电视监视系统应有单独的供电来源和专用电梯，由警察指挥室控制、操纵，该处的电视屏幕可获取场内外监视区域的固定画面。

4) 电子记分牌或电视大屏幕

电子记分牌或电视屏幕应能为观众提供有关保安方面的信息。电子记分牌的控制室与警察指挥室紧邻,有对整个体育场的观察视野。也许对观众来说最迅速有效的联系方式就是电子记分牌,它是吸引观众的有效工具。

5) 警察指挥室

体育场必须拥有警察指挥室,该处可综观整个体育场,并配置公众扩音设备和电视监控屏幕。

警察指挥官在必要时可以有使用公众播音系统的权利。警察部门对罪犯的拘留、扣押和控告等管理权限在不同国家和城市有所不同,因此,体育场的设计人员应与当地政府及警务部门协商是否有必要设置警察集合室、看守男女罪犯的监禁室等问题。

6. 体育场辅助设施

1) 停车区

(1) 警察、消防、紧急服务机构和残疾观众停车区。

体育场内或毗邻处必须为警车、消防车、救护车、提供紧急服务的车辆和残疾观众的交通车提供停车区,它的位置必须能保证出入体育场的车辆便捷畅通,并要与公众使用的通道隔开。

(2) 比赛队、裁判员和管理人员停车区。

提供的停车区至少可停放 2 辆大客车,10 辆小轿车。位于体育场内的停车区应紧邻更衣室,并要与公众隔开。保证队员和比赛官员下车后在不与公众接触下直接进入更衣室。

(3) 贵宾停车区。

应为贵宾所用的大客车和小轿车提供足够的车位,最好能设在体育场内、临近贵宾区入口处,且与公众停车区分开。

(4) 新闻报道人员停车区。

在新闻报道人员工作区附近,为众多的大型电视转播车和广播服务机构的工作车提供专门的停车区域,并与公众停车区分开。

(5) 体育场工作人员停车区。

应为体育场工作人员(如安保人员、管理人员等)提供足够的停车空间。

(6) 公众停车场。

最好所有的公众停车区都能为观众提供通向体育场的直接入口,确保停车区不被无关人员擅自闯入。体育场附近的停车区应与各分区对应,确保停车区出入通道的行车迅捷通畅,行驶路面平整,并提供直接进入快车道的路线。

2) 直升机场

在体育场附近应有足够大的开阔区域,作为直升机的着陆点。

3) 公众急救室

每座体育场都应设有急救室或专为公众提供医疗服务的房间。急救室

的数量、大小与位置等问题应与当地卫生主管部门协商解决。按常规,急救室应当具备以下条件:

(1) 处于观众和急救车出入都非常方便的位置;
(2) 房门或通道的宽度应保证担架和轮椅可以通过;
(3) 拥有明亮的照明设备、良好的通风条件、暖气、电源插座、冷热水、饮用水、男女卫生间;
(4) 墙面与地板平整且易于清洁;
(5) 有担架、毛毯、枕头和急救品的储藏空间;
(6) 可进行内外联络的电话;
(7) 在体育场内外有清晰的导向路标。

4) 售票点

按照惯例,应在体育场附近地区设置足够数量的售票点。

5) 消防设备

体育场内的消防设备和常规的火情报警系统应由当地的消防部门验收通过,必须达到安全标准。

6) 路标和球票的导向图

在体育场附近、场地内外应竖立清楚易懂的路标,以此明示到达不同分区的路径。球票应明确告知座位的所在地,球票上所提供的信息应与体育场内外路标上的信息保持一致。球票的颜色同样可提供入场信息,检票后所留的票根应能向观众提供场内的有关信息。大型的导向图示可为不懂当地语言的观众提供明确的指导。为满足来访观众的需求,在场外周围、每个分区都应设有问讯处。

思 考 题

1. 简述对足球裁判员的基本要求。
2. 简述裁判员的选位要求。
3. 简述助理裁判员的选位要求。
4. 简述裁判员与助理裁判员在越位判罚上的配合。
5. 简述现代足球场的一般标准。
6. 现代足球场有哪些基本设施?
7. 夜间比赛时,比赛场地照明的光照度应达到多少?
8. 对足球场的位置和方向有何要求?
9. 现代足球场对残疾观众区有何要求?

第十一章

足球竞赛规则

现代足球运动诞生时《足球竞赛规则》只有14条,随着足球运动的不断发展,国际足球理事会也在不断对其进行修订和补充。自《足球竞赛规则》最主要的一次增补、修订至今,国际足球理事会在过去的几十年内,多次对规则做了具有特殊意义的修订和补充。所有这一切,不仅是为了帮助在比赛场上执法的裁判员准确地执行规则,顺利地完成裁判任务,也是为了足球大家庭成员简化对《足球竞赛规则》的理解和认识。

足球比赛是严格按照《足球竞赛规则》进行的。所以,规则的改变在很大限度上决定足球技战术的发展方向。《足球竞赛规则》不仅是足球裁判员,也是教练员、运动员必备的学习、训练用书。只有认真地学习和理解规则,才能有效地促进训练和比赛水平的提高。

竞赛规则注解:在不违背规则的前提下,经国家协会同意,可以对规则某些条款做适当修改,以适应16岁以下比赛的运动员、女子足球运动员和35岁以上年龄及伤残人士参与的比赛。允许对以下各项做任意修改:球场的大小;比赛球的大小、质量及材料制成;两门柱间宽度及地面到球门横梁的高度;比赛时间;替补队员人数。对于裁判员、助理裁判员、运动员和官员来讲,男子足球的竞赛规则同样适用于女子比赛。

第一节 主要内容介绍

一、比赛场地、球、队员人数、队员装备

(一)比赛场地

1. 场地

1)一般比赛场地

一般比赛场地必须是长方形,边线的长度必须长于球门线的长度。

长度(边线):最短90米,最长120米。

宽度(球门线):最短 45 米,最长 90 米。

2)国际比赛场地

长度(边线):最短 100 米,最长 110 米。

宽度(球门线):最短 64 米,最长 75 米。

世界杯决赛阶段比赛场地为长 105 米,宽 68 米。

3)草坪

根据竞赛规程规定,比赛可以在天然或人造草坪上进行。人造草坪的颜色必须是绿色。

在代表国际足联所属国家协会球队或国际俱乐部之间比赛使用的人造草坪,质量必须符合国际足联的相关要求。经国际足联特许批准使用的人造草坪除外。

4)地面

球场地面必须平坦,硬度合适,以不伤害运动员和不影响球的正常运行为原则。

2. 场地标记

(1)比赛场地必须是长方形,并且用线来标明。这些线作为场内各个区域的边界线应包含在各个区域之内。所有线的宽度必须一致,不能超过 12 厘米。球场各线颜色须清晰,与地面平齐,不得作成 V 形凹槽或高出地面的凸线。

(2)两条较长的边界线称为边线,两条较短的边界线称为球门线。

(3)比赛场地被中线划分为两个半场,该中线与两条边线的中间相连。

(4)在场地中线的中点处做一个中心标记,即开球点。以距中心标记 9.15 米(10 码)为半径画一个圆圈,即中圈。

(5)在比赛场地外,距角球弧 9.15 米且垂直于球门线和边线处做标记,以保证在踢角球时,守方队员在那个区域能遵守规定的距离。

(6)从距每个球门柱内侧 5.5 米处,画两条垂直于球门线的线。这些线伸向比赛场地内 5.5 米,与一条平行于球门线的线相连接。由这些线和球门线组成的区域范围是球门区。

(7)从距每个球门柱内侧 16.5 米处,画两条垂直于球门线的线。这些线伸向比赛场地内 16.5 米,与一条平行于球门线的线相连接。由这些线和球门线组成的区域范围是罚球区。每个罚球区内与球门柱之间等距离的中点 11 米(12 码)处设置一个标记点,即罚球点。在罚球区外,以距每个罚球点 9.15 米为半径画一段弧,即罚球弧。

(8)在比赛场地内,以距每个角旗杆 1 米为半径画一个四分之一圆,即角球弧。

3. 球门

(1) 在两个球门线的中央,必须放置一个球门。两门柱之间的距离是7.32米,从横梁的下沿至地面的距离是2.44米。

(2) 球门柱和横梁必须用木材、金属或其他被批准的材料制成;其形状可以是正方形、长方形、圆形或椭圆形;其宽度和厚度应与球门线相同,且不超过12厘米。颜色必须是白色的。

(3) 球门网可以系在球门及球门后面的地上,并要适当地撑起以不影响守门员活动范围。

(4) 球门必须牢固地固定在地上,符合这个要求才可以使用移动球门。

(二) 球

(1) 球应为圆形;用皮革或其他适当的材料制成;圆周不长于70厘米,不短于68厘米;质量在比赛开始时不多于450克,不少于410克;压力在海平面上等于0.6～1.1个大气压(600～1100克/平方厘米,8.5～15.6磅/平方英寸)。

(2) 在国际足联和洲际联合会主办的正式比赛中,允许使用的球应具有下列三种标志之一:

① 正式的"国际足联批准"标志;

② 正式的"国际足联监制"标志;

③ "国际比赛球标准"标志。

(三) 队员人数

(1) 一场比赛应有两个队参加,每队上场队员不得多于11名,其中必须有一名守门员。任何一队少于7人,则比赛不能开始。

(2) 在由国际足联、洲际联合会或国家协会主办的正式比赛中,每场比赛最多可以使用3名替补队员。

(3) 其他所有比赛,只要符合下列条件即可增加替补队员数量:

① 双方关于替补人数达成一致意见;

② 比赛前通知裁判员。

如果赛前没有通知裁判员,或双方未达成一致意见,替补队员不能超过6名。

(4) 任何场上队员都可以与守门员互换位置,并规定:

① 互换位置前通知裁判员;

② 在比赛停止时互换位置。

(四) 队员装备

(1) 队员不得使用可能危及自己及其他队员的装备或任何物件,不得佩

戴任何形式的饰物。

（2）队员必需的基本装备是：

① 有袖子的运动上衣（如果穿内衣，其袖子的颜色应与运动上衣袖子的主色相同）；

② 短裤（如果穿内裤，必须与短裤的主色同一颜色）；

③ 护袜；

④ 护腿板；

⑤ 足球鞋。

（3）服装颜色要求：

① 两个队着装颜色必须有别于对方和裁判员及助理裁判员的着装颜色；

② 每名守门员的服装颜色必须有别于其他队员、裁判员和助理裁判员的着装颜色。

二、裁判员、助理裁判员

（一）裁判员

1. 裁判员的权力

每场比赛由一名裁判员控制，他具有全部权力去执行与比赛有关的竞赛规则。

2. 裁判员的职责

（1）执行竞赛规则。

（2）与助理裁判及当有第四官员时，和他们一起控制比赛。

（3）确保任何比赛用球符合规则要求。

（4）确保队员装备符合规则要求。

（5）记录比赛时间和比赛成绩。

（6）因违反规则停止、推迟或终止比赛。

（7）因外界干扰停止、推迟或终止比赛。

（8）如果他认为队员受伤严重，则停止比赛，并确保将其移出比赛场地；受伤队员只有在比赛重新开始后才能重返比赛场地。

（9）如果他认为队员只受轻伤，则允许比赛继续进行直到成死球。

（10）确保队员因受伤流血时离开比赛场地。该队员经护理后流血停止，在得到裁判员信号后方可重回比赛场地。

（11）当一个队被犯规而根据"有利"条款能获利时，则允许比赛继续进行。如果预期的"有利"在那一时刻没有接着发生，则判罚最初的犯规。

(12) 当队员同时出现一种以上的犯规时,则对较严重的犯规进行处罚。

(13) 裁判员不必立即向可以被警告和罚令出场的队员进行处罚,但当比赛成死球时必须这样做。

(14) 向对自己行为不负责任的球队官员进行处罚,并可酌情将其驱逐出比赛场地及其周围地区。

(15) 对于自己未看到的情况,可根据助理裁判员的意见进行判罚。

(16) 确保未经批准的人员不得进入比赛场地。

(17) 比赛停止后重新开始比赛。

(18) 将在赛前、赛中或赛后向队员和球队官员进行的纪律处罚,以及其他事件的情况用比赛报告提交有关部门。

3. 裁判员的决定

裁判员根据与比赛相关的事实所作出的决定,包括是否进球和比赛的结果是最终的决定。

只有在比赛未重新开始或终止前,裁判员可以根据自己的判断,或助理裁判员或第四官员的意见而改变确实不正确的决定。

(二) 助理裁判员

1. 助理裁判员的职责

每场比赛应委派两名助理裁判员,他们的职责(由裁判员决定)应为示意:

(1) 当球的整体越出比赛场地时;

(2) 应由哪一队踢角球、球门球或掷界外球时;

(3) 可以判罚处于越位位置的队员时;

(4) 当要求替换队员时;

(5) 当发生裁判员视线外的不正当行为或任何其他事件时;

(6) 无论何时,当犯规发生时助理裁判员比裁判员观察角度更好(特别是这种犯规情况发生在罚球区内);

(7) 当踢罚球点球时,在球被踢之前守门员是否向前移动,以及球踢出后是否进门。

2. 助理裁判员的协助

助理裁判员还应依据竞赛规则协助裁判员控制比赛。在特殊情况下,助理裁判员可以进入场地协助裁判员控制好 9.15 米的距离。

助理裁判员如有过分干预比赛或不合适的表现时,裁判员可解除其职责并将报告提交有关部门。

三、比赛时间、比赛开始或重新比赛、比赛进行及死球、计胜方法

（一）比赛时间

1. 比赛时间

比赛分为两个半场，每半场45分钟。特殊情况经裁判员和双方同意另定除外。任何改变比赛时间的协议（如因光线不足每半场减少到40分钟）必须在比赛开始之前制定，并要符合竞赛规程。

2. 中场休息

（1）队员有中场休息的权利。

（2）中场休息不得超过15分钟。

（3）竞赛规程必须阐明中场休息的时间。

（4）只有经裁判员同意方可改变中场休息时间。

3. 允许补充的时间

在每半场比赛中损失的所有时间应根据裁判员的判断被扣除，具体如下：

（1）替换队员；

（2）对队员伤势的估计；

（3）将受伤队员移出比赛场地进行治疗；

（4）拖延时间；

（5）任何其他原因。

4. 中止的比赛

除竞赛规程另有规定外，中止的比赛应重新进行。

（二）比赛开始或重新比赛

1. 预备

（1）通过掷币，猜中的队决定上半场比赛的进攻方向。

（2）另一队开球开始比赛。

（3）猜中的队在下半场开球开始比赛。

（4）下半场比赛两队交换比赛场地。

2. 开球

开球可以直接射门得分。开球是比赛开始和重新开始的一种方式：

（1）在比赛开始时；

（2）在进球得分后；

（3）在下半场比赛开始时；

（4）在决胜期两个半场开始时。

3. 坠球

坠球是在比赛进行中因竞赛规则未提到的原因而需要暂停比赛之后，重新开始比赛的一种方法。

1）程序

（1）裁判员在比赛停止时球所在的地点坠球。

（2）当球触地比赛即为重新开始。

2）重新坠球

（1）如果球在接触地面前被队员触及。

（2）如果球在接触地面前未经队员触及而离开比赛场地。

（三）比赛进行及死球

1. 比赛成死球

在下列情况下比赛成死球：

（1）当球不论从地面或空中全部越过球门线或边线时；

（2）当比赛已被裁判员停止时。

2. 比赛进行

其他所有时间均为比赛进行中，包括以下两种情况：

（1）球从球门柱、横梁或角旗杆弹回场内；

（2）球从比赛场地上的裁判员或助理裁判员身上弹回场内。

（四）计胜方法

1. 进球得分

当球的整体从球门柱间及横梁下越过球门线，而此前攻进球的队未违反竞赛规则，即为进球得分。

2. 获胜的队

在比赛中进球数较多的队为胜者。如果两队进球数相等或均未进球，则比赛为平局。

3. 竞赛规程

当竞赛规程要求一场比赛或主客场两回合比赛成平局需要决出胜者时，只能遵循下列经国际足球理事会批准的程序：

（1）客场进球规则；

（2）决胜期；

（3）踢罚球点球。

四、越位、犯规和不正当行为

（一）越位

1. 越位位置

队员处于越位位置本身并不是犯规。

1）队员处于越位位置

队员较球和最后第二名对方队员更接近于对方球门线（头、躯干和脚的任何部分比球和最后第二名对方队员更接近于对方球门线，手臂不包含在内）。

2）队员不处于越位位置

（1）队员在本方半场内。

（2）队员齐平于最后第二名对方队员。

（3）队员齐平于最后两名对方队员。

2. 犯规

处于越位位置的队员，在同队队员踢或触及球的一瞬间，裁判员认为其就下列情况而言"卷入"了现实比赛中时才被判为越位犯规。

（1）干扰比赛（参与传递或触到队友传来或触到的球）。

（2）干扰对方队员（通过明显的阻挡对方视线，或移动或做出裁判员认为有可能欺骗及干扰对方队员的姿势或移动，以达到阻止对方争抢球或可能争抢球）。

（3）利用越位位置获得利益（在越位位置接到从球门横梁或立柱反弹回来的球，或在越位位置接到从对方队员身上反弹回来的球）。

3. 没有犯规

如果队员直接从下列情况下接到球，则没有越位犯规：

（1）球门球；

（2）掷界外球；

（3）角球。

4. 违规/判罚

对于任何越位犯规，裁判员应判给对方在犯规发生地点踢间接任意球。

（二）犯规和不正当行为

1. 直接任意球

（1）裁判员认为，如果队员草率地、鲁莽地或使用过分的力量违反下列7种犯规中的任何一种，将判给对方踢直接任意球：

① 踢或企图踢对方队员；

②绊摔或企图绊摔对方队员；
③跳向对方队员；
④冲撞对方队员；
⑤打或企图打对方队员；
⑥推对方队员；
⑦拦截对方队员。
(2)如果队员违反下列3种犯规中的任何一种,也判给对方踢直接任意球：
①拉扯对方队员；
②向对方队员吐唾沫；
③故意手球(不包括守门员在本方罚球区内)。
(3)"草率地"、"鲁莽地"和"使用过分的力量"的含义。
"草率地"表示队员在争抢时没有什么预防措施,缺少注意力或考虑。如果认定为"草率地"行为,不必给予纪律处罚。
"鲁莽地"表示队员的行为完全不顾及对方的危险,或者因他的行为所带来的危险性结果。如果队员以这种态度对待比赛,应该被警告。
"使用过分的力量"表示队员使用完全不需要的、过分的力量进行争抢或比赛,并且使对方有伤害危险。队员如果有使用过分的力量,则应被罚出比赛场地。
(4)违规/判罚。
在犯规发生地点踢直接任意球。在比赛进行中无论球在什么位置,如果队员在本方罚球区内违反了上述10种犯规中的任何一种,应被判罚球点球。

2．间接任意球

(1)如果守门员在本方罚球区内违反下列4种犯规中的任何一种,将判给对方踢间接任意球：
①用手控制球后在发出球之前持球超过6秒；
②在发出球之后未经其他队员触及,再次用手触球；
③用手触及同队队员故意踢给他的球；
④用手触及同队队员直接掷入的界外球。
(2)裁判员认为,队员在出现下列情况时,也将判给对方踢间接任意球：
①动作具有危险性；
②阻挡对方队员；
③阻挡对方守门员从其手中发球；
④规则未提及的任何其他犯规,而停止比赛被警告或罚令出场。

（3）违规/判罚。

在犯规发生地点踢间接任意球。

3. 可警告的犯规

如果队员违反下列 7 种犯规中的任何一种，将被警告并出示黄牌：

（1）犯有非体育道德行为；

（2）以语言或行动表示异议；

（3）持续违反规则；

（4）延误比赛重新开始；

（5）以角球、任意球或掷界外球重新开始比赛时，不退出规定的距离；

（6）未得到裁判员许可进入或重新进入比赛场地；

（7）未得到裁判员许可故意离开比赛场地。

4. 罚令出场的犯规

（1）如果队员违反下列 7 种犯规中的任何一种，将被罚令出场并出示红牌：

① 严重犯规；

② 暴力行为；

③ 向对方或其他任何人吐唾沫；

④ 用故意手球破坏对方的进球或明显的进球得分机会（不包括守门员在本方罚球区内）；

⑤ 用可判为任意球或罚球点球的犯规破坏对方向本方球门移动着的明显的进球得分机会；

⑥ 使用有攻击性的、侮辱的或辱骂性的语言或动作；

⑦ 在同一场比赛中得到第二次警告。

（2）纪律制裁：

① 只有对场上人员、替补队员或是被替换下场的队员，才能出示红黄牌；

② 被罚令出场的队员必须立即离开比赛场地附近和技术区域内。

五、任意球、罚球点球、掷界外球、球门球、角球

（一）任意球

1. 任意球的种类

任意球分为直接任意球和间接任意球两种。无论是直接任意球还是间接任意球，踢球时必须将球放定，踢球队员在球未经其他队员触及前，不得再次触球。

2．直接任意球

（1）如果直接任意球直接踢入对方球门，判为得分。

（2）如果直接任意球直接踢入本方球门，判给对方踢角球。

3．间接任意球

1）信号

当裁判员判间接任意球时，应单臂上举过头，并保持这种姿势直到球踢出后被其他队员触及或成死球为止。

2）球进门

只有当球进门前触及另一名队员才可得分。

（1）如果间接任意球直接踢入对方球门，判为球门球。

（2）如果间接任意球直接踢入本方球门，判给对方踢角球。

4．任意球的位置

1）在罚球区内的任意球

（1）属于守方的直接或间接任意球。

① 所有对方队员距球至少9.15米（10码）。

② 所有对方队员应站在罚球区外直到比赛进行。

③ 当球被直接踢出罚球区比赛即为进行。

④ 可以在球门区内任何一点踢任意球。

（2）属于攻方的间接任意球。

① 所有对方队员距球至少9.15米（10码）直到比赛进行，除非他们已站在本方球门柱之间的球门线上。

② 当球被踢并移动时比赛即为进行。

③ 在对方球门区内踢间接任意球时，应在距犯规发生地点最近的、与球门线平行的球门区线上执行。

2）在罚球区外的任意球

（1）所有对方队员距球至少9.15米（10码）直到比赛进行。

（2）当球被踢并移动时比赛即为进行。

（3）在犯规发生地点踢任意球。

5．违规/判罚

（1）当踢任意球时，对方队员比规定距离更接近于球，应判重踢。

（2）当守方在本方罚球区内踢任意球时，球未被直接踢出罚球区，应判重踢。

（二）罚球点球

在比赛进行中，一个队在本方罚球区内由于违反了可判为直接任意球

的10种犯规之一而被判罚的任意球,应执行罚球点球。

罚球点球可以直接进球得分。

在每半场比赛或决胜期上、下半场结束时,应允许延长时间执行完罚球点球。

1. 球和队员的位置

（1）球：放定在罚球点上。

（2）主罚球点球的队员：确认由其主罚。

（3）防守方守门员：停留在本方球门柱间的球门线上,面对主罚队员,直至球被踢出。

（4）除主罚队员外的队员应处于：

① 比赛场地内；

② 罚球区外；

③ 罚球点后；

④ 距罚球点至少9.15米（10码）。

2. 程序

（1）根据本规则,在主罚队员选择罚球点位置后,裁判员给出踢罚球点球信号。

（2）主罚队员向前踢出球点球。

（3）在其他队员触球前主罚队员不得再次触球。

（4）当球被踢并向前移动时比赛即为进行。

3. 比赛进行

在比赛进行当中,以及在上半场或全部比赛结束而延长时间执行或重新执行罚球点球时,如果球在越过球门柱间和横梁下之前遇到下列情况,应判定得分。

（1）该球触及任何一个或连续触及两个球门柱、横梁、守门员。

（2）由裁判员决定罚球点球结束时间。

4. 违规/判罚

（1）如果裁判员发出执行罚球点球信号后,球进入比赛之前发生下列情况：

① 主罚队员在罚球点球时违反竞赛规则：

a. 裁判员允许踢出该球点球；

b. 如果球进入球门,应重踢；

c. 如果球未进入球门,裁判员应停止比赛,由守方在违规地点踢间接任意球重新开始比赛。

② 守门员违反竞赛规则：
a. 裁判员允许踢出该球点球；
b. 如果球进入球门，得分有效；
c. 如果球未进入球门，应重踢。
③ 主罚队员的同队队员违反竞赛规则：
a. 裁判员允许踢出该球点球；
b. 如果球进入球门，应重踢；
c. 如果球未进入球门，裁判员应停止比赛，由守方在违规地点踢间接任意球重新开始比赛。
④ 守门员的同队队员违反竞赛规则：
a. 裁判员允许踢出该球点球；
b. 如果球进入球门，得分有效；
c. 如果球未进入球门，应重踢。
⑤ 攻守双方队员都违反竞赛规则：应重踢。
(2) 如果球点球踢出之后，发生下列情况：
① 主罚队员在其他队员触球前再次触球（用手除外）：由对方在犯规发生地点踢间接任意球。
② 主罚队员在其他队员触球前故意用手触球：由对方在犯规发生地点踢直接任意球。
③ 球被外来因素触及而影响了其向前移动：应重踢。
④ 球从守门员、横梁或球门柱弹回比赛场地内，接着被外来因素触及：
a. 裁判员停止比赛；
b. 在被外来因素触及的地点坠球重新开始比赛。如果球在球门区内触及外来因素情况除外，遇到这种情况，裁判员应在与球门线平行的球门区线上，在比赛停止时距球最近的位置坠球。

(三) 掷界外球

掷界外球是重新开始比赛的一种方法。掷界外球不能直接进球得分。

1. 判为掷界外球
(1) 球的整体不论从地面或空中越过边线。
(2) 从球越出边线处掷界外球。
(3) 判给最后触球队员的对方。

2. 程序
(1) 在掷出球的一瞬间，掷球者应：
① 面向比赛场地；

② 任何一只脚的部分站在边线上或站在边线外的地上；
③ 使用双手；
④ 将球从头后经头上掷出。
（2）所有队员距离掷球者所在地点不能近于2米。
（3）当球进入比赛场地，比赛即开始。
（4）将球掷出以后，掷球队员在其他队员触球前不得再次触球。

（四）球门球

球门球是重新开始比赛的一种方法。球门球可以直接射入对方球门而得分。

1．判为球门球

当球的整体不论从地面或空中越过球门线，而最后触球者为攻方队员，且根据规则不是进球得分时应判为球门球。

2．程序

（1）由防守方从球门区内的任何一点踢球。
（2）对方应在罚球区外直至比赛进行。
（3）踢球队员在其他队员触球前不得再次触球。
（4）当球被直接踢出罚球区，比赛即为进行。

（五）角球

角球是重新开始比赛的一种方法。

1．判为角球

当球的整体不论在地面或空中越过球门线，而最后触球者为守方队员，且根据规则不是进球得分时应判为角球。角球可以直接射入对方球门而得分。

2．程序

（1）必须将球放在离球出界处最近的角旗杆的角球弧内。
（2）决不允许移动角旗杆。
（3）对方应在距球至少9.15米（10码）以外，直至比赛进行。
（4）必须由攻方队员踢球。
（5）当球被踢并移动时比赛即为进行。
（6）踢球队员在其他队员触球前不允许再次触球。

六、第四官员、踢球点球决胜

（一）第四官员

第四官员由竞赛规程指派，同时在其他三名比赛裁判中的任何一名不能担任执法工作时上场替补。

（1）比赛开始前，组委会一定要明确在裁判员不能继续担任临场工作的情况下，应由第四官员担任比赛的裁判员，还是由第一助理裁判员担任裁判员，而第四官员担任助理裁判员。

（2）根据裁判员的要求，负责赛前、赛中和赛后的赛场管理。

（3）负责比赛中的换人。

（4）负责检查替补队员入场前的装备。如果发现上场的替补队员装备不符合竞赛规则的要求，应告知裁判员。

（5）负责比赛换球。如果比赛中需要更换比赛球，则必须征得裁判员的同意并且第四官员提供方可使用备用球，从而使比赛停顿时间减至最少。

（6）根据规则，第四官员协助裁判员控制比赛。

（7）比赛结束后，第四官员应向有关负责机构提交有关裁判员和助理裁判员没有看到的任何不正当行为，或其他事故报告。第四官员必须将所写报告内容通报裁判员和助理裁判员。

（8）第四官员有权将技术区域内任何人的不负责任的行为通知裁判员。

（9）第四官员应在整场比赛中全力协助裁判员进行工作。

（二）罚球点球决胜

（1）罚球点球决胜不是比赛的一部分。

（2）罚球点球的区域，只有在球门或球场表面不能正常使用时才可以变换地点。

（3）在所有合法的队员罚球点球后，接下来的顺序不必按第一轮的顺序排列。

（4）每个队负责挑选、安排在比赛的最后阶段场上的合法队员罚球点球。

（5）不是守门员的队员在罚球点球过程中受伤后不能替换。

（6）如果一名守门员在罚球点球过程中被罚出场，必须由一名场上队员替其完成余下的比赛。

（7）在罚球点球过程中，队员、替补队员或被替换下场的队员都可以被警告或罚出场。

（8）在罚球点球过程中，如果一个队不足7人，裁判员不必终止比赛。

（9）在罚球点球过程中，如果一名队员受伤或被罚出场使他的队比对方队少一人，裁判不必让多出一名队员的队减去一人。两个队人数要求相同仅仅是在罚球点球决胜之前。

第二节 如何理解裁判员的判罚尺度

一、如何运用规则控制比赛

要准确地把握"规则精神"、保证比赛在公平合理的主客观条件下进行,尽可能地保护运动员的身体健康,最大限度地防止和处理运动伤害。

1. 掌握判罚的"有利原则"

在足球比赛中,有时会出现对犯规队员的判罚反而使他们获得利益的现象,所以规则中就有了"避免作出裁判员认为反而使犯规队有利的判罚"这样的条款,要求裁判员在这时要做到,主观和客观上都体现公正的判罚。

2. 保护双方队员

这主要说的是:裁判员对场上运动员所做的动作必须有一个准确的判断,判断的前提是对双方运动员的身体健康是否有伤害,如果有就判罚。

3. 保证比赛进程

这主要说的是:裁判员判罚的适度性,就是要求裁判员根据场上的形势灵活运用规则,不该判的不判、不该罚的不罚、该快判的快判,从而使比赛的进程符合运动员和观众的情绪。

二、如何根据球员的心理控制场上气氛

1. 双方心态平和时

这时候裁判员应该把握这样的尺度:在保证比赛正常进行的前提下,鼓励双方运动员充分发挥自己的技战术水平,对一般性、无意、轻力量、不会造成伤害的动作不予判罚,即比较宽松的尺度。

2. 双方心态失衡时

显而易见,这时候裁判员应该把握严格的尺度:对出现的犯规动作一律判罚,并对有伤害可能的动作从重判罚。注意不给双方队员火上浇油,而是洒水降温、喷泡沫灭火,保证比赛的顺利进行。

3. 一方心态失衡时

在强队久攻不下、成胶着状态,双方同一水平,某一方落后等情况下,一方心态失衡时,裁判员应把握这样的尺度:对心态失衡的一方稍松一些,而对另一方则严一些,尤其是对另一方拖延时间的行为要严格判罚。

三、如何准确识别队员的动作

1. 根据球的位置

防守队员的动作目标是否是球、防守队员能否接触到球、防守队员抢球过程中能否先接触到球；进攻队员是否控制球、是否为了保护球等。

2. 根据队员的动作

动作的指向是球还是人、是勇敢动作还是野蛮动作、动作力度正常还是过量、被接触队员的身体平衡能否保持、动作是否有可能伤及对方等。

3. 根据球的去向

经过接触后球向什么方向运行、接触前球在什么位置（指球与身体的关系）、可能用什么部位接触球并使球向什么方向运动等。

4. 根据队员的身体语言

队员控制球（或抢球）前的身体表现：疯狂与积极、猛烈与快速、恶意与善意、不顾后果与留有余地等。

除上述外，主要还是通过多看比赛，多吹比赛，多分析比赛，并且多进行足球技战术的实践来提高识别能力。

思 考 题

1. 裁判员与助理裁判员如何跑动与选位？
2. 简述裁判员与助理裁判员在比赛中的配合。
3. 裁判员的哨声、手势及助理裁判员的旗势有哪些？
4. 如何才能准确判罚犯规？
5. 简述任意球。
6. 简述越位。
7. 简述红黄牌的使用。
8. 简述有利条款的运用。
9. 如何才能预防和制止比赛中严重的犯规？
10. 第四官员的职责有哪些？
11. 裁判员赛前、赛中、赛后的主要工作有哪些？

第十二章
室内 5 人制足球

第一节 室内 5 人制足球运动历史起源

5 人制足球历史可追溯至 1940 年,发源地有二:巴西圣保罗和乌拉圭蒙特维多。当时基督教青年会 YMCA 为年轻人发明了一种每队 5 人的足球比赛。这种比赛在篮球场大小的场地上进行,既能在室外又可在室内进行,但没有边墙。在西班牙语和葡萄牙语中,"足球"拼为"FUTbol"和"FUTebol",而"室内"在这两种语言里分别拼为"SALao"和"SALa",合起来就是"Futsal"。

在巴西,室内 5 人制足球第一次正式比赛在 1955 年,而到 1959 年规则才统一起来并由巴西体协在全国颁布。5 人制足球在南美尤其是巴西得到了迅猛发展。11 人制足球比赛中闻名世界的巴西风格就是在 5 人制足球运动中培养出来的。贝利、济科、苏格拉底、贝贝托、罗纳尔多、罗纳尔迪尼奥、德尼尔森,还有其他巴西超级球星的技术都是在 5 人制足球运动中锤炼出来的。

现在尽管巴西还是世界 5 人制足球运动中心,但在国际足联的运作下,这项运动从南美、欧洲发展到北美、中美、加勒比地区,以及非洲、亚洲、大洋洲,真正走向了全世界。第一届 5 人制足球世界锦标赛在国际 5 人制足球协会(国际 5 人制足球协会 1989 年并入国际足联)运作下,于 1982 年在巴西圣保罗举行,巴西获得冠军。在西班牙举行的第二届 5 人制足球世锦赛上巴西蝉联冠军,但在澳大利亚举行的第三届 5 人制足球世锦赛上巴西输给了乌拉圭。国际足联在获得此项赛事主办权后,分别于 1989 年在西班牙和 1992 年在中国香港举行了第一、第二届 5 人制足球世锦赛,第三届由国际足联举办的世锦赛 1996 年在西班牙举行,巴西囊括了这三届赛事的冠军。尽管从 20 世纪 60 年代起,巴西就有了全国的锦标赛,但其职业联赛 10 年前才开始,目前有 14 支职业队。同时,巴西各州也有自己的职业联赛,参赛队有 6 到 20

支不等。

室内5人制足球运动诞生的原因：一是由于天气（如下雨和严寒），或场地（如城市建设造成运动空间减少、场地数量不足）因素，使室外足球开展受到一定限制，室内小场地5人制足球则越来越多受到人们青睐；二是在5人制足球运动中，人们有更多机会接触到球，不需要像11人制足球那样耗费体力。这些因素共同作用使得室内5人制足球运动能在世界范围内迅速普及开来。

第二节　5人制足球运动的特点与作用

一、接触球的机会多

5人制足球场地小、队员人数少，使每名参赛队员有更多的机会接触球。队员相互之间距离小，双方争夺更加激烈，攻守转换速度更快，技战术更灵活，所以脚尖踢球、脚底停球、快速的短传和低传配合及个人运控球技术运用得较多，对提高球员的实战能力大有好处。

二、射门多，比分高

5人制足球比赛中，每场比赛每队可以射门26次以上，进球一般比11人制足球高出一倍以上。射门的方式主要是传切突破射、个人带球突破射、边路传中包抄射、补射等。比赛不但争夺激烈，要求技术细致、动作快速，而且进球多。因此，既有良好的观赏性，又有利于培养队员的射门能力。

三、攻守转换的节奏快

由于比赛的场地小、人数少，双方队员相互之间的距离较近，防守时主要采用紧逼盯人断球反击战术，进攻队员运用突然起动、假动作等突破对方防守，攻守双方常处在短兵相接的拼抢状态，攻守转换次数多、频率快、强度大。这种快节奏的攻守战术灵活多变，对球员的速度耐力提出了很高的要求，所以场上队员必须保持充沛的体力。

四、实战能力要求较高，竞争性强

比赛中队员要面临各种各样的问题，对提高球员的比赛能力非常适宜。5人制足球比赛由于场地小，队员的密度大，防守时采用人盯人战术，能鼓励队员利用比赛场地的宽度和深度，拉开空当，通过横传实现向前传，通过向前传之后的回传或横传，使对手的位置错乱，获得射门的时间和空间，对磨炼、培养球员快速灵巧的技战术的运用能力、提高战术意识起到了很好的作用。

第三节　5人制足球与11人制足球的区别

一、控球时间

与11人制足球相比，在5人制足球中由于场地不大、人数较少，球员们有更多的机会接触到球，控球、运球、踢球等时间明显增多，这一点对青少年来说尤其重要。青少年一般很难长时间把注意力集中到某一个训练项目上，因此，只有让他们更多地接触到球，使其不感觉训练内容枯燥乏味，才能提高他们的训练热情，促进他们球技的增长。

二、技战术运用

由于场地较小、踢球空间受到一定限制，5人制足球就需要一些特别的小场地技术。在5人制足球比赛中我们很少看到11人制足球比赛里的长传冲吊和高空作业，取而代之的是短传和更多的两三人之间配合。在5人制足球比赛中，一对一突破及防守或撞墙式二过一的运用，要远远多于11人制球比赛。防守类型上，5人制足球防守基本上都采用人盯人式防守，类似11人制大场地上的区域防守运用较少（但5人制也有自己一套专门的区域防守体系）。防守人员上，5人制足球中所有的场上队员都要参与防守，防守中所有队员都必须位于球的后面、占据并控制球与本方球门之间的区域，即使前锋也不能例外，否则形成以少防多的局面，很容易造成不必要的失球，这一点也与11人制足球有所不同。

此外，5人制足球比赛中的技战术运用还有其他一些突出特点。

（1）进攻时必须保持全队进攻平衡。即全队在进攻中必须有1～2人处于对方最靠近本方球门的防守队员的后面（但不意味着必须在自己半场防守），防止对方反击。进攻阵形通常采用3-1（3个后卫、1个前锋）、2-2（2个后卫、2个前锋）和2-1-1（2个后卫、1个中场、1个前锋），全队要互相观察、保持默契。

（2）脚底接球。5人制足球比赛中因为空间较小，空中球处理起来难度较大，传接进攻一般以地面为主，空中为辅。有可能时尽量选择地滚球传球，相应地，接球更多采用脚底接球，以保持对地面球更牢固的控制。

（3）经常采用一些特殊技术。①脚尖捅射，因捅射隐蔽性较强，在距球门较近地方射门时守门员没有时间做出判断,在5人制足球中运用更多。②挑传,受场地空间所限,传空中球如果采用11人制足球的踢球方法,很容易将球踢出界外,所以5人制足球经常使用挑传技术。③其他,运用较多的技术还有有球或无球跑动中的突然变速、变向,前锋队员的护球等。

（4）守门员脚下技术要求高。在5人制足球比赛中,守门员的脚下技术格外重要,一些防守反击通常是由守门员发起的,而此时反击质量的高低由守门员脚法决定。由于场地比11人制足球的小,盯人、逼抢比11人制足球紧,场上以多打少时优势又很大,所以5人制足球中,场上队员回传球给守门员,甚至守门员出来参与进攻的情况经常出现。如果守门员脚下技术粗糙,将球接得离自己的控制范围较远而被对方球员得到,将会造成致命的失误。

三、足球基本规则上的区别

5人制与11人制足球的规则有很大不同,有一部分是参照篮球规则来实行的,其中包括:每个半场比赛(25分钟)内一支球队6次犯规后要被判罚第二球点球;换人和球出界不计入比赛时间;比赛中每支球队上、下半场各有一次暂停比赛的权利;比赛中不允许铲球;守门员不允许用脚或手持球超过4秒;守门员使球进入比赛状态后,球在未过半场前,不允许再次触球或控制球;界外球不用手掷而是以脚踢等。还有裁判法也有不同之处,主要包括:除非特殊情况,裁判员一般不在场内执法;第二裁判员也可鸣哨进行判罚。这些规则都是经过长期摸索和改进之后形成的,符合5人制足球自身的特点和规律,对5人制足球运动起着巨大的推动作用,是5人制足球运动中不可忽略的重要一环。

四、从5人制到11人制足球的过渡

在巴西等足球发达国家,从青少年到成年足球运动员的成长发展过程中,常常分为5人制和11人制足球两个阶段。在5人制足球阶段,主要针对球员在狭小空间内的技术与战术运用能力进行训练,不仅使球员的基本技术有充分的保障,而且还使部分球员的技术发展得较为精湛。另外,由于5人制足球对抗较为激烈,体能上也能够适应11人制足球在某些方面的要求。所以,年轻球员从5人制过渡到11人制时,需要做的只是处理好对大场地和一些新战术的适应问题。一旦适应成功,最初的5人制足球基础会对11人制足球有很大帮助。

第四节 室内5人制足球基本技战术

一、5人制足球攻防技术要点

（1）与守门员1对1。在与守门员1对1时，由于进攻队员的时间非常有限，因此要求进攻队员能在短时间内（2～3秒）迅速做出决策，选择在第一时间射门或运过守门员之后射门。

（2）1对1运过。5人制足球比赛中要多次运用1对1运过技术，特别在面对最后一名防守队员时，如能运过该名防守队员，就能直接面对对方守门员，给对方球门以致命的威胁，因此平时训练中必须经常练习此项技术。

（3）直线跑和斜线跑。直线跑多运用于反击时，此种跑动可牵扯对方防守队员，制造纵深；斜线跑则多运用于对方防线已经构筑好时，此时采用斜线跑可以横向拉开对方的防线，同时制造纵深。

（4）角球。角球战术的多样化可以迷惑对手，打乱对方的防守体系，从而射门得分。在决定实施某种角球战术配合前，已方队员必须互相暗示以形成默契。

（5）任意球。在5人制足球比赛中，任意球破门得分的例子不胜枚举，其进球比例也非常高。但由于现在所有的队伍都很注重对任意球的防守，因此，任意球直接射门得分的难度在逐渐增加。这就要求在平时的训练中罚任意球时的变化要多，配合必须简练实用，过于复杂的配合反而会给对方时间布防，增加进攻难度。

（6）脚尖捅射。脚尖捅射技术虽然在比赛中应用较少，但这是一种非常实用的技术，尤其是在距对方球门较近且没有足够的时间摆腿射门时，此项技术的优越性就能体现出来。因为距离球门较近、且摆腿幅度极小，所以守门员常常因为缺少足够的时间做出反应而被攻破球门。

（7）1对1射门（1对1面对对方防守队员时的射门）。在1对1面对对方防守队员没有很好射门角度时，就要求进攻队员能够运用假动作或突然向一侧变向的运球技术拉开空当，获得射门空间。

（8）防守队员看防下前锋的护球技术。在阵地进攻中，对方的防守阵形通常都已布防完毕，有时不得不在对方防守队员紧逼下背身控球，特别是前锋队员更容易被防守队员重点"照顾"、紧逼贴防，这就需要前锋队员在一时难以转身、出球的情况下，能够合理运用护球技术保护好球，等待队友跑位接应、配合支援。

（9）第一时间传球给前锋。防守反击成败最重要的因素之一就是时间，如果能趁对方防守队形尚未布置完成之前在较短时间内将球攻到对方半场,成功的概率就会大大提高。因此,无论守门员还是场上其他队员,在得到球后都应尽可能在第一时间内将球传给前锋队员。

(10) 变向跑。变向跑可以有效牵扯对方防守队员、制造空当,为拿球队员或其他选位、跑位的队友创造机会。做变向跑时,变向应突然,并且变向后要加快跑动速度,否则就会失去其作用。

(11) 罚任意球时没有人墙的打法。在本方半场离对方球门距离较远的位置获得任意球时,对方一般会回到其半场,不再上前排人墙封堵防守。这就需要重新开始组织,进行阵地进攻。

(12) 守门员双膝的位置。守门员在对方进攻时,双膝要微屈,降低身体重心以便迅速做出反应。

(13) 守门员手抛球。此项技术对守门员来说至关重要。在本方获得控球权,特别是发动反击之时,守门员手抛球质量的高低直接决定着本方的进攻质量。一次高质量的手抛球能为本队创造出极好的进球得分机会。因此,在日常训练中对守门员手抛球技术要格外重视。

(14) 守门员参与进攻。在比赛即将结束(一般在终场前30秒至两分钟)时,本方如仍落后,守门员应可以像其他场上队员一样参与进攻,制造以多打少的局面。当然,这样做的风险很大,如果本方进攻失误被对方反击,就极易造成失球。

(15) 守门员发动反击。在比赛中对方进攻未果,球被本方守门员控制时,守门员可以通过手抛球直接发动反击,也可以用脚直接传球给前锋队员,甚至可以直接抛踢球攻门。

(16) 向前锋长传和传高球。如果对方"关闭"中场或本方遇到其他一些情况,不便传地面球时,进攻队员就要考虑长传和传高球给前锋,这样就不用再通过被对手占据、封堵住的中场或地面通道来组织进攻,可以避开防守障碍,形成一些机会。但由于场地较小、人员相对密集,长传球和高球会给前锋接球造成一定困难,所以在一般情况下,能传地面球就尽量减少长传和传高球。

二、5人制足球基本进攻战术

(一) 2对2配合后射门

2对2配合后射门实用性很强,多采用踢墙式传切配合,在比赛中应用较多。

(二) 传球后跑动

传球后跑动能吸引对方盯防队员,制造出空当,给控球和接应队员留出

更开阔的空间。

（三）斜线跑（给前锋拉开空当）

在对方半场进行斜线跑，能横向拉开对方的防守阵形，制造宽度，使前锋有更大的空间来接、控球（见图12-1）。

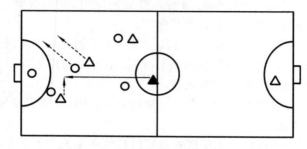

图 12-1　斜线跑（给前锋拉开空当）

（四）传球给前锋后斜线跑

将球传给前锋后再进行斜线跑可以有效地牵扯对方的防守，减轻前锋的压力。

（五）无球队员拉开空当

无球队员通过穿插、跑动来牵扯对方的防守，吸引防守队员，给有球队员创造机会。

（六）向传球的反方向跑动

向传球的反方向跑动既可应用于传球者身后有较大的空间时，以便于做回传反切配合，也可以只是吸引对方防守队员所做的跑动（见图12-2）。

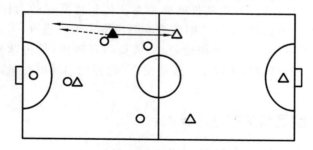

图 12-2　向传球的反方向跑动

（七）前锋打法

进攻时，前锋在对方半场通过跑位牵扯对方防守队员，给同伴创造机会，也可以自己接球、控球、传球、射门等。防守时，前锋必须回防，参与防守。

（八）在对方紧逼下组织进攻

在本方领先且比赛即将结束时，对方通常会进行紧逼防守，这就要求在被紧逼时，除了接应队员外其他进攻队员应拉开防守队员之间的距离，给控球队员创造空间。

1. 配合 1

如图 12-3 所示，守门员得球后将球传给拉到右边路的△2 号，△3 号同时迅速起动准备接应△2 号的传球，在△2 号将球传给 3 号后，△3 号一次触球，将球再传给前方跑位的△5 号队员，△5 号此时只面对一名防守队员，既可以选择突破射门，也可以等同伴上来以后做配合射门。

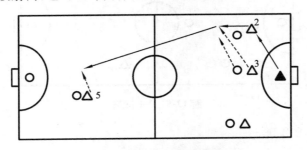

图 12-3　在对方紧逼下组织进攻（配合 1）

2. 配合 2

如图 12-4 所示，△5 号在对方球门线靠近角球区附近牵制对方一名防守队员，△4 号和△3 号位于和△5 号同一侧的边线附近，△2 号位于另一侧边线附近牵扯对方的防守队员。守门员获得控球权后立即传给△5 号，△5 号接球后再将球传给跑位上来的△4 号，由△4 号射门。

配合要求：△2 号、△3 号、△4 号在守门员传球给△5 号的同时迅速起动，跑位至空当寻找射门或配合的机会。

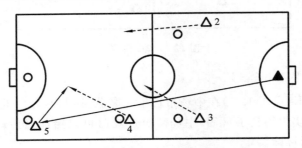

图 12-4　在对方紧逼下组织进攻（配合 2）

(九) 4 打 3

4 打 3 一般是在对方被罚下一人,本方占据人数上的优势时采用。此时应通过跑动使对方顾此失彼,从而制造出射门得分机会。

(十) 3-1 阵形

3-1 阵形(见图 12-5)是指三名后卫和一名前锋的人员配置,此阵形注重防守,但在进攻时后卫可以压上助攻。此阵形易于掌握,适合于训练时间较短的队伍使用。

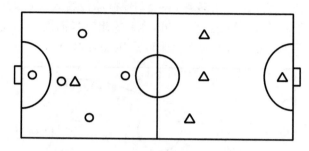

图 12-5　3-1 阵形

(十一) 2-2 阵形

2-2 阵形(见图 12-6)是由两名后卫和两名前锋构成,这种阵形攻守更加平衡,两名前锋通过穿插跑动和换位打乱对方的防守体系,为后面插上的队员射门得分创造机会。

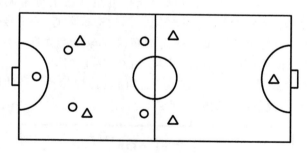

图 12-6　2-2 阵形

(十二) 2-1-1 阵形

2-1-1 阵形(见图 12-7)在中场布置了一名队员,与两名后卫形成三角站位,使中场的实力得到了巩固,中场队员进攻时可以给前锋传球,防守时又是中场的一道屏障。

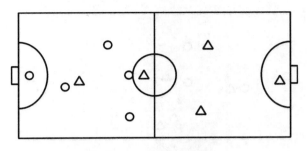

图 12-7　2-1-1 阵形

(十三) 4-0 阵形

4-0 阵形(见图 12-8)在前锋队员受伤、疲劳,或者没有能力较强的前锋队员时使用。4-0 阵形主要通过 4 名队员不断地换位来制造空当。

4-0 阵形的跑位方法,如图 12-8 所示:△4 号运球至中圈传球给△5 号后跑位至△3 号的位置,△3 号同时向△4 号原来的位置跑动。△5 号接球后运球至中圈传球给跑上来的△3 号,然后跑位至△2 号的位置,△2 号在△5 号跑位的同时跑向△5 号留下的空当,依次循环进行。

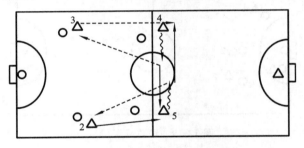

图 12-8　4-0 阵形

(十四) 5 打 4(守门员参与进攻)

5 打 4 的情况一般出现在一方比分落后且比赛即将结束时,比分落后一方的守门员通常需要投入到场上参与本方进攻,以便形成以多打少的局面。

(十五) 进攻平衡

进攻平衡是指在进攻时,全队必须始终保持 1～2 名进攻队员处于对方最靠近本方球门的防守队员的后面(但不意味着一定要在自己半场防守),防止对方反击。

1. 进攻平衡(1)

如图 12-9 所示,攻方的△2 号和△3 号在本方进攻时处于较控球队员稍靠后的位置,这样即使本方失去控球权,两名队员也能快速回防,以免对方由守转攻时迅速突破本方防线。

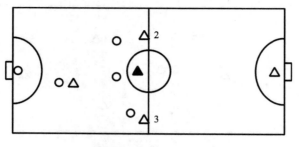

图 12-9　进攻平衡(1)

2. 进攻平衡(2)

如图 12-10 所示,攻方持球队员▲4 号突破至对方球门线附近,此时的△2 号和△3 号虽然也在参与进攻,但他们的位置相对靠后,处于一个攻防兼备的位置。即使▲4 号被对方抢断,△2 号和△3 号也能迅速回防,延缓对方的进攻节奏,并等待同伴回来支援。在这种情况下,攻方在对方禁区里的人数不能多于一人,否则,一旦失去控球权,场上局面就会对攻方非常不利。

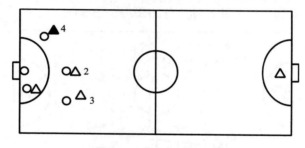

图 12-10　进攻平衡(2)

(十六) 1-3 阵形(自杀性进攻)

1-3 阵形指进攻时只有 1 名防守队员防守,另外 3 名队员在对方禁区内参与进攻,此种进攻方式危险性很大,一旦失去控球权就很容易被对方反击得手。此种阵形一般在比赛即将结束且本方比分落后时使用(见图 12-11)。

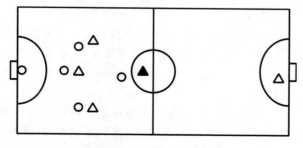

图 12-11　自杀性进攻阵形

（十七）反击

据相关统计数据显示，反击进球在总进球数中占有相当大的比例，是一种非常有效的得分手段，在日常训练中要加强此方面的练习。

三、5 人制足球基本防守战术

（一）"关闭"中场

所谓"关闭"中场，是指防守队员在防守时，要尽量压缩中场附近区域内的空间，减小对方活动范围，不让对方顺利通过中场尤其是中场中路组织进攻，如图 12-12 所示。

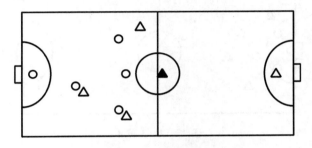

图 12-12　"关闭"中场

（二）1 对 1 防守

1 对 1 的防守能力是组成全队防守体系的基础，1 对 1 防守能力的强弱直接影响着本队防守体系。

（三）人盯人防守

目前世界上的 5 人制足球一流强队几乎全部是采用人盯人防守（见图 12-13）。在 5 人制足球比赛中，较小的场地和较少的上场队员使人盯人防守更易掌握，且避免了区域防守中存在的一些问题，因此被广泛采用。

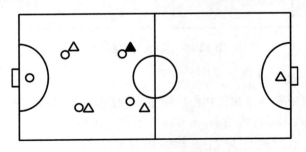

图 12-13　人盯人防守

(四)区域防守

区域防守体系在 5 人制足球中应用较少,但教练员可以根据队员特点和场上实际情况(如队员一时体能不支或对方守门员参与进攻等)选择。

(五)3 防 4(双方守门员除外)

在本方队员被罚出场后,会面临以少防多的情况,此时 3 名防守队员的防守队形应保持三角形。在由攻转守瞬间或其他特殊情况时,也有可能出现以少防多的局面,所以在平时训练中也应经常进行这方面的练习,避免出现比赛中遇到突发状况缺少 1 名队员时,不知如何应对的局面(见图12-14)。

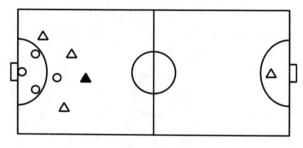

图 12-14 3 防 4

(六)人盯人紧逼防守

通常在本方比分落后或场上情况对本方不利时可以采取人盯人紧逼防守,但如果己方队友被对方运过后,所有防守队员应迅速回防(见图 12-15)。

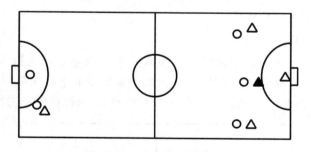

图 12-15 人盯人紧逼防守

(七)区域紧逼防守

区域紧逼防守体系在比赛中应用较少,教练员可根据实际情况选用(如本队处于领先、比赛行将结束、本方体能不很充足情况下)。

(八)4 防 5(对方守门员参与进攻)

在比赛即将结束、本方比分领先时,对方守门员有时会像其他场上队员一样参与进攻。这时就需要压缩本方的防守阵形,实行密集防守,不给对方可趁之机(见图12-16)。

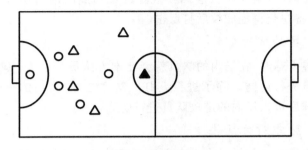

图 12-16　4 防 5

（九）任意球防守

任意球的防守要根据实际情况作出调整,但总的原则是封堵对方的射门角度,防守时不能漏人、盯防离自己最近的进攻队员,对禁区附近的危险区域要格外注意,识破对手挡、拆配合及处理球时的真实意图(见图12-17)。

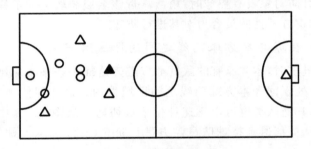

图 12-17　任意球防守

（十）角球防守

防守对方角球时,要有一名队员站到底线附近封堵对方罚球队员射门角度,其他队员则根据场上情况调整自己的站位,做到人盯人防守(见图12-18)。

图 12-18　角球防守

（十一）点球防守

在防守点球时,防守队员应站在规定区域内随时准备解围守门员扑出来的球,并准备在获得控球权后打反击。

（十二）界外球防守

对方发界外球时,在场内的队员就会比本方队员少一人,因此本方多出一个防守队员进行协防。除了进行人盯人防守之外,多出的一个防守队员应及时对发球后进入场内的进攻队员进行防守。

（十三）防守对方反击

防守对方反击的前提是本方在进攻时要时刻注意保持场上人员分布平衡,不能全体队员都压上进攻,要保证有1～2名队员占据有利位置为全队提供保护,确保能在本方失去控球权后迅速回防。

（十四）协防对方的前锋

如果对方前锋个人能力突出,对本方后卫威胁较大时,其他防守队员可以在自己的盯防对象没有控球时,稍微靠近该名威胁较大的前锋,一旦其接球,就可以和本方其他队员合力对其进行防守。

（十五）在球与本方球门线之间的区域防守

在对方进攻时,本方所有的队员都应遵守这样一条基本原则:迅速回防至球的后面、处于球和本方球门线之间区域以内。这样即使本方防守队员被对方运过,其他队员也可以迅速补位形成协防。从图12-19中可以看到:防守方所有队员都退到持球队员前方进行防守(虚线和本方球门线之间的区域)。

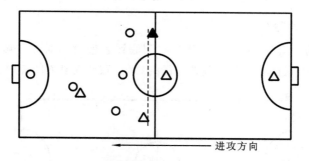

图 12-19 在球与本方球门线之间的区域防守

（十六）换人防守

换人防守是针对对方进攻队员的个人特点和打法来对本方的防守人员进行调整,以便压制对方的优势。

（十七）前锋身前防守

前锋身前防守指的是本方防守队员站到其所负责盯防的对方前锋之前，更接近于球的位置进行防守，以提前阻断其接球路线。此种防守需要后卫有较强的个人能力，既要注意到自己后面对方前锋的活动，又要密切注意到球的发展趋势。

（十八）判断并抢断给对方前锋的传球

防守队员防守时，无论是处在对方前锋的前面还是后面，都要密切注意到球的发展，在对方给其前锋传球时，要及时作出判断并在适当的时机将球抢断。

思 考 题

1. 简述室内5人制足球运动的历史起源。
2. 简述5人制足球运动的主要特点。
3. 简述5人制足球与11人制足球的区别。
4. 5人制足球攻防技术有哪些要点？
5. 简述5人制足球的基本进攻战术。
6. 简述5人制足球的基本防守战术。

第十三章
室内5人制足球竞赛规则及裁判法

室内5人制足球(Futsal)作为国际足联重点推广的足球项目之一,由国际足联室内5人制足球和沙滩足球委员会负责管理。同普通的11人制足球一样,室内5人制足球也一样具有完整的规则体系以及裁判员培训、考核和选派制度。而由于场地、人数上的差异,室内5人制足球规则与11人制足球规则相比有很大的不同。本章将重点介绍室内5人制足球竞赛规则的主要内容以及裁判员指南的内容,特别是室内5人制足球独有的部分。

目前执行的室内5人制足球竞赛规则是最新修订的《Futsal Laws of the Game 2011—2012》。与2008年版室内5人制足球竞赛规则相比,2011年版的规则在若干要点上进行了修订。为了加强和重新组织内容,整个规则文本已被重新审查和修订,从而使其更统一、更清晰、更容易理解。本规则最显著的变化是纳入了一些2008年版规则中的决议,无论是在规则本身中或在标题为"室内5人制足球规则诠释和裁判员指南"的章节中。国际足联室内5人制足球和沙滩足球委员会之所以修订这一标题的主要目的是为了突出一个事实,即尽管其主要目的是要补充室内5人制足球的竞赛规则,但同时其内容在本质上是毫无疑问强制性的。此外,一些先前隐含在比赛中但在规则中没有明确提到的原则,在新版本中被纳入。最后,国际足联室内5人制足球和沙滩足球委员会希望提醒各会员协会及洲际联合会的是,按照国际足联章程,确保在所有比赛中严格和统一遵守室内5人制足球的竞赛规则是他们的职责所在。

第一节 比赛场地

1. 场地表面

根据竞赛规程,比赛应该在表面平坦、光滑而不粗糙,最好用木材或人造材料质地制成的场地内进行。应避免使用混凝土或柏油表面(见图13-1)。

2. 场地标记

比赛场地必须为长方形,并且画线标明。这些画线属于其标示区域的

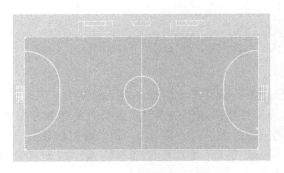

图 13-1 场地表面

一部分，必须清晰且明显区别于场地颜色。两条较长的边界线叫边线，两条较短的线叫球门线。比赛场地被中线划分为两个半场，并与两条边线的中点相交。在中线的中心点标记一个中点，并以此中点为圆心画一个半径为 3 米的圆圈。在比赛场地外，距离角球弧 5 米处垂直于球门线做一个标记，以保证在踢角球时防守队员能遵守规定的距离。此标记线的宽度为 8 厘米。在距左、右两个第二罚点球 5 米处的场地上必须标明另外两个标记，以保证在从第二罚球点罚球时队员退后的最小距离，此标记的宽度为 8 厘米（见图 13-2）。

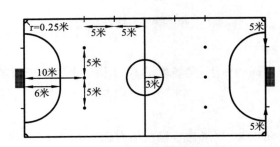

图 13-2 场地标记

3. 场地度量

所有画线的宽度必须为 8 厘米。

非国际比赛的度量如下：

长度（边线）：最小   25 米
      最大   42 米

宽度（球门线）：最小   16 米
       最大   25 米

国际比赛的度量如下：

长度（边线）：最小   38 米

　　　　　最大　　42米
宽度(球门线)：最小　　20米
　　　　　最大　　25米

4. 罚球区

从两球门柱外沿并垂直于球门线画两条长度为6米的假想线；在这条线的末端，以6米为半径从两球门柱的外沿朝最近的边线方向画一个四分之一圆。两个四分之一圆的上部与一段长3.16米的直线相连，该直线平行于两球门柱之间的一段球门线。被这些线和球门线围成的区域范围，即为罚球区。在两个罚球区内，从两球门柱之间的中点向场内量6米标记一个罚球点，该罚球点与两球门柱等距(见图13-3)。

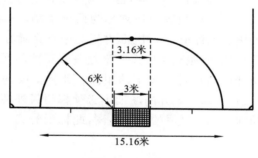

图13-3　罚球区

5. 第二罚球点

从两球门柱之间的中点，向场内量10米做一个等距于两球门柱的标记，为第二罚球点。

6. 角球弧

在场地每个角以25厘米为半径在场内画一个四分之一圆。

7. 球门

球门必须放置在每条球门线的中央。球门由两条等距于两个角且直竖的门柱并与其顶部的一水平横梁连接组成。球门柱和横梁必须为木材、金属或者其他被许可的材质。它们必须为方形、长方形、圆形或椭圆形，并且不会危及运动员。两根球门柱(内侧)之间的距离是3米，从横梁的下沿至地面的距离是2米。两根门柱和横梁的宽度与厚度相同，均为8厘米。球门网必须由大麻、黄麻或尼龙，或者其他被许可的材料制成，系在球门柱及横梁的后部上，用适当的方式做支撑。球门网必须合理地被撑起来，并不得干扰守门员。球门柱和横梁的颜色必须与比赛场地颜色不同。球门必须有固定的系统以防止翻到。可以使用移动的球门，但仅可在满足以上要求的情况下才能使用（见图 13-4）。

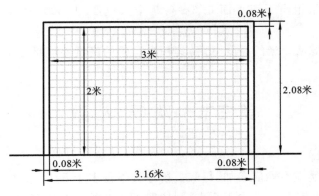

图 13-4　球门

8．替换区

替换区设在双方比赛队替补席前面的边线外。两替换区分别位于技术区域前，长度为 5 米。由两条 80 厘米长、8 厘米宽的直线标记，其中 40 厘米在场内，40 厘米在场外。替换区位于计时台前距中线两侧各 5 米处，且保持畅通。一个球队的替换区位于该队半场防守一侧，在比赛下半场或加时赛下半场交换（见图 13-5）。

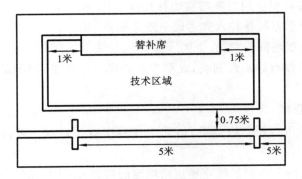

图 13-5　替换区

第二节　球

球的质量和测量具体如下。

（1）圆形。

（2）用皮革或其他被许可材料制成。

（3）圆周不短于 62 厘米，不长于 64 厘米。

（4）在比赛开始时，质量不少于 400 克，不多于 440 克。

（5）气压相当于海平面 0.6～0.9 个大气压力（600～900 克/平方厘米）。

（6）当球从 2 米的高度下落，其初次反弹的高度不应低于 50 厘米或高于 65 厘米。

第三节　队 员 人 数

1. 队员

一场比赛应有两队参加，每队上场球员不得多于 5 人，其中一人必须为守门员。如果任何一队少于 3 人，则比赛不能开始。在比赛中，任何一队在场上队员的人数少于 3 人（包括守门员），比赛将被终止。

2. 正式比赛

在由国际足联、洲际联合会或国家足协主办的任何正式比赛中，每场比赛最多可以使用至多 7 名替补队员。比赛中使用的替换次数不受限制。

3. 其他比赛

在国家 A 级比赛中，最多可使用 10 名替补队员。在其他比赛中，只要符合下列条件即可使用更多数量的替补队员：

（1）比赛双方就替补人数达成一致意见；

（2）比赛前通知裁判员。

如果赛前没有通知裁判员，或双方未达成一致意见，替补队员人数不得超过 10 人。

4. 替补程序

队员替换可在任何时候进行，无论比赛中或死球时。替换队员时必须遵守以下规定：

（1）除室内 5 人制足球竞赛规则规定的特例外，队员须经本队替换区域离场；

（2）替补队员只能在被替换队员已经离场的情况下方可进入场地；

（3）替补队员须经替换区域进入场地；

（4）替补队员经替换区域进入场地即完成了替补程序；

（5）从完成替补程序起，替补队员成为场上队员，而被替换队员成为替补队员；

（6）被替换队员可再次参加该场比赛；

（7）所有替补队员无论上场与否，裁判员均有权对其行使职权；

（8）如果半场比赛被延长至允许执行罚球点球，第二罚球点罚球或者踢无人墙的直接任意球，这时只有防守方的守门员允许被替换。

5. 更换守门员

更换守门员有以下规定：

（1）比赛中任何替补队员都可替换守门员，无须通知裁判员或等待比赛停止；

（2）任何场上队员可与守门员互换位置；

（3）场上队员和守门员互换位置必须在比赛停止时进行，且必须在换位前通知裁判员；

（4）场上队员或替补队员替换守门员必须穿着守门员服装，且背后有其本人的号码。

6. 队员和替补队员被罚令出场

队员在开球前被罚令出场，只可从被提名的替补队员中选一人替换。凡被提名的替补队员被罚令出场，无论是在开球前或在比赛后，均不得替换。只有当计时员或第三裁判员（助理裁判员）允许的情况下，替补队员在被罚令出场的队员被罚出场2分钟后方可进入比赛场地，除非在2分钟内有进球发生，否则应适用以下条款：

（1）如果比赛当时5对4，并且人数较多的一方进球，则4人一方的球队应补齐第五名队员；

（2）如果比赛当时双方均为3人或4人并有进球发生，则比赛双方保持原有人数不变；

（3）如果比赛当时为5对3或者4对3，并且人数较多一方进球，则3人一方球队只可增加1人；

（4）如果人数较少一方进球，则不改变队员人数，继续进行比赛。

第四节 队员装备

1. 安全性

队员不得使用、佩戴可能危及自己及其他队员的装备或任何物件（包括各种珠宝饰物）。

2. 基本装备

队员必需的基本装备包括下列相互分离的部分：

（1）运动上衣，如果穿紧身内衣，其袖子的颜色应与运动上衣袖子的主色相同；

（2）运动短裤，如果穿紧身内裤，必须与短裤的主色相同，守门员可以穿长裤；

（3）护袜；

（4）护腿板；

（5）足球鞋，帆布或软皮面的训练鞋或体操鞋，鞋底为橡胶或类似材质。

3. 护腿板

（1）必须完全由护袜包住。

（2）由橡胶、塑料或类似被许可的材质制成。

（3）提供适当程度的保护。

4. 颜色

（1）比赛两队的着装颜色必须有别于对方和裁判员、助理裁判员。

（2）每名守门员的服装颜色必须有别于其他队员、裁判员和助理裁判员。

5. 装备上的广告

队员不得暴露有标语或广告的贴身内衣。基本装备不得有任何涉及政治、宗教或个人的言论。脱掉上衣或背心暴露标语或广告的队员将受到比赛组织者的处罚。基本装备有涉及政治、宗教或个人标语及言论的队员所在球队将会受到比赛组织者或者国际足联的处罚。

第五节 裁 判 员

1. 裁判员的权力

每场比赛由两名裁判员控制，主裁判员（第一裁判员）和副裁判员（第二裁判员）具有全部权力去执行与比赛相关的室内 5 人制足球竞赛规则。

2. 权限和职责

两名裁判员的权限和职责如下。

（1）执行室内 5 人制足球竞赛规则。

（2）在有助理裁判员的情况下，与其尽可能合作控制比赛。

（3）确保任何比赛用球符合要求。

（4）确保队员装备符合要求。

（5）记录比赛成绩。

（6）根据判断因任何违反规则的行为停止比赛。

（7）因任何外界干扰停止比赛。

（8）如果他认为队员受伤严重，则停止比赛，并确保将其移出场外，受伤队员只能在比赛重新开始后方可重返比赛场地。

（9）如果他认为队员只是受轻伤，则允许比赛继续进行直到成死球。

（10）确保队员因受伤流血时离开比赛场地。因流血离场的队员只有在裁判员或第三裁判员确认流血已经停止，并在得到裁判员信号后方可重回场地。

（11）当一个队被犯规而根据"有利"条款能获利时，则允许比赛继续进行。如果预期的"有利"在那一时刻没有接着发生，则判罚最初的犯规。

（12）当队员同时出现一种以上的犯规时，则对较严重的犯规进行判罚。

（13）当队员同时出现一种以上的不正当行为时，则对较严重的不正当的行为进行纪律制裁。

（14）对犯有可警告或罚令出场的队员采取纪律处罚。裁判员不必立即采取处罚行动，但必须在下一次比赛成死球时进行。

（15）向对自己行为不负责任的球队官员进行处罚，并可酌情将其驱逐出技术区域及场地周边区域。

（16）确保未经批准人员不得进入比赛场地。

（17）比赛停止后示意重新开始比赛。

（18）根据裁判法的要求给予信号。

（19）根据比赛需要和裁判法的要求在比赛中移动选位。

（20）向相关权威部门提交比赛报告，包括任何针对队员或球队官员的纪律处分信息或任何其他赛前、赛中或赛后发生的意外事件。

主裁判员的权限和职责如下。

（1）当助理裁判员不在场时充当第三裁判员和计时员。

（2）因违反竞赛规则停止或终止比赛。

（3）因任何外界干扰停止或终止比赛。

副裁判员的权限和职责是：当主裁判员受伤或身体不适时对其进行替换。

3．裁判员的决定

裁判员根据与比赛相关的事实所作出的决定，包括进球是否得分和比赛的结果，是最终的决定。只有在比赛未重新开始或未终止前，裁判员可以根据自己的判断，或助理裁判员的意见而改变确实不正确的决定。当裁判员与副裁判员就某一违规行为同时发出判罚信号，而发生双方判罚不一致时，以裁判员的判罚决定为准。如副裁判员或助理裁判员过分干预或有不恰当的行为表现时，裁判员可解除其职责，并指派他人替代，并将报告提交有关部门。

第六节 助理裁判员

1. 助理裁判员的权力

每场比赛应委派两名助理裁判员（第三裁判员和计时员），他们必须依照室内5人制足球竞赛规则行使职责。他们的位置在比赛场地外，两替换区同侧靠近中线处。计时员应就座于计时台处，同时第三裁判员就座或站立行使职责。应为计时员和第三裁判员配备计时器，以及可以显示累计犯规次数的设备，这些设备应由比赛场地所属协会或俱乐部提供。应为助理裁判员提供计时台以便于他们能够正确地行使他们的职责。

2. 权限和职责

第三裁判员的权限和职责如下。

（1）协助裁判员和计时员。

（2）记录参加比赛队员。

（3）在裁判员的要求下监督球的更换。

（4）在替补队员尚未进入比赛场地前检查其装备。

（5）记录进球队员的号码。

（6）当某队官员请求暂停时通知计时员。

（7）在计时员发出声音信号通知裁判员和球队准许比赛暂停的情况下，给出暂停信号。

（8）记录暂停请求情况。

（9）记录各半场比赛中裁判员示意的每队累计犯规情况。

（10）任一球队在一节比赛中已累计犯规5次时给以必需的信号。

（11）在计时台上摆设标志，示意某一队已经在一节比赛中累计犯规5次。

（12）记录任何被警告或罚令出场队员的姓名和号码。

（13）在各半场比赛开始前向每队官员递交暂停卡（见图13-6），以便各队可以据此提出暂停请求，并在没有提出暂停请求时各半场比赛结束时收回。

FIFA
For the Game. For the World.

TIME-OUT
暂　停

图13-6　暂停卡

（14）递交给每队官员一份通知单（见图13-7），示意何时该队一替补队员可以进入比赛场地替代另一被罚令出场队员。

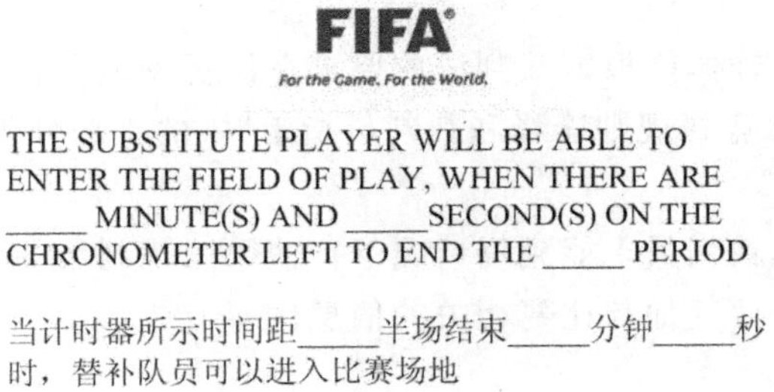

FIFA
For the Game. For the World.

THE SUBSTITUTE PLAYER WILL BE ABLE TO
ENTER THE FIELD OF PLAY, WHEN THERE ARE
_____ MINUTE(S) AND _____ SECOND(S) ON THE
CHRONOMETER LEFT TO END THE _____ PERIOD

当计时器所示时间距_____半场结束_____分钟_____秒时，替补队员可以进入比赛场地

图13-7 通知单

（15）在裁判员的委派下监督已经离场整理其装备的队员重新进入场地。

（16）在裁判员的委派下监督由于任何受伤已经离场队员重新进入场地。

（17）在裁判员警告或罚令队员出场明显错误时，或有暴力行为发生在裁判视线范围之外时，用信号通知裁判员。但无论怎样，裁判员有权决定任何与比赛有关的事项。

（18）监督任何位于技术区域坐在替补席人员的行为，并将他们任何不适当的行为通知裁判员。

（19）记录比赛中由于外界干扰而产生的中断及其原因。

（20）提供任何其他与比赛相关的信息。

（21）在被要求时，能根据裁判法的要求在比赛场地上合理选位。

（22）当裁判员、第二裁判员受伤或不能行使职责时取代第二裁判员。

计时员的权限与职责如下。

(1) 确保比赛时间与规则相符。

① 在比赛开球正确进行后开启计时器。

② 当比赛成死球时停止计时器。

③ 当比赛经踢界外球、掷球门球、角球、中圈开球、任意球、从罚球点或第二罚球点罚球或经坠球恢复比赛后重新开启计时器计时。

(2) 在可能情况下在计分板上公开记录的进球、累计犯规和比赛节次。

(3) 在得到第三裁判员通知后，以不同于裁判员的哨音或其他声音信号示意某队要求暂停。

(4) 对一分钟暂停进行计时。

(5) 以不同于裁判员的哨音或其他声音信号示意一分钟暂停结束。

(6) 在得到第三裁判员通知后，以不同于裁判员的哨音或其他声音信号示意某队第5次累计犯规。

（7）负责队员罚停2分钟的计时。

（8）以不同于裁判员的哨音或其他声音信号,示意上半场、全场及任何加时赛时间结束。

（9）在被要求时,能根据裁判法的要求在比赛场地上合理选位。这也是"室内5人制足球竞赛规则诠释和裁判员指南"中的一部分内容(第5章——裁判员)。

（10）在第三裁判员未能到场情况下行使第三裁判员的特殊职责。

（11）提供任何其他与比赛相关的信息。

第七节 比赛时间

1. 比赛半场

比赛分为两个半场,每半场20分钟。特殊情况经裁判员和双方同意另定除外。任何改变比赛时间的协议必须在比赛开始之前制定,并要符合竞赛规程。

2. 半场结束

计时员用哨声或声音信号示意每半场结束。在听到计时员的哨声或声音信号后,其中的一位裁判员用他的哨声宣布半场或比赛结束,并要注意下列情况。

（1）当需踢或重踢第二罚球点球或第6次累计犯规起的直接任意球时,相关半场应被延长,直到罚球结束。

（2）当需踢或重踢罚球点球时,相关半场应被延长,直到罚球结束。

如果球被踢向其中的一个球门,裁判员必须在计时员的哨声或声音信号之后等待踢球结束。半场结束是当：①球直接向球门内移动并射门得分；②球离开场地边线；③球触及守门员、球门柱、横梁或地面,越过球门线后进球得分；④守方守门员阻止球或球从球门柱或横梁反弹并未越过球门线。

3. 暂停

双方球队在每个半场各有一次一分钟暂停的权利,具体条款如下。

（1）球队官员有权向第三裁判员或在无第三裁判员情况下向计时员使用暂停申请单申请一分钟暂停。

（2）当提出暂停请求的球队控球且成死球时,计时员用不同于裁判员所使用的哨声或声音信号准予暂停。

（3）暂停期间,队员可以保留在场上或场外,但如果要喝水,则必须离开比赛场地。

（4）暂停期间，替补队员必须保持在场外。

（5）暂停期间，官员不允许在场内给予指导。

（6）替换队员只有在声音信号或哨声响起示意暂停结束时允许进行。

（7）一球队在上半场比赛没有请求过暂停的，在下半场也只允许一次暂停请求。

（8）如果既没有第三裁判员，也没有计时员，球队官员可请求裁判员给予暂停。

（9）如果进入加时赛，则加时赛期间没有暂停。

4. 中场休息

队员有中场休息的权利。中场休息不得超过 15 min。竞赛规程必须注明中场休息的时间。只有经裁判员同意方可改变中场休息时间。

第八节　比赛开始和重新开始

1. 开球

开球是比赛开始或重新开始的一种方式。在以下情况下，要进行开球：

（1）在比赛开始时；

（2）在进球得分后；

（3）在下半场比赛开始时；

（4）在加时决胜期两个半场开始时。

开球不可以直接进球得分。

2. 程序

比赛开始或重新开始的程序如下：

（1）所有队员必须在本方半场内；

（2）开球队的对方队员，应距球至少 3 米，直到比赛开始；

（3）球必须放定在球场中心标记上；

（4）主裁判发出信号；

（5）当球被踢并向前踢动时比赛即为开始。

3. 坠球

坠球是比赛进行中，因室内 5 人制竞赛规则未提到的任何原因而需要暂停比赛之后，重新开始比赛的一种方法。在室内 5 人制足球竞赛规则范围内也可以用坠球的方式重新开始比赛。

裁判员或第二裁判员在比赛停止时球所在的位置坠球，若比赛在罚球区内被暂停，则其中一个裁判员在比赛停止时距球最近的罚球区线上坠球。

第九节 比赛进行及死球

1. 比赛成死球

下列情形比赛成死球：

(1) 当球的整体从空中或地面越过球门线或边线时；

(2) 当比赛被裁判员停止时；

(3) 当球击打到天花板时。

2. 比赛进行

其他所有时间，比赛都被视为进行中，包括下列情形：

(1) 球从球门柱或横梁弹回球场内；

(2) 球从场内的裁判员身上弹回场内。

3. 室内球场

天花板最低高度为 4 米，且由竞赛规程规定。在室内球场比赛时，如球意外击中天花板，则由最后触球队员的对方队，以踢界外球的方式恢复比赛。此界外球应在距球触天花板垂直下方最近的边线处踢出。

第十节 计胜方法

当球的整体从球门柱间及横梁下越过球门线，而此前进球的球队未违反室内 5 人制竞赛规则，即为进球得分。

如果攻方守门员故意用手或上臂从本方罚球区内将球掷或打入对方球门，并且他是最后触及或击球的队员，则进球无效。比赛将由对方球队掷球门球重新开始比赛。

如果在进球后，裁判员在比赛重新开始前认识到进球队多打一人或已经进行了不正确换人，则他必须宣布进球无效，并由攻方队员的对方球队从罚球区内的任意点，以间接任意球重新开始比赛。如果开球已经发生，裁判员应依据竞赛规则采取措施处罚攻方队员，但进球有效。裁判员应向相应的主办机构报告相关事实。如果进球由另一队获得，则进球有效。

第十一节 犯规与不正当行为

一、犯规

犯规将被判罚直接任意球、罚球点球或间接任意球。

1．判为直接任意球的犯规

如果裁判员认为队员草率地、鲁莽地或使用过分的力量，有下列 7 种犯规行为中的任何一种，将判给对方踢直接任意球：

（1）踢或企图踢对方队员；

（2）绊摔对方队员；

（3）跳向对方队员；

（4）冲撞对方队员；

（5）打或企图打对方队员；

（6）推对方队员；

（7）抢截对方队员。

如果队员有下列 3 种犯规行为中的任何一种，也判给对方踢直接任意球：

（1）拉扯对方队员；

（2）向对方队员吐唾沫；

（3）故意手球（守门员在本方罚球区内除外）。

在犯规发生地点踢直接任意球。

上述犯规都属于累计犯规之列。

2．判为罚球点球的犯规

在比赛进行中，无论球在什么位置，如果队员在本方罚球区内有上述 10 种犯规行为中的任何一种，应被判罚球点球。

3．判为间接任意球的犯规

如果守门员有下列 4 种犯规行为中的任何一种，应判由对方踢间接任意球：

（1）在本方半场内，以手或脚控制球时间超过 4 秒；

（2）将球发出后，未经对方队员踢或触及而在本方半场内再次触及同队队员故意传给他的球；

（3）在本方罚球区内，以手触及或控制同队队员故意踢给他的球；

（4）在本方罚球区内，以手触及同队队员直接踢给他的界外球。

如果裁判员认为队员有下列 5 种犯规行为中的任何一种，也判由对方在犯规地点踢间接任意球：

（1）在对方队员面前以危险方式比赛；

（2）阻碍对方队员进攻；

（3）阻挡对方守门员将球从手中发出；

（4）用向对方队员犯可判罚直接任意球的十种犯规之一的行为对本方

队员犯规；

（5）犯有本章第十一节或其他章节未提及的任何其他犯规。为此比赛须暂停，并对犯规队员进行警告或罚令出场。

在犯规发生地点踢间接任意球。

二、不正当行为

1．可警告的犯规

如果队员有下列 7 种犯规行为中的任何一种，将被黄牌警告：

（1）非体育行为；

（2）用语言或行动表示异议；

（3）持续违反室内 5 人制竞赛规则；

（4）延误比赛重新开始；

（5）当以角球、任意球或踢界外球恢复比赛时，防守队员不退出规定的距离；

（6）未经裁判员许可进入或重新进入比赛场地，或违反替换程序；

（7）未经裁判员许可故意离开比赛场地。

如果替补队员有下列 4 种犯规行为中的一种，将被警告：

（1）非体育行为；

（2）用语言或行动表示异议；

（3）延误比赛重新开始；

（4）进入比赛场地时违反替换程序。

2．罚令出场的犯规

如果队员有下列 7 种犯规行为中的任何一种，将被罚令出场：

（1）严重犯规；

（2）暴力行为；

（3）向对方或其他任何人吐唾沫；

（4）用故意手球破坏对方的进球或明显的进球得分机会（不包括守门员在本方罚球区内）；

（5）用可判为任意球或罚球点球的犯规破坏对方向本方球门移动着的明显进球得分机会；

（6）使用攻击性、侮辱性或辱骂性的语言或手势；

（7）在同一场比赛中得到第二次警告。

如果替补队员违反下列 5 种犯规中的任何一种，将被罚令出场。

（1）暴力行为；

（2）向对方或其他任何人吐唾沫；

（3）破坏对方的进球或明显的进球得分机会；
（4）使用攻击性、侮辱性或辱骂性的语言或手势；
（5）在同一场比赛中得到第二次警告。

队员和替补队员一旦被罚令出场，必须离开比赛场地周边和技术区域。

第十二节 任 意 球

1．直接任意球

直接任意球的信号：当裁判员判罚直接任意球时，应单臂平举，指向发球方向，另一臂以食指指向地面，以示第三裁判员和计时员，此为累计犯规。

2．累计犯规

（1）累计犯规是本章第十二节中提到的应判罚直接任意球或罚球点球的犯规。

（2）每队在上、下半场累计的前5次犯规应被记录在比赛总结报告中。

（3）如果某队犯规尚未累计到5次，且对方队也未因此失去明显的得分机会，裁判员可以掌握有利让比赛继续进行。

（4）如果裁判员掌握有利，当比赛成死球时，必须用明确的信号向计时员及第三裁判员示意累计犯规。

（5）加时比赛，下半场的累计犯规次数依然有效。加时比赛的累计犯规继续累计在下半场犯规的总次数上。

3．间接任意球

间接任意球的信号：当裁判员判罚间接任意球时，应单臂上举过头，并保持这种姿势直到球踢出后被其他队员触及或成死球时为止。

4．罚任意球的程序、位置及要求

无论是直接任意球还是间接任意球，踢球时必须将球放定，踢球队员在球未经其他队员触及前，不得再次触球。

每队从第6次累计犯规及以后的直接任意球：

（1）任意球必须直接射门而不能传给同队队员；

（2）任意球踢出后，只有球被守方守门员触及，或从球门柱、横梁弹回来及球出界后，其他队员才可触球；

（3）如果队员犯了己方的第6次累计犯规，该犯规地点在对方半场或本方半场介于通过第二罚球点的假想平行线与中线之间的区域，该任意球在犯规方半场的第二罚球点踢出；

（4）如果队员犯了己方的第6次累计犯规，该犯规地点在犯规方半场球

门线和通过10米的假想平行线之间、罚球区之外的区域,则对方可选择在犯规地点或第二罚球点踢出;

（5）在每半场比赛或加时赛上、下半场结束时,应允许延长时间执行完自第6次累计犯规起的直接任意球。

（6）每半场累计第6次犯规开始的直接任意球:
①守方队不可排人墙防守;
②须明确主罚的队员;
③守方队的守门员须留在罚球区内且距球至少5 m;
④队员保留在场地内,罚球队员除外;
⑤除踢球队员和守方守门员外,其他队员应在与球相齐而且平行于球门线的一条假想线后、罚球区外、至少距球5 m,不可阻挡主罚队员。除主罚队员外,其他队员直到比赛进行方可越过假想线。

第十三节　罚球点球

当比赛进行中,一球队在本方罚球区内有任何可被判罚直接任意球的10种犯规行为之一,应被判罚球点球。罚球点球可以直接进球得分。在每半场比赛或加时赛上、下半场结束时,应允许延长时间执行完罚球点球。

1. 球和队员的位置

球必须放定在罚球点上。必须明确主罚球点球的队员。防守方的守门员必须停留在本方两球门柱之间的球门线上,面向主罚队员,直至球被踢出。

除主罚队员外的其他队员应处于:
（1）比赛场地内;
（2）罚球区外;
（3）罚球点后;
（4）距罚球点至少5 m。

2. 罚球点球的程序

（1）在队员按照竞赛规则处于规定的位置后,其中的一个裁判员发出执行罚球点球的信号。

（2）主罚队员必须将球向前踢出。

（3）当球被踢并向前移动时比赛即为进行。

在比赛进行中,以及在上半场或全部比赛结束而延长时间执行或重新执行罚球点球时,如果球在越过球门柱之间和横梁下之前触及任何一个或两个门柱,或者横梁、守门员,应判定得分。

裁判员可决定何时罚球点球结束。

第十四节　踢界外球

踢界外球是重新开始比赛的一种方法。当球的整体不论从地面或空中越过边线或击中天花板时，判由最后触球队员的对方队踢界外球。踢界外球不可以直接进球得分。

1. 队员的位置

对方队员必须在比赛场地上，在球踢出前，应至少距球 5 米。

2. 程序

在踢出界外球的一瞬间，主罚队员：

（1）一只脚站在边线上或站在边线外；

（2）将球放定在球出界的地点上或从这一点的地面向外不超过 25 厘米处踢出；

（3）在准备好开始后须在 4 秒钟内将球踢出。

当球进入场地时比赛即开始。

第十五节　掷球门球

掷球门球是重新开始比赛的一种方法。当球的整体不论从地面或空中越过球门线，而最后触球者为攻方队员，且根据本章第十节相关内容不是进球得分时应判为掷球门球。掷球门球不可以直接进球得分。

1. 队员位置

对方队员必须在比赛场地上，在掷球门球队罚球区外直到比赛进行。

2. 程序

（1）由守方守门员在罚球区内任何一点手抛球；

（2）守方守门员应在 4 秒内将球发出。

当球被守方守门员抛出罚球区时，比赛即开始。

第十六节　角　　球

角球是重新开始比赛的一种方法。当球的整体不论从地面或空中越过球门线，而最后触球者为守方队员，且根据本章第十节相关内容不是进球得分时应判为角球。角球可以直接进入对方球门得分。

1. 球和队员的位置

球必须在距球越过球门线最近的一侧的角球弧内。

对方队员必须在比赛场地上，应至少距角球弧 5 米，直到比赛进行。

2．程序

（1）必须由攻方队员踢球；

（2）踢角球一方必须在准备好后 4 秒内将球踢出。

当球被踢并移动时，比赛即开始。

第十七节　5 人制裁判法

一、裁判员和助理裁判员的信号

裁判员必须给予以下手势，但要记住哪些手势是其中一名裁判员必须示意的或哪种手势两名裁判员必须同时示意。

助理裁判员必须用手势示意暂停或累计第 5 次犯规。

1．一名裁判员单独的信号（见图 13-8 至图 13-21）

图 13-8　开球/比赛重新开始

图 13-9　间接任意球

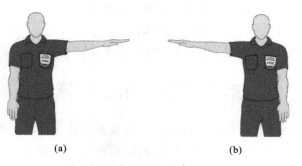

图 13-10　直接任意球/罚球点球

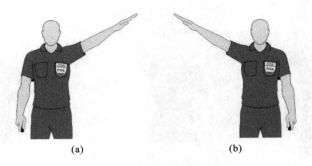

图 13-11　踢界外球

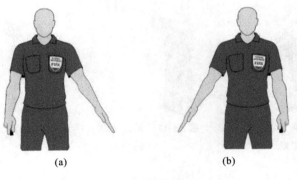

图 13-12　角球

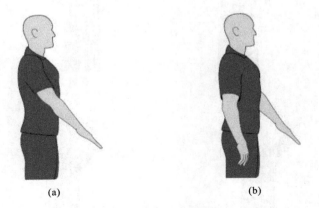

图 13-13　掷球门球

图 13-14 暂停

(a)
图 13-15 4 秒计时

(b)

图 13-16 第 5 次累计犯规

图 13-17 累计犯规的有利

图 13-18 非累计犯规的有利

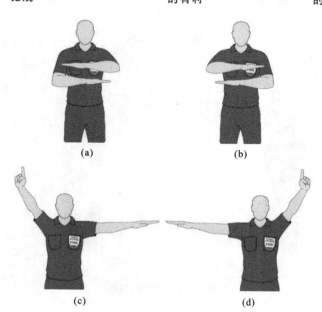
图 13-19 有利运用后的累计犯规

图13-20　警告(黄牌)　　　　图13-21　罚令出场(红牌)

2. 两名裁判员同时示意比赛重新开始的信号(见图13-22)
3. 助理裁判员的信号(见图13-23、图13-24)

图13-22　间接任意球　　图13-23　暂停　　图13-24　第5次累计犯规

二、裁判员的选位

1. 开球

比赛开始时,裁判员站在替补席一侧的边线上并与中线对齐,监督比赛开球按照规则预定程序进行。第二裁判员必须与非开球的守方球队倒数第二名防守队员站平(见图13-25)。

2. 掷球门球

其中一名裁判必须查看球是否在罚球区内、球的摆放位置是否正确。如果他认为守门员已经准备好抛球或因战术原因而拖延将球捡起来的时间时,裁判员可开启4秒计时。一旦球在罚球区内,其中一名裁判必须站在与

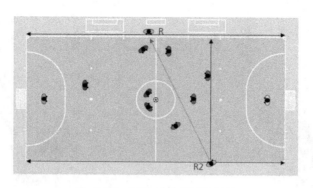

图 13-25 开球时裁判员的选位

罚球区的边界齐平的位置,观察球是否离开罚球区(比赛进行中),同时进攻队员应在罚球区外。然后示意开启数 4 秒计时,而是否开启 4 秒计时要根据先前的情况。最后,查看抛球门球的裁判员必须选择一个合适的位置控制比赛,这在任何情况下都是首先要做到的(见图 13-26)。

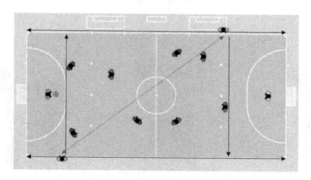

图 13-26 掷球门球时裁判员的选位

3. 角球

踢角球时,近端裁判员选位站在距踢角球一侧角球弧大约 5 米的边线区域,从这个位置上裁判员要查看球是否摆放在角球弧以内合法的位置上以及防守队员是否已经退出 5 米。距角球踢出地点的远端裁判员选位在罚球弧后与球门线平衡的位置上,并从此位置上观察球的运行和队员的行为(见图 13-27)。

4. 任意球

罚任意球时,近端裁判员选位在与罚任意球地点平齐的位置上,查看球的摆放位置是否得当,以及观察球被踢出时提前侵入妨碍罚球的队员的情况。距任意球踢出地点的远端裁判员必须选位在与倒数第二名防守队员或

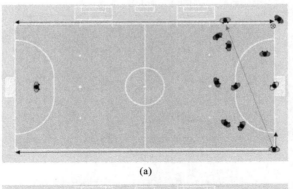

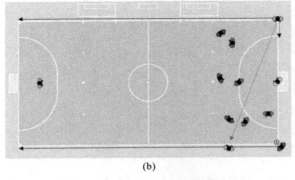

图 13-27　角球时裁判员的选位

球门线齐平的位置上，这在任何情况下都是首先要做到的。两名裁判员都必须时刻准备跟踪球的运行轨迹，并且当他们没有与球门线站平，而一直接任意球又朝着球门方向踢出时，则要沿着边线朝向角球区的方向跑动（见图13-28）。

5．罚球点球

其中一名裁判员选位在与点球点齐平大约 5 米的地点并查看球的摆放是否合法，确定罚球队员以及观察球被踢出时提前侵入妨碍罚球的队员情况。在他检查确认所有队员的位置正确后才令球罚出。如果必要，另一裁判员可协助进行。另一裁判员必须选位在球门线与罚球区的交点处。如果守门员在球踢出前提前从球门线上向前移动而球未踢进球门，则裁判员鸣哨示意重罚（见图13-29）。

6．第二罚球点球

其中一名裁判员选位在与第二罚球点球点齐平大约 5 米的地点并查看球的摆放是否合法，确定罚球队员以及观察球被踢出时提前侵入妨碍罚球的队员情况。在他检查确认所有队员的位置正确后才令球罚出。如果必

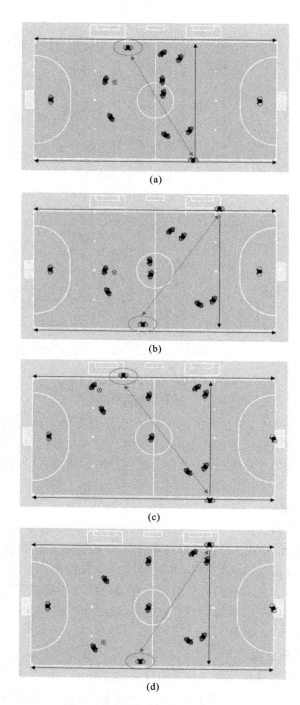

图 13-28 任意球时裁判员的选位

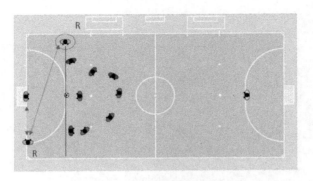

图 13-29　罚球点球时裁判员的选位

要,另一裁判员可协助进行。另一裁判员必须选位在球门线与罚球区的交点处。另一裁判员必须选位在球门线与罚球区的交点处并观察球是否越过球门线(见图 13-30)。

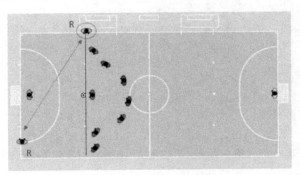

图 13-30　第二罚球点球时裁判员的选位

7. 第 6 次累计犯规开始的任意球

其中一名裁判员选位在与球的位置齐平大约 5 米的地点,并查看球的摆放是否合法,确定罚球队员以及观察球被踢出时提前侵入妨碍罚球的队员情况。在他检查确认所有队员的位置正确后才令球罚出。如果必要,另一裁判员可协助进行。另一裁判员必须选位在球门线与罚球区的交点处并观察球是否越过球门线(见图 13-31)。

8. 踢界外球

踢靠近角球弧且有利于进攻方的界外球时,近端裁判员保持与界外球踢出地点大约 5 米距离的位置处。从此位置上查看界外球踢出是否符合程序,以及防守队员是否已经距边线退出 5 米的距离。距踢界外球地点的远端裁判员选位在角球弧后与球门线齐平的位置上,从此位置上观察球的运行及队员的行为(见图 13-32)。

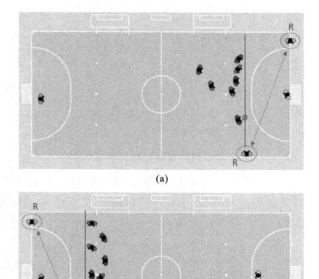

图 13-31 第 6 次累次犯规开始的任意球时裁判员的选位

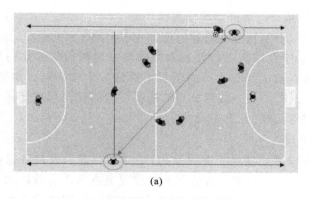

图 13-32 踢界外球时裁判员的选位

(b)

(c)

(d)

(e)

续图 13-32

9. 点球决定一场比赛胜负或主客场胜队

裁判员必须选位在距球门 2 米的球门线位置上。他的主要职责是查看球是否越过球门线，以及守门员是否从球门线提前移动。如果球清楚地越过球门线，则裁判员必须与第二裁判员进行眼神交流以核对无违规发生。第二裁判员必须处于距点球点齐平大约 3 米距离的位置上，查看球、守门员和罚球队员的位置是否正确。第三裁判员必须处于场地中圈内管理双方队员。计时员在计时台，确保球队不参加罚球点球的队员和官员行为恰当。所有裁判员需记录罚球点球执行的情况以及踢罚球点球队员的号码（见图 13-33）。

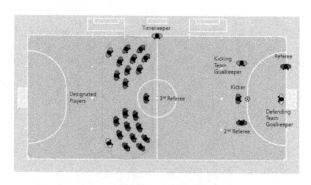

图 13-33　点球决定一场比赛胜负或主客场胜队时裁判员的选位

思　考　题

1. 比赛中，如果球击中天花板，应该怎样处理？

2. 踢球点球决胜负，可以本队选择比赛结束时不在场上的队员罚球吗？守门员可以替换吗？

3. 某队罚无人墙的直接任意球。主裁判发出信号后，主罚队员没有直接打门而是将球向前轻推，由自己队友跑上去打门，这样可以吗？裁判员如何判罚？

4. 队员在 4 秒违例后，裁判员应掌握有利吗？

5. 守方一名队员在罚球区外开始拉扯一名攻防队员，到罚球区内仍然拉扯对方，裁判员如何判罚？

6. 某队踢角球，在滚动情况下发出球，并打进对方球门，裁判员该如何判罚？

7. 比赛中，守门员得球后直接将球扔进对方球门，该如何判罚？

8. 守门员在球点球踢出前向前移动并在球门线前拦截球，裁判员应如何判罚?

9. 某队罚无人墙的直接任意球,球击中球门柱或横梁后破裂,裁判员如何处理?

10. 某队发角球,在球滚动的情况下将球发出,裁判员如何处理?

11. 当守门员掷出球门球后而未出罚球区之前,对方一队员冲入罚球区准备截球但遭到防守队员犯规,裁判员如何处理?

12. 守门员掷球门球后,但他却在球发出罚球区后,未经其他队员触及前故意用手触球,裁判员如何处理?

13. 两队的队员同时犯规,此犯规都可判为直接任意球,裁判员看到后如何判罚?犯规累积吗?

14. 什么情况下比赛成死球?

15. 一队员踢界外球时动作正确,但他却故意将球踢在对方身体上,裁判员如何处理?

16. 一队员执行罚球点球时将球向前传,想让他的队友跑上去射门得分,这种情况允许吗?

17. 罚球点球时,由于守门员提前向前移动,裁判员判重罚,此时能否换人执行该球点球?

18. 罚球点球时,对防守方的守门员有何要求?

19. 罚第二球点球时,对防守方的守门员有何要求?

20. 守门员掷球门球直接扔进对方球门,裁判员如何判罚?

21. 队员的基本装备有哪些?

22. 一名队员快速踢出任意球且球直接进入球门,裁判员在那一瞬间没机会给出间接任意球的手势,该如何处理?

23. 一名队员在本队只有 3 名上场队员的情况下离场接受治疗,裁判员如何处理?

24. 替补队员何时成为场上队员?

25. 比赛开始时,对场上人数有怎样的要求?

26. 五人制足球的气压是多少?圆周长度是多少?质量是多少?

27. 国际比赛的球场长、宽各为多少?

28. 球门网的深度是多少?

29. 当某队累积犯规达到 5 次时,这时第三裁判应该做什么?

30. 中圈开球时,某队员在其他队员触球前再次触球,这样违规吗?

31. 对中场休息的时间是怎样规定的?

32. 暂停时,对换人有哪些规定?

33. 暂停时,对场上队员、替补队员、球队官员是怎样要求的?

34. 一名队员被罚停出场满2分钟后,谁有权让替补队员上场?

35. 掷球门球或在本方罚球区内罚任意球时,何时开始计时?

36. 罚间接任意球时,主裁判和副裁判员需要做出什么手势和动作?

37. 室内天花板的高度最少是多高?

38. 一支只剩下3名队员的队被判罚球点球,同时犯规队员被罚出场,该队只剩下2名队员,裁判员继续执行罚球点球吗?

39. 攻方踢出的界外球飞向守方的守门员,守门员漏掉了球而其他队员用拳将球击出了横梁,裁判员如何判罚?

40. 一名非守门员的防守队员站在罚球区外故意用臂部触及在本方罚球区内的球,裁判员如何处理?

41. 比赛中,当守门员准备将手中的球发出恢复比赛时,对方队员在球未落地时中途抢球,允许吗?

42. 裁判员令队员摘掉饰物,但几分钟后裁判员发现这名队员仍然佩戴饰物,该如何处理?

43. 如何安排球队的替补席?

44. 当裁判员准备执行坠球恢复比赛时,某队队员拒绝参与,裁判员如何处理?

45. 在决定比赛胜负的加时赛中,队员在半场结束时是否有休息的权利?

46. 某队员通过拉扯对方队员而阻止了对方一次明显得分的机会,裁判员如何判罚?

47. 比赛中球门必须有球网吗?

48. 本队罚第二球点球时,同队队员提前进入距球5米范围内,裁判员如何判罚?

49. 本队罚第二球点球时,防守方守门员提前进入5米以内,该如何判罚?

50. 某队员故意在错误地点踢任意球,其唯一目的是想迫使裁判员判罚重踢任意球,裁判员该如何判罚?

51. 某队员假装受伤或佯装被对方侵犯,该如何判罚?判罚后如何恢复比赛?

52. 对持续犯规的队员,裁判员该如何判罚?

53. 对守门员在本方半场的4秒违例该如何理解?

54. 在比赛暂停时,对于队员的补充饮水是如何要求的?

55. 如果某队已经累积5次犯规,当其再次犯规(可判直接任意球或球点球的犯规),裁判是否掌握有利?

56. 对于守门员的服装颜色是如何要求的？如果双方守门员的上衣颜色相同,可以继续比赛吗？

57. 某队犯规可判为直接任意球,而裁判员掌握有利让比赛继续进行,当球成为死球时,是否要记录犯规队累积犯规？裁判员判累积犯规的手势是怎样的？

58. 同队数名队员同时违反规则,这些犯规都可判罚直接任意球,是否应全部被累计？

59. 在本方发什么球的情况下,对方队员需要退出5米以外距离？

60. 某队在本方罚球区内踢直接任意球,主罚队员直接将球踢给处于在罚球区内的守门员,由于守门员的失误,球进入本队球门,裁判员如何判罚？

61. 场地内的线应满足哪些规定？

62. 守方在本方罚球区内违反可判间接任意球的犯规时,攻方应在哪里发球？

63. 某队罚第二球点球时,双方队员都明显提前进入距球5米范围内,裁判员如何判罚？

64. 对于队员佩戴的饰物和装备是怎样规定的？

65. 裁判员可以向球队官员出示红黄牌吗？

66. 受伤队员想重新回到场上,该从何处入场？

67. 裁判员判罚任意球后,队员决定快速踢出该任意球。一名距球很近的对方队员故意阻挡罚球,裁判员如何判罚？

68. 裁判员判罚任意球后,队员决定快速踢出该任意球。一名离球不到5米的对方队员将球截获,裁判员如何判罚？

69. 某队在本方罚球区内踢任意球,主罚队员踢出的球碰到处于在罚球区内的同队队员后进入本队球门,裁判员如何判罚？

参考文献

[1] 麻雪田,李仪. 足球比赛理论与实践[M]. 北京:北京体育大学出版社,2008.

[2] Bauer G. 足球训练指导[M]. 于大川,译. 北京:人民体育出版社,1993.

[3] Joe J. 足球训练游戏[M]. 马冰,等,译. 北京:人民体育出版社,2001.

[4] 高畑好秀. 图解足球创意训练[M]. 袁野,译. 南京:江苏科学技术出版社,2009.

[5] 彼德·特雷德韦尔. 足球技巧训练[M]. 王跃新,译. 北京:人民体育出版社,2001.

[6] 马尔科姆·库克. 青少年足球训练101例[M]. 高赞,译. 北京:人民体育出版社,2001.

[7] 罗伊·瑞斯. 星级足球教练[M]. 张廷安,译. 北京:人民体育出版社,2001.

[8] 乔塞普·卢克巴切. 足球进攻战术训练[M]. 高赞,智颖新,译. 北京:人民体育出版社,2002.

[9] 贝斯威克. 足球心理训练[M]. 张忠秋,等,译. 北京:中国轻工业出版社,2001.

[10] 西蒙,里夫斯. 足球定位球战术百例[M]. 蔡亚平,译. 北京:人民体育出版社,2003.

[11] 盖哈德·弗兰克. 足球训练全教程[M]. 何晖,译. 北京:人民体育出版社,2003.

[12] 塞门·克里夫德. 巴西式足球训练法[M]. 马冰,等,译. 北京:人民体育出版社,2001.

[13] 克斯科内尔.青少年足球训练教程[M].高赞,王伟,译.北京:人民体育出版社,2001.

[14] 阿莱克斯·沃什.足球守门员训练[M].马冰,吴国天,译.北京:人民体育出版社,2002.

[15] 安迪·凯勒,罗伯特·佛左尼.足球心理[M].王国念,张玉冰,译.北京:北京体育大学出版社,2005.

[16] 理查得·霍金.足球健康[M].杜海坤,等,译.北京:北京体育大学出版社,2005.

[17] 中国足球协会.国际足球教练员培训教程[M].北京:人民体育出版社,2005.

[18] 中国足球协会.足球教练员培训教程[M].北京:北京体育大学出版社,2006.

[19] 里斯·豪威.足球之父[M].阳效,译.北京:北京体育大学出版社,2005.

[20] 斯纳尔斯.足球训练年度计划[M].詹霞,译.北京:人民体育出版社,2003.

[21] 中央电视台.跟我踢[M].北京:人民体育出版社,1999.

[22] 北京体育大学足球教研室.足球[M].北京:北京体育大学出版社,2002.

[23] 解颖爽.足球[M].济南:山东大学出版社,2001.

[24] 杨则宜,王启荣.足球运动的体能与营养[M].北京:北京体育大学出版社,2004.

[25] 谷贻林,杨小雄.足球[M].长沙:湖南大学出版社,2004.

[26] 体育院系教材编审委员会《足球》编写组.足球[M].北京:人民体育出版社,1978.

[27] 马启伟,张力为.体育运动心理学[M].杭州:浙江教育出版社,1998.

[28] 杨翼.运动性疲劳与防治[M].北京:北京体育大学出版社,2008.

[29] 邓树勋,王健,乔德才.运动生理学[M].北京:高等教育出版社,2002.

[30] 肖华.世界足坛备忘录[M].北京:中国民主法制出版社,1996.

[31] 全国体育院校教材委员会.体育学院专修通用教材[M].北京:人民体育出版社,1995.

[32] 杨一民.跟专家练足球[M].北京:北京体育大学出版社,1998.

[33] 全国体育院校教材委员会.现代足球[M].北京:人民体育出版社,

2000.

[34] 亚洲足球联合会. 亚洲足球教练员 B 级培训教程[M]. 北京：人民体育出版社,1999.

[35] 亚洲足球联合会. 亚洲足球教练员 C 级培训教程[M]. 2 版. 北京：人民体育出版社,2004.

[36] 陈易章. 足球裁判晋级必读[M]. 北京：北京体育大学出版社,2007.

[37] 孙葆洁. 足球竞赛规则解析[M]. 北京：北京体育大学出版社,2005.

[38] 中国足球裁判员岗位培训班教材编写组. 足球竞赛规则与裁判法分析[M]. 北京：人民体育出版社,1999.

[39] 国际足联. 足球竞赛规则 2007—2008[M]. 中国足球协会,译. 北京：人民体育出版社,2007.

[40] 国际足联. 足球竞赛规则 2008—2009[M]. 中国足球协会,译. 北京：人民体育出版社,2009.

[41] 国际足联. 足球竞赛规则 2009—2010[M]. 中国足球协会,译. 北京：人民体育出版社,2009.

[42] 国际足联. 足球竞赛规则 2010—2011[M]. 中国足球协会,译. 2 版. 北京：人民体育出版社,2011.